# FRENCH B

# IB DIPLOMA PROGRAMME

Véronique Tormey

Christine Trumper

John Israel

Series Editor: Christine Trumper

OXFORD
UNIVERSITY PRESS

Great Clarendon Street, Oxford, OX2 6DP, United Kingdom

Oxford University Press is a department of the University of Oxford. It furthers the University's objective of excellence in research, scholarship, and education by publishing worldwide. Oxford is a registered trade mark of Oxford University Press in the UK and in certain other countries.

British Library Cataloguing in Publication Data

Data available

978-0-19-842471-0

10 9 8 7 6 5 4 3 2 1

Paper used in the production of this book is a natural, recyclable product made from wood grown in sustainable forests.

The manufacturing process conforms to the environmental regulations of the country of origin.

Printed in Great Britain by Bell and Bain Ltd, Glasgow

**Acknowledgements**

The authors would like to thank the students and teachers from the IB schools involved in the creation of student samples for use in this publication, particularly those from International School, Toulouse, France; Presbyterian Ladies' College, Melbourne, Australia; Ravenswood School for Girls, Sydney, Australia; St Andrew's Cathedral School, Sydney, Australia.

The publisher and authors would like to thank the following for permission to use photographs and other copyright material:

**Cover:** pierre rochon / Alamy Stock Photo.

**Photos:** piv: EQRoy/Shutterstock; p1: ARTEMENKO VALENTYN/Shutterstock; p6: Hare Krishna/Shutterstock; p7(t): sdecoret/Shutterstock; p7(m): fongbeerredhot/Shutterstock; p7(b): sarayut_sy/Shutterstock; p9(ta): Kingcraft/Shutterstock; p9(tb): Torychemistry/Shutterstock; p9(ba): Imaginechina Limited / Alamy Stock Photo; p9(bb): Hello Lovely/Corbis; p9(bc): RubberBall / Alamy Stock Photo; p13(banner): EQRoy/Shutterstock; p13(t): Syda Productions/Shutterstock; p13(b): smolaw/Shutterstock; p16: Vitalino11/Shutterstock; p32: Phipatbig/Shutterstock; p35: Phipatbig/Shutterstock; p68: EQRoy/Shutterstock; p71(l): Eternity in an Instant/Getty Images; p71(r): metamorworks/Shutterstock; p73(tl): Piotr Marcinski/Shutterstock; p73(tr): 4FR/iStock/Getty Images; p73(b): Prostock-studio/Sutterstock; p75: Lim Yong Hian/Shutterstock; p76: Susan sheldon/Alamy Stock Photo; p78: fizkes/Shutterstock; p80: EA230311/Shutterstock; p84: ROBYN BECK/Contributor/AFP/Getty Images; p88: Xinhua/Alamy Stock Photo; p92: Beata Becla/Shutterstock; p95: EQRoy/Shutterstock; p96: Mita Stock Images/Shutterstock; p98: Africa Studio/Shutterstock; p107: mauritius images GmbH/Alamy Stock Photo; p111: Association Princesse Margot; p118: EQRoy/Shutterstock; p121: Elena Dijour/Shutterstock; p123(a): Axel Bueckert/Shutterstock; p123(ba): Rosemary Calvert/The Image Bank Unreleased/Getty Images; p123(bb): ONLY FRANCE / Alamy Stock Photo; p123(bc): Eric PINEL / Alamy Stock Photo; p123(bd): WERAYUTH PIRIYAPORNPRAPA/Shutterstock; p123(be): agefotostock / Alamy Stock Photo; p123(bf): chanchai duangdoosan/Shutterstock; p123(c): PA Images / Alamy Stock Photo; p123(d): AMEER AL-HALBI/AFP/Getty Images; p123(e): Macrovector/Shutterstock; p128: Jasminko Ibrakovic/Shutterstock; p129: eggeegg/Shutterstock; p134: Nick Starichenko/Shutterstock; p135(t): StockImageFactory/Shutterstock; p135(b): LookerStudio/Shutterstock; p136(t): Dragana Gordic/Shutterstock; p136(b): Jacob Lund/Shutterstock; p137(t): insta_photos/Shutterstock; p137(b): Patrick Bar/AP/Shutterstock; p139: Ethan Daniels/Shutterstock; p142: StudioByTheSea/Shutterstock; p144: ArtisanGraphics/Shutterstock; p144: Frederic Legrand - COMEO/Shutterstock; p147: EQRoy/Shutterstock; p152: Sophie Bassouls/Sygma/Getty Images; p155: Pormezz/Shutterstock; p159: Adam G. Gregor/Alamy Stock Photo; p161: eggeegg/Shutterstock; p163: Monkey Business Images/Shutterstock; p164: StunningArt/Shutterstock; p165(t): icemanphotos/Shutterstock; p165(b): Blue Planet Studio/Shutterstock; p166(t): Srdjan Randjelovic/Shutterstock; p166(b): Space-kraft/Shutterstock; p167: fizkes/Shutterstock; p173: Martinie/Roger Viollet/Getty Images; p176: Elena Dijour/Shutterstock; p177: Zivica Kerkez/Shutterstock; p178: Michel RENAUDEAU/Gamma-Rapho/Getty Images; p181(a): Abaca Press / Alamy Stock Photo; p181(b): Dragana Gordic/Shutterstock; p182: Panther Media GmbH / Alamy Stock Photo; p188: EQRoy/Shutterstock; p190: Stephane Lemouton/Pool/ABACAPRESS.COM/Alamy; p191: S-F/Shutterstock; p193: Panther Media GmbH / Alamy Stock Photo; p194: anastasiya parfenyuk/Shutterstock.

**Artwork** by Q2A Media.

Every effort has been made to contact copyright holders of material reproduced in this book. Any omissions will be rectified in subsequent printings if notice is given to the publisher.

**Text:** The author and publisher are grateful for permission to reprint extracts from the following:

Éditions Albin Michel for extract from Amélie Nothomb: La métaphysique des tubes (Albin Michel, 2000), copyright © Éditions Albin Michel 2000.

Capsana for extracts from the PAUSE campaign article: 'Le 23 mai on PAUSE >> nos écrans en famille', www.pausetonecran.com.

Éditions Flammarion for extract from Alice Zeniter: L'art de perdre (Flammarion, 2017) copyright © Flammarion/ Albin Michel 2017.

Le Temps for extracts from Clément Bonnerot: 'Kinshasa, Mégapole Magnétique', Le Temps Geneva, www.letemps.ch.

And as audio materials:

Radio Canada for extract from 'Crise Politique en Belgique', text by Dominique Fournier, 5 sur 5.

Although we have made every effort to trace and contact all copyright holders before publication this has not been possible in all cases. If notified, the publisher will rectify any errors or omissions at the earliest opportunity.

# Table des matières

Answers to questions and exam papers in this book as well as audio clips and supporting materials can be found on your free support website. Access the support website here:

www.oxfordsecondary.com/ib-prepared-support

# INTRODUCTION

Utilisez vos compétences de recherche et d'autogestion pour :

- rassembler les renseignements dont vous avez besoin sur l'évaluation
- répertorier les techniques et les stratégies suggérées
- réfléchir aux prochaines étapes de votre apprentissage et de votre progression.

## En quoi consiste ce manuel ?

Ce manuel est un guide pour votre préparation aux épreuves de Français Langue B pour le Baccalauréat international. Il vous propose une approche claire et pratique des thèmes et des épreuves aux niveaux moyen et supérieur et vous explique comment ces dernières sont liées au programme :

- Épreuve 1 (Expression écrite)
- Épreuve 2 (Compréhensions orale et écrite)
- Évaluation interne – Oral individuel

Le guide *IB Prepared: French B* va vous aider à améliorer :

- votre compréhension des concepts à la base du programme
- votre vue d'ensemble sur les différentes parties de l'examen
- votre maîtrise des techniques et des stratégies propres à chaque composante de l'évaluation.

## Comment le manuel est-il organisé ?

- **Le premier chapitre** du manuel *IB Prepared: French B* examine les approches de l'apprentissage (compétences de pensée, de recherche, de communication, compétences sociales et compétences d'autogestion). Celles-ci vous aideront dans le développement de vos compétences productives et réceptives.
- **Le deuxième chapitre** aborde le contenu du programme.
- **Le troisième chapitre** récapitule et explique les différentes parties de l'examen aux niveaux moyen et supérieur.
- **Les chapitres 4 à 8** sont chacun dédiés aux quatre compétences évaluées à l'examen : écrire, écouter, lire, parler.
- À la fin du manuel, vous trouverez une série d'épreuves pour vous entraîner aux niveaux moyen et supérieur.

Les chapitres 4 à 8 présentent :

- une explication de l'évaluation
- une étude des différents types de questions
- des conseils généraux et spécifiques
- des réponses d'élèves annotées
- des commentaires d'examinateur sur les réponses d'élèves
- des explications sur l'attribution des points
- des démarches guidées pour certaines questions
- une récapitulation pour vous aider à une réflexion personnelle sur les points abordés dans le chapitre.

- Quels sont les aspects du programme pour lesquels vous avez besoin de précisions ?
- Quels points de l'évaluation avez-vous besoin d'éclaircir ?
- Quelles sont les compétences que vous souhaitez améliorer plus particulièrement ?

### ATL Compétences sociales et de communication

- Mettez vos compétences sociales en pratique en parlant avec un(e) autre camarade de classe.
- Échangez des idées avec d'autres francophones (des amis que vous vous êtes fait au cours d'un échange ou sur des blogs de langue française par exemple).
- Débattez en groupe sur les sujets pour lesquels vous avez acquis de nouvelles connaissances.
- Identifiez les compétences sur lesquelles vous devez vous concentrer.
- Apprenez à mieux communiquer en français.
- Entraînez-vous à communiquer sous différentes formes.

## Comment le manuel *IB Prepared: French B* va-t-il m'aider ?

Pour vous aider à naviguer le cours de Français Langue B, progresser dans votre parcours et améliorer vos résultats, chaque chapitre vous propose :

- des explications
- des conseils
- des exemples
- des analyses de réponses
- des notes et des commentaires pour des réponses d'élèves.

| Chapitres | Sections | Objectifs |
|---|---|---|
| 1 Approches de l'apprentissage | • Les cinq approches de l'apprentissage :<br>  – Compétences de pensée<br>  – Compétences de communication<br>  – Compétences de recherche<br>  – Compétences d'autogestion<br>  – Compétences sociales<br>• Les approches de l'enseignement et de l'apprentissage dans la pratique : exemples | • identifier et utiliser les compétences clés sur lesquelles reposent votre apprentissage du français et votre progression dans la maîtrise de la langue<br>• comprendre comment les compétences clés peuvent vous aider dans vos études de français et pendant l'examen<br>• appliquer ces compétences clés aux tâches que vous devez remplir pour le programme et dans votre vie d'apprenant présent et futur |
| 2 Le programme | • Développer ses compétences linguistiques<br>• Les cinq thèmes<br>• Les textes<br>• Développer sa compréhension conceptuelle | • répertorier des routines d'apprentissage pour enrichir votre langue<br>• connaître les thèmes prescrits<br>• comprendre les différences entre les types de textes utilisés à l'examen<br>• mieux vous servir de la compréhension conceptuelle |
| 3 Résumé de l'évaluation | • Informations générales<br>• Le format de l'évaluation<br>• Tableau récapitulatif de l'évaluation | • distinguer deux types d'évaluation et leur but<br>• visualiser le format de l'évaluation |
| 4 Épreuve 1 – Expression écrite | • En quoi consiste l'épreuve 1 d'expression écrite?<br>• Démarche guidée pour l'épreuve 1<br>• Les types de textes<br>• Les énoncés : mots consignes<br>• Les critères d'évaluation<br>• Techniques et stratégies<br>• Réponses d'élèves : analyses et commentaires d'examinateur | • vous familiariser avec le format de l'épreuve 1 et les types de textes<br>• mieux connaître et comprendre les critères d'évaluation<br>• développer des techniques et des stratégies clés pour améliorer vos résultats<br>• éviter des pièges et des erreurs courantes<br>• identifier ce qui fait une bonne réponse |

| Chapitres | Sections | Objectifs |
|---|---|---|
| 5 Épreuve 2 – Compréhension orale | • En quoi consiste l'épreuve 2 (compréhension orale) ?<br>• Techniques et stratégies clés<br>• Techniques et stratégies durant l'examen<br>• Les différents types de questions à l'écoute<br>• Démarche guidée | • vous familiariser avec le format de l'épreuve de compréhension orale<br>• développer des techniques et des stratégies clés pour améliorer vos compétences d'écoute et vos résultats<br>• analyser les différents types de questions à l'écoute et éviter des pièges et des erreurs courantes<br>• répondre à des questions de compréhension orale pas à pas |
| 6 Épreuve 2 – Compréhension écrite | • En quoi consiste l'épreuve 2 (compréhension écrite) ?<br>• Techniques et stratégies clés<br>• Techniques et stratégies durant l'examen<br>• Les types de questions<br>• Démarche guidée | • vous familiariser avec le format de l'épreuve de compréhension écrite<br>• développer des techniques et des stratégies clés pour améliorer vos compétences et vos résultats à l'écrit<br>• analyser les différents types de questions à l'écrit et éviter des pièges et des erreurs courantes<br>• répondre à des questions de compréhension écrite pas à pas |
| 7 Évaluation interne – Oral individuel (niveau moyen) | • En quoi consiste l'examen oral individuel ?<br>• Comment puis-je bien me préparer pour cet examen ?<br>• Partie 1 : présentation<br>• Partie 2 : discussion sur la présentation<br>• Partie 3 : conversation générale<br>• Analyse d'échantillons d'oraux au niveau moyen | • vous familiariser avec le format de l'examen oral<br>• développer des techniques et des stratégies clés pour surmonter les défis et améliorer vos résultats<br>• présenter et interpréter une image<br>• développer des compétences pour exploiter un thème général et des sous-thèmes spécifiques ainsi qu'orienter vos recherches sur le monde francophone<br>• améliorer vos compétences interactives |
| 8 Évaluation interne – Oral individuel (niveau supérieur) | • En quoi consiste l'examen oral individuel ?<br>• Partie 1 : présentation<br>• Partie 2 : discussion sur la présentation<br>• Partie 3 : conversation générale<br>• Analyse d'échantillons d'oraux au niveau supérieur | • vous familiariser avec le format de l'examen oral<br>• développer des techniques et des stratégies clés pour améliorer vos résultats<br>• développer des compétences pour étudier un texte littéraire<br>• présenter et interpréter un passage littéraire<br>• améliorer vos compétences interactives |
| Épreuves d'entraînement (niveau moyen) | Épreuve 1 : Expression écrite<br>Épreuve 2 : Compréhensions orale et écrite | |
| Épreuves d'entraînement (niveau supérieur) | Épreuve 1 : Expression écrite<br>Épreuve 2 : Compréhensions orale et écrite | Réponses aux questions dans les chapitres 5 et 6 et aux épreuves d'entraînement :<br><br>www.oxfordsecondary.com/ib-prepared-support |

▲ Throughout the guide, you will find this listening icon, which indicates that audio clips are available on our free support website: www.oxfordsecondary.com/ib-prepared-support

**Dans ce guide, vous allez aussi trouver les supports suivants :**

### ATL Compétences de recherche

Les approches de l'apprentissage vous aident à identifier et à utiliser les cinq compétences essentielles au programme de l'IB. Celles-ci jouent un rôle essentiel dans divers domaines de votre préparation, de votre apprentissage et de votre passage à l'examen final.

### ≫ Tip

Provides learning tips and advice on specific points like how to listen actively or improve reading skills.

### Réfléchissez

Vous aide à réfléchir sur ce que vous étudiez, à comprendre votre apprentissage et comment l'améliorer.

### ≫ Assessment tip

*IB Prepared: French B* offers advice, support and best practice to improve your approach towards the French B assessment. This tool will be delivered in English so as to make sure that it is relevant and meaningful for you.

# 1 LES APPROCHES DE L'APPRENTISSAGE

## The aims of this chapter

As you progress in your language learning, you develop skills which help you 'learn how to learn', thanks to Approaches to Teaching and Learning (ATL) skills. These skills are an integral part of your French B course.

In this chapter, you will:

✔ explore the five ATL skills which are at the core of the IB programme

✔ understand how the ATL skills help you with your studying and the examination

✔ become a better learner and build lifelong learning skills.

## COMMENT APPRENDRE DE FAÇON EFFICACE POUR LE PROGRAMME DE FRANÇAIS B ?

### Questions à considérer :

- Quelles sont les techniques et stratégies que vous avez déjà développées dans votre apprentissage du français ?

- Que savez-vous des approches de l'apprentissage ?

- Comment peuvent-elles améliorer votre propre apprentissage de façon concrète ?

### Les cinq approches de l'apprentissage

Lorsque vous apprenez une langue étrangère, vous commencez par développer le vocabulaire et les structures qui en forment la base puis, petit à petit, vous enrichissez ce vocabulaire et ces structures. Au cours de ce processus, vous utilisez des approches et techniques qui vous permettent de progresser dans la langue et donc de consolider votre confiance en vous. Vous connaissez déjà sûrement certaines de ces approches et techniques et les utilisez même sans doute dans d'autres de vos matières.

**Exemples :**

Vous devez faire une présentation sur un sujet précis en français.

On vous a donné une date pour votre présentation. Vous établissez un plan d'action (ce que vous devez faire, quand, comment, etc.).

**Vous utilisez vos compétences d'autogestion.**

Vous commencez par faire des recherches, rassembler des données, les trier et répertorier.

**Vous utilisez vos compétences de recherche.**

Vous analysez et évaluez ces données.

**Vous utilisez vos compétences de pensée.**

Puis vous rédigez votre présentation.

Enfin vous présentez.

**Vous utilisez vos compétences de communication.**

Et peut-être que votre présentation donne lieu à un débat.

**Vous utilisez vos compétences sociales.**

Le programme de l'IB vous aide à développer ces compétences en profondeur afin d'être mieux préparé à l'examen.

Dans cette section, vous pourrez constater de quelle manière les approches de l'apprentissage peuvent être incorporées dans votre apprentissage du français pour vous aider à progresser.

| Les compétences de pensée | |
| --- | --- |
| **C'est quoi ?** | **À quoi ça sert ?** |
| • découvrir<br>• comprendre<br>• analyser<br>• évaluer<br>• synthétiser<br>• argumenter<br>• créer<br>• transférer | • réfléchir à la façon dont marche la langue française<br>• formuler des idées, concepts et opinions<br>• transférer vos connaissances existantes dans des contextes différents pour engendrer de nouveaux concepts<br>• transposer vos connaissances pour maîtriser de nouvelles technologies<br>• considérer différentes opinions<br>• identifier des problèmes, des obstacles<br>• envisager plusieurs possibilités<br>• proposer et évaluer/créer des solutions/améliorations |

| Les compétences de communication | |
| --- | --- |
| **C'est quoi ?** | **À quoi ça sert ?** |
| • écouter<br>• parler<br>• demander<br>• lire<br>• rédiger<br>• présenter<br>• communiquer (y compris de façon non verbale)<br>• regarder | • trouver, comprendre et vérifier diverses données<br>• identifier les grandes lignes des informations présentées sous forme orale ou écrite<br>• résumer et synthétiser ce qu'on entend ou lit<br>• repérer des détails dans les informations recueillies<br>• organiser, analyser, évaluer des informations<br>• développer différentes techniques et stratégies pour communiquer toutes sortes d'informations à diverses audiences<br>• exprimer des idées/opinions et les partager/négocier avec les autres<br>• utiliser la langue et ses différentes conventions de façon appropriée<br>• collaborer avec autrui sous différentes formes (oralement mais aussi par courrier, en ligne, etc.)<br>• comprendre et interpréter des messages visuels |

| Les compétences de recherche | |
| --- | --- |
| **C'est quoi ?** | **À quoi ça sert ?** |
| • poser des questions<br>• observer<br>• planifier<br>• naviguer et suivre des informations pertinentes et nécessaires<br>• recueillir, organiser et présenter des données | • localiser, évaluer et interpréter des informations de sources variées pour mener un projet à bien<br>• vous servir des informations rassemblées pour identifier des solutions et prendre des décisions basées sur des preuves tangibles<br>• faire référence à des sources et citations, insérer des notes en bas de page, dresser une bibliographie<br>• comprendre et respecter les droits de propriété intellectuelle<br>• mieux réussir dans vos autres matières et dans le monde du travail en général |

### Les compétences d'autogestion

| C'est quoi ? | À quoi ça sert ? |
|---|---|
| • organiser son temps et son travail<br>• réfléchir sur son processus d'apprentissage<br>• gérer ses sentiments et émotions<br>• rechercher un soutien si nécessaire | • gérer votre temps, que ce soit en situation d'examen, pour établir une routine d'apprentissage ou pour compléter un devoir à une date précise<br>• mettre des stratégies en place pour aider à se concentrer<br>• vous donner des buts et des défis réalisables<br>• définir vos propres stratégies d'organisation et façons d'apprendre<br>• créer des plans réalistes avec des échéances à respecter<br>• faire preuve d'initiative, comme lorsque vous vérifiez la signification d'un mot/d'une expression que vous ne connaissez pas<br>• montrer de la persistance et de la persévérance<br>• ne pas se laisser décourager par vos échecs et erreurs mais en tirer vos propres leçons |

### Les compétences sociales

| C'est quoi ? | À quoi ça sert ? |
|---|---|
| • établir et entretenir des rapports avec les autres<br>• coopérer<br>• collaborer<br>• résoudre des conflits<br>• adopter des rôles variés au sein d'un groupe | • interagir et collaborer efficacement avec les autres<br>• encourager autrui à participer<br>• écouter les autres et faire preuve d'empathie<br>• être plus tolérant<br>• prendre des décisions justes<br>• exprimer vos propres idées et opinions<br>• reconnaître votre part de responsabilité dans vos décisions et actions<br>• négocier de façon efficace<br>• manipuler et interpréter la communication non verbale |

> **Réfléchissez**
>
> Évaluez chacune de vos cinq compétences sur un total de cinq (de la moins développée à la plus développée) :
> • Quelles sont celles que vous connaissez et que vous pratiquez déjà facilement ?
> • Quelles sont celles qu'il vous faut améliorer ?

## Les approches de l'enseignement et de l'apprentissage dans la pratique : exemples

### Comment les cinq approches de l'apprentissage sont-elles mises en pratique dans la compréhension écrite ?

Lisez le texte ci-dessous et réfléchissez aux questions qui suivent.

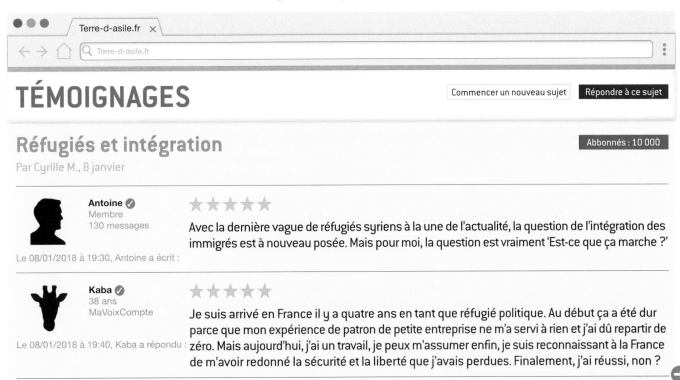

**TÉMOIGNAGES**

Commencer un nouveau sujet    Répondre à ce sujet

## Réfugiés et intégration

Abbonnés : 10 000

Par Cyrille M., 8 janvier

**Antoine** ✔
Membre
130 messages
★★★★★
Avec la dernière vague de réfugiés syriens à la une de l'actualité, la question de l'intégration des immigrés est à nouveau posée. Mais pour moi, la question est vraiment 'Est-ce que ça marche ?'

Le 08/01/2018 à 19:30, Antoine a écrit :

**Kaba** ✔
38 ans
MaVoixCompte
★★★★★
Je suis arrivé en France il y a quatre ans en tant que réfugié politique. Au début ça a été dur parce que mon expérience de patron de petite entreprise ne m'a servi à rien et j'ai dû repartir de zéro. Mais aujourd'hui, j'ai un travail, je peux m'assumer enfin, je suis reconnaissant à la France de m'avoir redonné la sécurité et la liberté que j'avais perdues. Finalement, j'ai réussi, non ?

Le 08/01/2018 à 19:40, Kaba a répondu :

**Mody** ✓
24 ans

★★★★★

Le 08/01/2018 à 19:45, Mody a répondu : Au début, je me suis posé la même question que vous : est-ce que ça va marcher ? J'ai douté parce que d'abord, j'ai eu du mal psychologiquement. Ça a été difficile pendant longtemps parce que je ne me sentais pas encore ici et en même temps, je n'étais déjà plus au Sénégal. J'étais comme déchiré entre deux mondes. Mais j'ai eu la chance d'être pris en charge par une association formidable qui m'a aidé pour le logement, les papiers, l'argent. Maintenant, je commence à m'en sortir et je me sens mieux dans ma peau.

**Nour** ✓
29 ans

★★★★★

Bravo ! Comme quoi, quand on veut, on peut !

Le 08/01/2018 à 19:50, Nour a répondu :

**Leila** ✓
21 ans
fandeblog

★★★★★

Le 08/01/2018 à 20:00, Leila a répondu : Je suis en France depuis dix ans maintenant et c'est vrai, pour commencer, la langue a été un obstacle. J'ai cru que je n'y arriverais jamais. Mais j'étais déterminée et je voulais que la France devienne mon nouveau pays. Je m'y sens bien maintenant et je ne voudrais jamais retourner en Syrie. Alors oui, ça peut marcher l'intégration.

Compétences de pensée

1. Est-ce que le titre vous a aidé à rassembler vos connaissances sur le sujet évoqué ?

2. Est-ce que le texte est plus facile à lire parce que vous connaissez le sujet ?

3. Avez-vous comparé vos connaissances du sujet avec les informations fournies par le texte ?

Compétences de communication

4. Est-ce que la présentation vous permet d'identifier le type de texte (article/blog/courrier, etc.) ?

5. Est-ce que vous avez prêté attention aux indices visuels ?

Compétences d'autogestion

6. Tout en lisant, est-ce que vous vous êtes interrogé(e) sur le destinataire et le but du texte ?

7. Est-ce que vous avez identifié du vocabulaire que vous connaissez bien ?

8. Est-ce que vous avez noté des mots ou des expressions clés que vous ne connaissez pas ?

9. Quels sont les mots et les expressions spécifiques à ce thème qui pourraient vous servir à l'écrit ou à l'oral ?

 **Réfléchissez**

Est-ce que vous vous posez les questions ci-dessus lorsque vous lisez un texte ?

**Prenez l'habitude** de vous poser ces questions.

Maintenant considérez l'application des approches de l'apprentissage résultant de la lecture de ce texte.

| Compétences de pensée | Après une lecture plus précise du texte, vous analysez et vous évaluez les informations données. |
|---|---|
| Compétences de communication | Communiquer, c'est aussi discuter en groupe des idées soulevées, ou encore rédiger votre propre réponse pour participer à un échange comme celui entre les participants du blog ci-dessus. |
| Compétences de recherche | Ce texte pourrait être une bonne base pour mener d'autres recherches sur le sujet de l'intégration des réfugiés. Il vous faudrait alors planifier vos recherches, trouver ou réfléchir à des informations supplémentaires, puis les trier et les organiser. |
| Compétences d'autogestion | Grâce à ce texte, vous recueillez du vocabulaire, des expressions, des idées que vous allez **mémoriser** afin de vous en servir dans vos tâches écrites et orales. |
| Compétences sociales | Le texte entraîne une réflexion sur le respect des autres et peut vous encourager à coopérer avec d'autres dans un projet d'aide aux réfugiés. |

## Reflections on chapter 1

- What have you learned about ATL skills?
- How do they help you progress in your French B course and succeed better in the examination?
- How can you transfer your ATL skills to …?
  - the reading of this guide
  - your other school subjects
  - your everyday life
  - your tertiary studies
  - the world of work

## Connect, Extend, Challenge

- How is the information in this chapter connected to what you already know?
- In what new ways does it extend your thinking?
- What challenges does it pose for you?

ATL **Compétences d'autogestion**

Est-ce que vous êtes bien organisé(e) dans votre apprentissage du français ?

Maintenant que vous avez lu ce chapitre, faites une liste des compétences que vous devez améliorer et dressez un plan d'action.

# 2 LE PROGRAMME

## The aims of this chapter

While studying for the French B course, you develop the ability to communicate in French through the study of language, themes and texts. You also gain a better understanding of concepts and the mechanics of the language.

In this chapter, you will:

✔ look at strategies to improve your linguistic skills

✔ consider the five prescribed themes: Identities, Experiences, Human ingenuity, Social organization, and Sharing the planet

✔ analyse the different text types that you need to be familiar with

✔ develop your conceptual understanding.

## QUE DOIS-JE SAVOIR DU PROGRAMME DE FRANÇAIS B ?

**Questions à considérer :**

• Qu'est-ce que vous savez déjà du programme de Français Langue B ?

• Comment est-ce que vous pouvez améliorer vos résultats à l'examen grâce à une bonne maîtrise des thèmes, des concepts et des types de textes sur lesquels vous aurez travaillé pendant votre préparation ?

La langue est essentielle à toute communication. Dans le programme de Français B, la langue est étudiée à travers une série de thèmes. Les thèmes sont explorés à travers des textes qui sont analysés selon un certain nombre de concepts formant la compréhension conceptuelle. Cette dernière est donc au cœur de ce programme de Langue B. La dernière partie de ce chapitre va explorer les cinq concepts de la compréhension conceptuelle et vous montrer en quoi ils vous aident à vous préparer et à mieux réussir à l'examen.

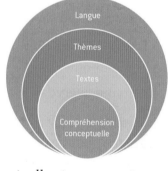

### Développer ses compétences linguistiques

Lorsque vous passerez votre examen final, vous serez évalué(e) sur votre maîtrise de la langue française. Celle-ci ne repose pas seulement sur la quantité ou la variété de vocabulaire que vous connaissez mais plutôt sur votre capacité à comprendre et communiquer en français de façon efficace, en vous appuyant sur vos compétences de pensée et de communication et vos compétences sociales.

### Enrichir son français

Il est important d'apprendre du vocabulaire que vous pourrez utiliser à l'oral comme à l'écrit. Voici quelques conseils de base :

• **Créez** vos propres listes de mots, basées sur les thèmes et sous-thèmes étudiés en classe.

- **Notez** les expressions et les tournures de phrases que vous avez trouvées en lisant des textes ou en écoutant des passages audio/podcasts/chansons, etc. Classez-les par thème ou dans une liste pour différents contextes.
- **Faites des listes** de synonymes. (Par exemple, quels sont les synonymes de 'beaucoup' ? Quels sont les mots qui vous permettent d'éviter la répétition comme 'ce dernier', 'celle-ci', etc. ?)
- Apprenez à repérer les **mots apparentés** (ceux qui sont similaires dans votre propre langue et en français) et mémorisez bien leur orthographe française.
- **Apprenez** votre vocabulaire et **révisez**-le régulièrement, en vous aidant de cartes mémoire ou de sites en ligne qui vous testent.
- **Utilisez** le vocabulaire appris : dans vos productions écrites ou orales, avec votre professeur ou vos amis.

## Consolider les structures grammaticales clés et les conjugaisons

- Maîtrisez vos conjugaisons en les pratiquant de façon systématique.
- Faites une liste d'expressions et de structures utilisant un temps particulier afin d'exprimer une idée ou une émotion spécifique, comme par exemple : 'il faut que …' ; 'j'ai peur que …' + subjonctif ; 'je devrais …'.
- Apprenez les règles grammaticales et appliquez-les à l'écrit et à l'oral.

## Bien connaître les connecteurs

Créez vos propres listes, basées sur leur fonction particulière, par exemple la cause (car, parce que …), le but (pour, afin de …), etc. et apprenez-les par cœur.

## Les cinq thèmes

Les cinq thèmes prescrits au programme de Français Langue B peuvent se diviser en sous-thèmes mais seul un certain nombre de ces derniers seront étudiés en classe. Il est néanmoins utile de les connaître pour vous aider dans votre oral individuel et pour développer vos compétences de recherche et d'autogestion.

| Identités | Expériences | Ingéniosité humaine |
|---|---|---|
| Styles de vie | Activités de loisirs | Divertissements |
| Santé et bien-être | Vacances et voyages | Expressions artistiques |
| Convictions et valeurs | Récits de vie | Communications et médias |
| Sous-cultures | Rites de passage | Technologie |
| Langue et identité | Coutumes et traditions | Innovation scientifique |
| | Migration | |

| Organisation sociale | Partage de la planète |
|---|---|
| Relations sociales | Environnement |
| Communauté | Droits de l'homme |
| Engagement social | Paix et conflits |
| Éducation | Égalité |
| Monde du travail | Mondialisation |
| Ordre public | Éthique |
| | Environnements urbains et ruraux |

> **» Tip**
>
> **Memorizing vocabulary**
>
> - **Repetition:** learn and revise your vocabulary on a regular basis, testing yourself in all four skills.
> - **Mnemonic techniques:** associate the spelling or sound of French words with a picture or a word reminding you of the French word.
> - Make links between the words that you already know and the words that are from 'the same family'. For example, if you know the verb *chanter*, you can quickly remember *un chant*, *une chanson* and *un chanteur*.
> - Draw mental maps of specific vocabulary for all the topics that you have studied.
> - Keep your motivation going and commit vocabulary to long-term memory with **cultural activities** such as cooking a French/Swiss/Belgian dish, seeing an exhibition of francophone artists or watching a francophone film with friends or family, etc.

## Les textes

Le programme de Français Langue B s'appuie sur l'étude de thèmes à travers une variété de textes appartenant à diverses catégories :

| Textes personnels | Textes professionnels | Textes des médias de masse |
|---|---|---|
| Blog | Blog | Actualités |
| Journal intime | Courriel | Affiche, brochure |
| Courriel | Dissertation | Annonce publicitaire |
| Lettre personnelle | Instructions | Article (journal, magazine, web) |
| Message publié dans les médias sociaux/dialogue en ligne | Lettre officielle | Balado (podcast) |
| | Proposition | Blog |
| | Questionnaire | Chronique d'opinion/éditorial |
| | Rapport | Émission radiophonique |
| | Sondage | Entretien |

## Développer sa compréhension conceptuelle

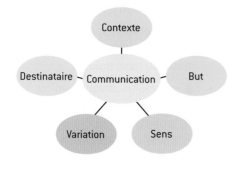

En étudiant la langue française et des textes qui entrent dans les thèmes prescrits, vous allez non seulement enrichir votre vocabulaire et vos connaissances sur des sujets divers mais aussi développer une compréhension conceptuelle de la langue.

Développer votre compréhension conceptuelle vous permettra de :

- comprendre comment fonctionne une langue
- mieux déchiffrer un message
- approfondir votre compréhension du pourquoi et du comment de la langue
- développer des compétences linguistiques
- communiquer de façon claire et efficace.

## Appliquer votre compréhension conceptuelle dans la pratique

Réfléchir aux cinq concepts de la compréhension conceptuelle va vous aider à mieux accomplir ce qu'on attend de vous lors de l'examen.

La compréhension conceptuelle est particulièrement importante pour l'épreuve écrite 1 car elle fait partie des critères d'évaluation et peut vous rapporter jusqu'à six points.

Qu'il s'agisse de l'expression écrite, orale ou de la compréhension orale ou écrite, il est bon d'avoir les questions suivantes en tête avant de commencer à rédiger vos réponses.

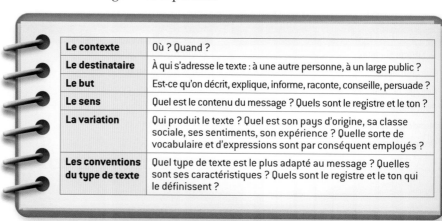

| | |
|---|---|
| **Le contexte** | Où ? Quand ? |
| **Le destinataire** | À qui s'adresse le texte : à une autre personne, à un large public ? |
| **Le but** | Est-ce qu'on décrit, explique, informe, raconte, conseille, persuade ? |
| **Le sens** | Quel est le contenu du message ? Quels sont le registre et le ton ? |
| **La variation** | Qui produit le texte ? Quel est son pays d'origine, sa classe sociale, ses sentiments, son expérience ? Quelle sorte de vocabulaire et d'expressions sont par conséquent employés ? |
| **Les conventions du type de texte** | Quel type de texte est le plus adapté au message ? Quelles sont ses caractéristiques ? Quels sont le registre et le ton qui le définissent ? |

**Le contexte : le langage utilisé doit être approprié à la situation donnée.**

Regardez les photos ci-contre et réfléchissez au texte que pourrait engendrer chaque photo. En quoi le contexte influence-t-il le contenu du message ?

Les deux photos abordent le thème de l'eau : abondante dans le cas de la photo A, presqu'inexistante dans la photo B. Pour la photo A, on pourrait imaginer un texte encourageant chacun à faire pousser ses propres légumes, une expérience facile à tenter en famille et entraînant de nombreuses retombées positives. Pour la photo B, il est clair que cultiver des légumes est difficile et que le manque d'eau a des conséquences désastreuses, d'où peut-être un discours sur le changement climatique et la nécessité d'adopter un comportement responsable vis-à-vis de notre planète.

**Le destinataire : le registre choisi dépend de la ou des personnes visées. Pensez à la façon dont le langage peut être modifié suivant à qui vous vous adressez.**

Réfléchissez au concept du destinataire pour les extraits de textes ci-dessous, puis comparez vos réflexions et vos conclusions avec les commentaires dans le tableau en ligne (www.oxfordsecondary.com/ib-prepared-support).

Associez chaque texte avec son destinataire.

A

B

1. Félicitations, mon pote ! Il paraît que tu as super bien réussi ton examen de piano. T'es balaise ! On fête ça ensemble ce weekend ? Faudrait qu'on se voie un de ces jours quand même.

A Un professeur particulier

2. Je suis vraiment désolé, madame, mais je ne pourrai pas venir à mon cours de français avec vous cette semaine car ma famille et moi partons en vacances quelques jours avant la fin du trimestre. Est-ce que vous pourriez s'il vous plaît me donner une autre date pour rattraper le cours à mon retour ?

B Un ami

3. Mes camarades et moi avons bien réfléchi à votre décision de fermer la cantine temporairement et souhaiterions proposer quelques solutions pour éviter cette fermeture qui pose problème à nombre d'élèves, pour les raisons invoquées plus haut.

C Le directeur de votre lycée

**Le but : le langage utilisé varie suivant le but ou l'intention que l'on recherche.**

Lisez les textes ci-dessous et comparez les tournures utilisées. Bien que le sujet abordé soit le même (un vélo), quelles sont les structures clés qui déterminent le but de chaque texte ? Quelles sont les caractéristiques du vocabulaire et des structures grammaticales pour chaque texte ?

**Texte 1**

- Une liste de points puces
- Pas de phrases complètes
- Pas de verbes conjugués
- Du vocabulaire technique et spécifique

## LE VTT « FLÈCHE » :

- Un cadre en titane et donc solide et très léger (1,2 kg)
- Une selle aérodynamique et confortable
- Un guidon ajustable
- Des poignées de tailles différentes et personnalisables
- En option, toute une série d'accessoires tels que le porte-bidon, le garde-boue, le support pour compteur, etc.
- Prix : à partir de 6000 €

**Texte 2**

- Des verbes au conditionnel : « Tu devrais … »
- Des structures pour suggérer/conseiller : « Tu pourrais … », « Si tu essayais ? »
- Une subordonnée avec 'si' : « Si tu en avais un … »

— Coucou Léa, comment ça va ? Quelles sont les dernières nouvelles ?

— Ah Mamie, il faut que je te raconte. Je viens d'acheter un vélo électrique, c'est trop génial. Je n'utilise plus du tout la voiture des parents, je fais tout avec. Tu devrais vraiment t'en acheter un.

— Ah oui, tu crois ?

— Mais oui, je t'assure. Si tu en avais un, ça te faciliterait la vie. Tu pourrais aller regarder chez ton petit marchand de vélos au coin de la rue. Je suis sûre qu'ils t'en prêteraient un. Si tu essayais ?

**Texte 3**

- Une série d'arguments
- Utilisation du « vous » qui inclut le lecteur
- Des mots exprimant la certitude : « vous le savez bien », « vous ne le regretterez pas »
- Des verbes à l'impératif : « Facilitez-vous », « Ajoutez », « alliez », « montrez-vous », « n'hésitez plus, foncez ! », « Essayez »
- Des questions et des exclamations

## Vélos de ville électrique – Facilitez-vous la vie !

Si vous habitez en ville, vous le savez bien : rien de plus rapide ou pratique que le vélo, n'est-ce pas ? Ajoutez un moteur électrique et vous êtes prêt pour toutes les situations. Vous pouvez utiliser les pistes cyclables en toute sécurité, aller au travail sans arriver en nage, faire vos petites courses sans vous inquiéter de là où vous allez vous garer. Alors alliez le pratique à l'éthique : montrez-vous responsable vis-à-vis de notre planète. Aucune excuse : nous vous proposons des prix battant toute concurrence. Donc n'hésitez plus, foncez ! Essayez l'électrique, vous ne le regretterez pas.

**Le sens : toute communication implique la transmission d'un message mais cette transmission peut se faire différemment.**

Lisez les textes ci-dessous et déterminez **le message** de chacun. Le contexte est le même (une soirée d'anniversaire) ainsi que le but (un récit/une description) et le destinataire (une personne qui n'est pas allée à la soirée). Pourtant, chaque texte exprime un message différent : quel est ce message ? Complétez l'exercice qui suit.

### Texte 1

Enfin rentré de l'anniversaire de Thomas. Musique top, champagne à gogo, super cadre et déco. Trop bien. T'as vraiment raté une bonne soirée. T'appelle plus tard.

### Texte 2

— Allô Mathilde ? C'est moi.

— Ah, Marine, je voulais t'appeler justement. Alors, c'était comment l'anniversaire de Thomas ?

— Ben, t'as rien raté. Ça manquait carrément d'ambiance. Je me suis ennuyée comme un rat mort.

— Donc finalement, c'était pas plus mal que je puisse pas y aller ?

— Ah ça, c'est sûr, pas de regret à avoir.

### Texte 3

Salut Timothée, ça va ?

Je suis allé à l'anniversaire de Thomas ce weekend, c'était vraiment génial et du coup, ça m'a rappelé que toi aussi tu allais bientôt fêter tes 18 ans … Il faut absolument que tu célèbres ça, toi aussi. Je t'assure, c'est pas difficile à organiser et pas forcément très cher. Thomas avait pris un DJ mais c'était un de ses cousins et c'est sa mère et sa grand-mère qui avaient préparé tout le buffet. Trop bon ! Allez, on se parle bientôt de toute façon mais commence à réfléchir.

A +

Clément

---

**SAMPLE PROMPT**

**Qui dit quoi ?**

|   |   | Texte 1 | Texte 2 | Texte 3 |
|---|---|---|---|---|
| a. | Si tu faisais une belle fête ? | ☐ | ☐ | ☐ |
| b. | Dommage que tu ne sois pas venu | ☐ | ☐ | ☐ |
| c. | La soirée était nulle | ☐ | ☐ | ☐ |

**La variation : l'implantation géographique d'une langue, son évolution et son utilisation culturelle et sociale impliquent des nuances se traduisant au niveau de la prononciation mais aussi du vocabulaire et des expressions.**

Comparez le langage utilisé dans les trois textes ci-dessous et mariez-les aux variations qui leur correspondent.

**Texte 1**

> T'as vu ma dernière photo de rando ? Épique, j'te dis. On s'est paumé deux fois et à la fin j'avais plus de guibolles mais ça valait le coup.

**Texte 2**

mardi 12 juin

C'est fini cette fois-ci. Mathieu a dépassé les bornes !!! C'est vraiment inadmissible de mentir comme ça ! Je ne peux plus supporter ses excuses, ses prétextes, j'en ai ras le bol. Quand il a appelé tout à l'heure, je sentais la fumée me sortir par les oreilles. Ça suffit !!!

**Texte 3**

Il est clair que l'heure est grave et que nous prendrons toutes les mesures nécessaires pour faire face aux conséquences de cette terrible catastrophe naturelle. Le plan d'urgence est déjà lancé et nous sommes tous à l'œuvre pour mettre en place un programme d'aide aux sinistrés.

---

**SAMPLE PROMPT**

**Qui parle ?**

| | |
|---|---|
| Texte 1 ☐ | **a.** une mère de famille |
| Texte 2 ☐ | **b.** un politicien |
| Texte 3 ☐ | **c.** un manifestant |
| | **d.** un adolescent |
| | **e.** une personne en colère |
| | **f.** une personne négative |

---

## Reflections on chapter 2

- Have you increased your knowledge of the prescribed themes?
- Do you have a better understanding of the different types of texts that you will be dealing with?
- Have you understood how conceptual understanding can help you deal better with a text?

## Connect, Extend, Challenge

- How is the information in this chapter connected to what you already know?
- In what new ways does it extend your thinking?
- What challenges does it pose for you?

# 3 RÉSUMÉ DE L'ÉVALUATION

## The aims of this chapter

You need to be aware of what will be expected from you when you are assessed. It is therefore important that you are familiar with the format of the assessment and know how the different types of questions should be approached. This chapter gives you a summary of the key information regarding the assessment and will guide you through **how** you will be assessed.

It will:

✔ analyse the two types of assessment that you will experience throughout your course

✔ offer a summary of the format of the assessment.

## COMMENT SERAI-JE ÉVALUÉ(E) POUR CHAQUE PARTIE DE L'EXAMEN ?

### Questions à considérer :

- Qu'est-ce que vous savez de chaque partie de l'examen ?

- Comment est-ce que vous pouvez améliorer vos résultats si vous savez à quoi vous attendre ?

- Pourquoi est-ce qu'il est important de connaître les critères d'évaluation pour chaque partie de l'examen ?

## Informations générales

### Que veut dire évaluer ?

L'évaluation, telle qu'elle est incorporée et recommandée dans le programme du diplôme, se présente sous deux formes :

- **L'évaluation sommative** a pour fonction de reconnaître officiellement votre apprentissage et est donc l'occasion de montrer à l'examinateur ce que vous êtes capable de faire en français.

- **L'évaluation formative** permet de mesurer les compétences et les connaissances que vous avez acquises et par conséquent d'évaluer vos progrès. C'est l'occasion de recevoir un retour sur votre travail et donc de réfléchir aux prochaines étapes dans votre apprentissage. L'évaluation formative vous permet de :

  – consolider et améliorer votre apprentissage

  – mesurer vos progrès

  – réfléchir à ce que vous devez faire pour vous améliorer en français.

C'est l'occasion de faire le point et de vous demander si vous devez :

  – élargir votre vocabulaire

  – consolider certaines structures grammaticales

  – réviser des conjugaisons

  – consolider vos compétences réceptives

  – travailler votre expression orale et votre accent, etc.

Le but de ce manuel est d'aborder **l'évaluation sommative**, c'est à dire l'examen final. Cependant, vous serez évalué(e) de façon formative tout au long de votre préparation à l'examen final. Soyez pro-actif/active :

- Écrivez les points qui vous posent problème dans votre apprentissage du français, partagez-les avec vos camarades et discutez-en.

- Dressez une liste des faiblesses sur lesquelles vous devez travailler. Établissez des stratégies pour y remédier.

- Créez des listes de vocabulaire et testez-vous, encore et encore.

## Quels sont les objectifs de l'évaluation finale ?

1. Communiquer de façon claire et efficace dans des contextes différents et des buts variés

2. Comprendre et utiliser un langage adapté à divers destinataires et contextes sociaux et/ou interculturels

3. Comprendre et utiliser la langue pour exprimer un éventail d'idées et y réagir avec aisance et le plus correctement possible

4. Trouver, organiser et présenter des idées sur divers sujets

5. Comprendre un éventail de textes écrits, audio, visuels et audiovisuels

## Le format de l'évaluation

Conformément aux directives de l'IB, certaines épreuves seront évaluées en externe et d'autres en interne. Les examens dans le cadre de l'évaluation externe seront notés par des examinateurs de l'IB et ceux de l'évaluation interne conduits et notés par votre enseignant puis soumis à une révision de notation externe par l'IB.

Notes :

- L'usage d'un dictionnaire pendant les épreuves n'est pas autorisé.

- Vous n'avez droit à aucun outil technologique.

- On n'évalue pas le contenu factuel de vos réponses.

- Un travail parfait n'est pas nécessaire pour obtenir les notes les plus élevées de chaque bande de notation.

- Pour l'épreuve 2, il n'est pas nécessaire d'avoir répondu correctement à toutes les questions pour obtenir la plus haute note.

Il y a trois parties dans l'évaluation, deux externes et une interne :

- L'épreuve 1 (externe) : Expression écrite

- L'épreuve 2 (externe) : Compréhension orale et écrite

- L'évaluation interne : Oral individuel

| | Critères d'évaluation | Barème de notation |
|---|---|---|
| Épreuve 1 | A. Maîtrise de la langue | Maximum de 12 points |
| | B. Message | Maximum de 12 points |
| | C. Compréhension conceptuelle | Maximum de 6 points |
| Évaluation interne | A. Maîtrise de la langue | Maximum de 12 points |
| | B1. Présentation d'une image (niveau moyen) Présentation d'un extrait littéraire (niveau supérieur) | Maximum de 6 points |
| | B2. Message | Maximum de 6 points |
| | C. Communication | Maximum de 6 points |

Note : vous trouverez une description des critères d'évaluation dans le guide de l'IB pour le Français Langue B mais aussi une explication de ces critères dans les chapitres 4, 7 et 8.

## Tableau récapitulatif de l'évaluation

| Composantes | Durée et notation | | Compétences | Détails | | Pondération |
|---|---|---|---|---|---|---|
| Niveaux | Niveau moyen | Niveau supérieur | | Niveau moyen | Niveau supérieur | |
| Épreuve 1 | 1 heure 15 minutes 30 points | 1 heure 30 minutes 30 points | Compétences productives | • Une tâche d'expression écrite de 250 à 400 mots • Choix de trois questions • Choix de trois types de textes pour chaque question | • Une tâche d'expression écrite de 450 à 600 mots • Choix de trois questions • Choix de trois types de textes pour chaque question | 25% |
| Épreuve 2 | Compréhension orale : 45 minutes 25 points | Compréhension orale : 1 heure 25 points | Compétences réceptives | • Trois passages audio • Les passages abordent différents sujets tirés des cinq thèmes • Chaque passage est accompagné d'exercices de compréhension | • Trois passages audio (plus longs) • Les passages abordent différents sujets tirés des cinq thèmes • Chaque passage est accompagné d'exercices de compréhension | 25% |
| | Compréhension écrite : 1 heure 40 points | Compréhension écrite : 1 heure 40 points | | • Trois textes • Les textes abordent différents sujets tirés des cinq thèmes • Chaque texte est accompagné d'exercices de compréhension | • Trois textes dont un extrait littéraire • Les textes abordent différents sujets tirés des cinq thèmes • Chaque texte est accompagné d'exercices de compréhension | 25% |
| Évaluation interne | Temps de préparation : 15 minutes Oral : 12–15 minutes 30 points | Temps de préparation : 20 minutes Oral : 12–15 minutes 30 points | Compétences productives et interactives | • Présentation d'un stimulus visuel, lié aux thèmes étudiés en classe • Conversation avec votre enseignant, basée sur le stimulus visuel • Discussion sur au moins un autre thème du programme | • Présentation d'un passage littéraire, tiré d'une œuvre étudiée en classe • Conversation avec votre enseignant, basée sur l'extrait • Discussion sur au moins un autre thème du programme | 25% |

## Reflections on chapter 3

- Have you understood how you are going to be assessed in the final examination?
- Are there points that you are still unsure about?
- Where in this guide can you find more information on each part of the examination?
- How is your understanding of the examination constraints going to help you progress and perform better?

## Connect, Extend, Challenge

- How is the information in this chapter connected to what you already know?
- In what new ways does it extend your thinking?
- What challenges does it pose for you?

# 4 ÉPREUVE 1 – EXPRESSION ÉCRITE

## The aims of this chapter

Written communication plays an essential role in our everyday interactions. Paper 1 will test your writing skills and assess your ability to use language appropriate to a range of interpersonal and/or intercultural contexts and audiences.

In this chapter, you will look at:

- ✔ the format of the examination
- ✔ the evaluation criteria
- ✔ the different text types
- ✔ techniques and strategies for the examination
- ✔ students' responses and comments by examiners.

# COMMENT RÉUSSIR À L'ÉPREUVE D'EXPRESSION ÉCRITE ?

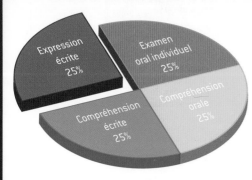

## Questions à considérer :

- À quoi est-ce que vous devez vous attendre le jour de l'examen ?
- Comment est-ce que vous serez évalué(e) ?
- Quels sont les différents types de textes que vous devez savoir manipuler ?
- Quelles sont les techniques et stratégies à développer pour améliorer vos compétences écrites ?
- Qu'avez-vous à apprendre sur le plan linguistique pour progresser ?

## En quoi consiste l'épreuve 1 d'expression écrite ?

### Le but de l'évaluation

L'épreuve 1 vise à évaluer vos aptitudes à :

- communiquer de façon claire et efficace dans des contextes différents et des buts variés
- comprendre et utiliser un langage adapté à divers destinataires et contextes sociaux et/ou interculturels
- utiliser la langue pour exprimer un éventail d'idées et y réagir, avec aisance et correction
- trouver, organiser et présenter des idées sur divers sujets.

### Format de l'examen

- L'épreuve 1 est évaluée en externe et représente 25% du total de l'évaluation.
- Il y a **trois critères** d'évaluation :
  - Le critère A : la langue (12 points)
  - Le critère B : le message (12 points)
  - Le critère C : la compréhension conceptuelle (6 points)
  - soit un total de 30 points.
- Vous avez le **choix entre trois tâches**.
  - Les trois tâches reflètent trois thèmes différents du programme.
  - Chaque tâche propose trois types de textes.
  - Choisissez **une** tâche et le **type de texte le plus approprié** dans le choix des trois types proposés pour la tâche. Un type de texte est clairement le meilleur. Un deuxième pourrait éventuellement parfois fonctionner mais ce serait plus difficile et beaucoup moins évident. Un type de texte est clairement inadapté.
  - Regardez les exemples d'épreuves 1 aux pages 17–18 pour mieux visualiser ce qui vous attend à l'écrit.

## Différences entre le niveau moyen et le niveau supérieur

| | Niveau moyen | Niveau supérieur |
|---|---|---|
| Durée de l'examen | 1h15 | 1h30 |
| Nombre de mots | 250–400 | 450–600 |
| Énoncé | Deux parties | Trois parties |
| | Exemple : <br>• Racontez … et comparez … <br>• Décrivez … et proposez … | Exemple : <br>• Décrivez …, expliquez … et suggérez … <br>• Évaluez …, exprimez … et encouragez … |
| But | Types de textes : <br>du domaine du quotidien et du personnel <br><br>Fonctions de communications qu'on peut vous demander d'écrire : <br>• description <br>• narration <br>• compte-rendu <br>• explication <br>• comparaison <br>• expression de sentiments/opinions. | Types de textes : <br>descriptifs et exigeant une réflexion qui vise à évaluer, recommander ou persuader <br><br>**En plus** des fonctions de communication possibles du niveau moyen, on peut vous demander de : <br>• construire des arguments soutenus par des explications et exemples <br>• présenter et justifier des idées <br>• expliquer un problème, ses conséquences et suggérer une/des solution(s). |
| Langue | Une langue utilisant un vocabulaire varié et des structures de base dont certaines plus complexes | Une langue plus riche et plus complexe qu'au niveau moyen |

### Exemple d'épreuve 1 au niveau moyen

Lisez les trois sujets proposés et réfléchissez au type de texte qui serait le mieux adapté à chacun.

**SAMPLE PROMPT**

Réalisez **une** des tâches suivantes. Utilisez, en fonction des propositions, le type de texte le plus approprié. Écrivez entre 250 et 400 mots.

1. Vous avez eu l'occasion de discuter avec une personne employée dans une entreprise francophone en faveur du développement durable. Écrivez un texte qui décrira son entreprise et évaluera son engagement pour protéger la planète.

2. Vous trouvez que la cantine de votre école est trop chère et ne propose pas un choix assez varié. Rédigez un texte s'adressant à votre directeur/directrice pour lui faire part de vos préoccupations sur le sujet et lui proposer des changements.

3. Récemment, vous vous êtes disputé(e) avec vos parents. Rédigez un texte dans lequel vous expliquez les circonstances et résultats de la dispute et exprimez vos sentiments.

Vérifiez maintenant si le type de texte auquel vous aviez pensé se trouve dans le choix ci-dessous :

1. Exposé | Entretien | Rapport

2. Blog | Courriel | Débat

3. Journal intime | Article | Courriel

> **Assessment tip**
>
> Remember that:
> • you are **not allowed** to bring any notes, dictionaries or electronic devices to the examination
> • you have one hour and a quarter at standard level and one and a half hours at higher level to complete your written task
> • you need to be familiar with what is expected from you in Paper 1.

> **Assessment tip**
>
> Complete past papers on a regular basis. Ask your teacher for practice papers, and practise using the examples of Paper 1 in this section and in the final section of this guide.

Soulignez les mots clés qui vous indiquent les parties à développer dans votre réponse. Référez-vous au tableau de mots consignes à la page 28 pour bien comprendre les termes clés de l'énoncé.

## Exemple d'épreuve 1 au niveau supérieur

Lisez les trois sujets proposés et réfléchissez au type de texte qui serait le mieux adapté à chacun. Identifiez aussi les différences avec le niveau moyen. Par exemple : combien d'aspects sont soulevés, quel genre d'instructions vous donne-t-on ?

> **SAMPLE PROMPT**
>
> 1. Vous venez de réussir votre permis de conduire et exprimez vos sentiments sur ce que vous considérez être un rite de passage. Écrivez un texte dans lequel vous <u>racontez cette expérience,</u> <u>expliquez sa signification et évaluez ses conséquences</u>.
>
> | Blog | Reportage | Journal intime |
>
> 2. Vous voulez partager un livre que vous venez de finir. <u>Résumez</u>-en le sujet, <u>exprimez votre opinion</u> et <u>expliquez pourquoi on devrait le</u> <u>lire ou non</u>.
>
> | Critique | Dissertation | Proposition |
>
> 3. Un pays francophone propose de présenter une loi obligeant les chaînes télévisées nationales à diffuser un minimum de 50% de films de langue française. Votre école vous engage à <u>expliquer cette</u> <u>loi, à débattre sur son sujet et à tirer vos propres conclusions</u>.
>
> | Interview | Discours | Rapport |

Quel est le thème abordé dans les énoncés du niveau supérieur ci-dessus ? Choisissez la/les lettre(s) correcte(s) pour chaque énoncé.

Énoncé 1 ☐    **A.** Identités

**B.** Expériences

Énoncé 2 ☐    **C.** Ingéniosité humaine

**D.** Organisation sociale

Énoncé 3 ☐    **E.** Partage de la planète

## Les barèmes de notation

Bien connaître la répartition des points et donc les critères d'évaluation vous permettra de savoir exactement ce que recherche l'examinateur et donc de l'intégrer dans votre réponse. Vous trouverez une analyse détaillée de chaque critère plus loin dans le chapitre mais pour commencer, regardez le résumé de ce que chaque critère cherche à évaluer et comment les points sont répartis.

| Critère A | Critère B | Critère C |
|---|---|---|
| • vocabulaire<br>• structures grammaticales<br>• langue | • message/but | • choix du type de texte<br>• registre et ton<br>• caractéristiques du type de texte choisi |
| 12 points | 12 points | 6 points |

**Attention !** Si vous ne tenez pas compte du contexte, du destinataire et du but du texte, vous pourriez non seulement n'obtenir aucun point pour le critère C mais également zéro point pour le critère B.

---

**ATL** Souligne z les mots clés qui vous indiquent les parties à développer dans votre réponse. Référez-vous au tableau de mots consignes à la page 28 pour bien comprendre les termes clés de l'énoncé.

---

**ATL Compétences d'autogestion**

- Réfléchissez : est-ce que le format de l'examen est bien clair pour vous ? Est-ce que vous avez besoin de demander/chercher des clarifications ?
- Faites une liste résumant les points principaux de l'épreuve 1.

---

**Réfléchissez**

- Qu'avez-vous retenu de la façon dont se présente l'épreuve 1 ?
- Quels sont les points les plus importants qui vont guider votre préparation à la production écrite ?
- En quoi les trois critères d'évaluation peuvent-ils vous aider à progresser ?

## Démarche guidée pour l'épreuve 1

Il est important d'acquérir de bons réflexes dans votre approche de l'écrit. Par exemple, vous devez vous familiariser avec les mots consignes des énoncés, apprendre à choisir la question à laquelle vous allez répondre ainsi que le type de texte qui lui est le mieux adapté. Pour chaque question votre démarche sera la même :

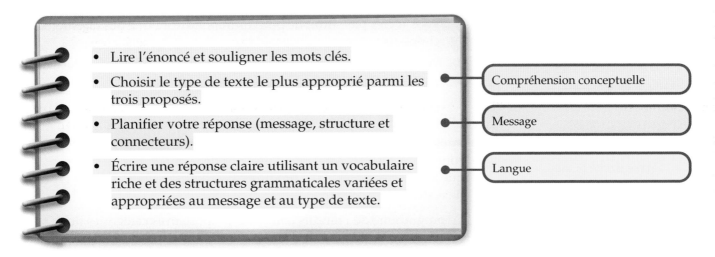

- Lire l'énoncé et souligner les mots clés.
- Choisir le type de texte le plus approprié parmi les trois proposés.    — Compréhension conceptuelle
- Planifier votre réponse (message, structure et connecteurs).    — Message
- Écrire une réponse claire utilisant un vocabulaire riche et des structures grammaticales variées et appropriées au message et au type de texte.    — Langue

## Comment choisir sa question ?

Bien choisir votre question va influencer la qualité de votre réponse. Vous avez le choix entre trois sujets. **Lisez chacun d'eux attentivement** et posez-vous les questions suivantes :

- Quel est le contexte ?
- À qui le texte va-t-il s'adresser ?
- Quel est le but du message ?
- Quel est le type de texte le plus approprié dans le choix donné ?

**Exemple au niveau moyen**

SAMPLE PROMPT

Un(e) élève de votre école a gagné le concours 'Multi-talents'. Écrivez un texte dans lequel vous le/la présentez et évaluez ses accomplissements scolaires et sportifs.    — Soulignez les mots clés.

| Courriel | Article | Interview |

- **Quel est le contexte ?** Un concours « Multi-talents » à votre école.
- **À qui le texte va-t-il s'adresser ?** Vos camarades dans votre école.
- **Quel est le but du message ?** Présenter le gagnant du concours et évaluer ce qu'il/elle a accompli sur les plans scolaire et sportif.
- **Quel est le type de texte le plus approprié dans le choix donné ?** Un courriel n'est pas envisageable puisque vous devez vous adresser à **l'ensemble des élèves** et non à une personne en particulier. Une interview serait la mieux adaptée au but qui vous est fixé dans l'énoncé mais un article pour le magazine de votre école pourrait également être approprié. Ce serait néanmoins plus difficile à structurer et développer.

Consacrez plusieurs minutes à choisir votre question. Vous pourriez perdre un temps précieux si vous commencez la rédaction d'une réponse, que vous vous rendez compte ensuite que c'était un mauvais choix et que vous décidez de changer de question.

>> **Tip**

- Make a note of the similarities and differences between the text types and group them into categories.

- Memorize the characteristics of each text type so that you can reproduce them in your written response.

- Whenever you read a French text, identify its characteristics and some key phrases that you could copy when you write a text of the same type.

ATL **Pensée et recherche**

Parmi les différents textes que vous avez étudiés en classe ou lus ailleurs, identifiez les différents types de textes et leurs caractéristiques.

**Choisissez un sujet si …**

- vous avez une réponse claire pour chacune des questions à la page précédente

- vous connaissez bien le thème/les idées à évoquer/commenter

- vous connaissez assez de vocabulaire spécifique à la question/au thème/sujet.

**Ne choisissez pas un sujet si …**

- vous n'êtes pas sûr(e) de pouvoir répondre à l'une des questions ci-dessus

- vous n'êtes pas à l'aise avec le type de texte approprié à la tâche

- vous ne comprenez pas un des mots clés de l'énoncé.

## Les types de textes

Vous pouvez mieux choisir votre tâche écrite le jour J si vous connaissez bien les caractéristiques des différents types de textes que vous serez amené(e) à produire. Familiarisez-vous avec ces types de textes.

Le programme de Français Langue B propose trois catégories de textes : personnel, professionnel et des médias de masse. Regardez les tableaux aux pages suivantes qui analysent chacun des types de textes et les concepts qui les caractérisent, c'est à dire :

- leur contexte

- leur destinataire

- leur but

- les consignes qui peuvent apparaître dans l'énoncé (celles-ci sont expliquées à la page 28).

Nous examinerons comment ces concepts s'appliquent dans l'aspect visuel de ces textes et les conventions que vous devrez respecter ainsi que certaines caractéristiques du registre.

Vous constaterez que certains types de textes sont utilisés dans des situations bien précises tandis que d'autres peuvent correspondre à des situations très diverses.

**Les types de textes peuvent être aussi classés en deux sous-catégories :**

- les types de textes avec un format spécifique mais avec **des buts variés** : par exemple, une lettre doit inclure, entre autres, une date, une formule d'appel mais peut **raconter** un évènement passé ou bien **faire une demande**.

- les types de textes avec un format spécifique mais avec **un but plus précis** : par exemple, un journal intime vise à transmettre des émotions, un compte-rendu cherche à récapituler et présenter des informations particulières.

| Registre | Conventions visuelles |
|---|---|
| • Registre familier, naturel, direct<br>• Peut être divertissant et intime<br>• Tutoiement si on s'adresse à une seule personne<br>• Des allusions plutôt que des informations directes ('Comme je te l'ai déjà dit …')<br>• Phrases exclamatives et rhétoriques<br>• Une langue familière (abréviations, langage texto, etc.) : des émoticônes seront tolérés selon le contexte mais doivent rester modérés | **Lettre :**<br>• Adresse de l'expéditeur<br>• Date<br>• Formule d'appel ('Cher/Chère …'/'Salut …')<br>• Formule finale ('À bientôt'/'Bisous')<br>• Paragraphes<br>• Signature<br>**Courriel :**<br>• Objet/sujet du courriel<br>• Formule d'appel ('Cher/Chère …'/'Salut …')<br>• Formule finale ('À bientôt'/'Bisous')<br>• Paragraphes<br>• Signature/nom de l'expéditeur |

**Contexte** Personnel

**Destinataire** Une seule personne qu'on connaît bien et qui nous connaît bien

**Lettre/courriel personnels**

**But** Une lettre ou un courriel personnels peuvent raconter un évènement ou convaincre le lecteur, selon le contexte de l'énoncé.

**Consignes** Raconter, décrire, discuter, demander, persuader, etc.

>> **Tip**

Do not confuse *courrier* (letter) with *courriel* (email).

| Registre | Conventions visuelles |
|---|---|
| • Registre soutenu<br>• Vouvoiement<br>• Ton peut être distant, impersonnel<br>• Structure organisée avec connecteurs logiques<br>• Exhortations<br>• Phrases impératives<br>• Vocabulaire de la persuasion/sollicitation pour une lettre de motivation | **Lettre :**<br>• Adresse de l'expéditeur et du destinataire<br>• Date<br>• Objet<br>• Formule d'appel ('Monsieur/Madame …')<br>• Formule finale ('Veuillez agréer …', 'Cordialement', 'Bien à vous')<br>• Paragraphes<br>• Pièces jointes<br>• Signature<br>**Courriel :**<br>• Objet/sujet du courriel<br>• Formule d'appel ('Monsieur/Madame …')<br>• Formule finale ('Cordialement')<br>• Paragraphes<br>• Documents joints<br>• Signature/nom de l'expéditeur |

**Contexte** Professionnel

**Destinataire** Une personne dont on n'est pas proche

**Lettre/courriel officiels Lettre de motivation**

**But** Le but peut être de faire une demande ou une proposition ou encore de se promouvoir auprès du destinataire, comme par exemple dans une lettre de motivation.

**Consignes** Raconter, décrire, résumer, proposer, analyser

## Contexte
Variés (personnel, professionnel et médias de masse)

## Destinataire
Il/Elle partage les mêmes intérêts que l'auteur. On s'adresse à un public anonyme.

**Blog/message publié dans les réseaux sociaux**

**Dialogue ou forum en ligne**

## But
Communiquer sur un sujet particulier : le but exact sera déterminé par l'énoncé et les consignes. Le message et le dialogue en ligne seront en réponse à un message.

## Consignes
Raconter, décrire, résumer, proposer, analyser

| Registre | Conventions visuelles |
|---|---|
| • Registre courant/familier<br>• 'Je'<br>• Ton subjectif<br>• Connivence avec le lecteur (en s'adressant à lui)<br>• Style enlevé (exclamations, interrogations, points de suspension)<br>• Connecteurs logiques | • Date/heure<br>• Nom de l'auteur<br>• Nom du blog<br>• Titre accrocheur et sous-titres<br>• Hyperliens<br>• Typographie variée (caractères gras, lettres majuscules, etc.)<br>• Un paragraphe sous forme de liste<br>• Développement logique (raison pour le billet, point de vue, exemples à l'appui)<br>• Espace pour commentaires des lecteurs<br><br>Il est possible d'avoir des billets de blogs multiples.<br><br>Un message sur un forum peut inclure des techniques typiques des forums en ligne :<br>• Références à d'autres billets, membres ou forums<br>• Hashtags<br>• @ références<br>• Likes |

## Contexte
Médias de masse

## Destinataire
Un public anonyme (un ensemble de personnes qu'on ne connaît pas)

**Article/reportage (journal, magazine)**

## But
Un article peut tenter d'informer objectivement ou de convaincre. Un reportage peut relater une enquête afin de créer un impact sur le lecteur ; peut être subjectif.

## Consignes
Présenter, décrire, raconter, identifier, expliquer, examiner, démontrer, évaluer

| Registre | Conventions visuelles |
|---|---|
| • Registre soutenu ou semi-soutenu<br>• S'il s'agit d'un magazine spécialisé, vocabulaire spécifique à ce domaine<br>• Exemples concrets<br>• Références à des spécialistes<br>• Chiffres/statistiques<br>• Verbes au conditionnel si l'information n'est pas prouvée | • Nom du journal/magazine<br>• Rubrique<br>• Titre et intertitres<br>• Chapeau (résumé du message principal)<br>• Date<br>• Nom de l'auteur<br>• Introduction<br>• Paragraphes/texte en colonnes<br>• Conclusion |

| Registre | Conventions visuelles |
|---|---|
| • Un registre soutenu ou semi-soutenu mais riche et imagé (exclamations, questions rhétoriques …)<br>• Une introduction<br>• Une référence à l'article/au reportage/à l'idée à laquelle on réagit<br>• Structure organisée avec des paragraphes et des connecteurs logiques<br>• Utilisation du 'nous' pour inclure le lecteur<br>• Peut inclure des anecdotes<br>• Une conclusion | • Conventions relatives à l'article (voir plus haut)<br>• Rubrique<br>• Titre<br>• Introduction et conclusion<br>• Nom de l'auteur<br><br>Le courrier des lecteurs aura soit la forme de la lettre envoyée au journal (voir détails concernant les conventions de la lettre) soit la forme de la lettre une fois publiée avec :<br><br>• un titre<br>• une date<br>• un lieu de provenance<br>• le nom de l'auteur. |

**Contexte**
Médias de masse

**Destinataire**
Groupe de personnes généralement inconnues

**Chronique d'opinion/ courrier des lecteurs**

**But**
Réagir à une situation, donner son opinion en argumentant ; vise à persuader ou impressionner ; position généralement subjective

**Consignes**
Démontrer, évaluer, exprimer une opinion, persuader, réfuter

| Registre | Conventions visuelles |
|---|---|
| • Registre soutenu ou semi-soutenu<br>• Vocabulaire spécifique au domaine d'intérêt de la personne interviewée<br>• Exemples concrets<br>• Au moins trois questions sous forme inversée (par exemple, 'Pourquoi **avez-vous choisi de** … ?') | • Marqueurs de l'article (titre, chapeau, auteur, etc.)<br>• Introduction de la personne interviewée<br>• Format questions/réponses<br>• Conclusion ou clôture<br><br>L'entretien peut être sous forme rapportée, c'est à dire intégré dans un article sous forme de discours indirect avec paroles rapportées ou citations (ou les deux). |

**Contexte**
Médias de masse

**Destinataire**
Groupe de personnes généralement inconnues

**Entretien/interview**

**But**
Exprimer et étayer une description, explication ou argumentation à l'aide de citations issues d'un échange antérieur entre interviewer et interviewé

**Consignes**
(dans le contexte d'un échange entre deux personnes)
Raconter, expliquer, démontrer, discuter, évaluer, exprimer l'opinion de la personne interviewée, etc.

>> **Assessment tip**

An interview is not a transcription of a dialogue. It is a written text consisting of questions and answers which form part of an article. Therefore, it does not include greetings or elements of spoken language such as hesitations, unfinished sentences, etc.

## Contexte
Large public ou public professionnel (contexte de l'école par exemple)

## Destinataire
Groupe de personnes généralement inconnues (mais qui peuvent être connues, comme dans le contexte de l'école, par exemple)

### Discours/exposé/débat

## But
Donner son opinion en argumentant ; vise à persuader ou impressionner ; position généralement subjective

## Consignes
Démontrer, évaluer, exprimer une opinion, persuader

| Registre | Conventions visuelles |
|---|---|
| • Un registre formel ou semi-formel mais riche et imagé (exclamations, questions rhétoriques, répétitions, anaphores …) <br> • Phrase clé pour éveiller l'attention du public <br> • Structure organisée avec des paragraphes et des connecteurs logiques <br> • Utilisation du 'vous' pour inclure le public <br> • Peut inclure des anecdotes | • Formule d'appel ('Bonjour tout le monde'/'Mes chers camarades', etc.) <br> • Structure : introduction, paragraphes, conclusion (laissant une impression nette) <br> • Formule de remerciement |

## Contexte
Personnel

## Destinataire
L'auteur du texte

### Journal intime

## But
Réagir à une situation de façon subjective, exprimer des sentiments, évaluer une situation

## Consignes
examiner, analyser, exprimer ses sentiments, évaluer

| Registre | Conventions visuelles |
|---|---|
| • Langue familière <br> • Ton intime et subjectif <br> • Utilisation de 'je' <br> • Style vivant et spontané afin de transmettre des émotions variées <br> • Connecteurs logiques <br> • Ponctuation (comme les points de suspension (…) en particulier) <br> • Phrases courtes <br> • Exclamations <br> • Questions rhétoriques <br> • Exagérations | • Date <br> • Formule d'appel <br> • Introduction, objet du texte, réflexions et conclusion <br> • Formule de conclusion <br> • **Pas** de signature |

| Registre | Conventions visuelles |
|---|---|
| • Registre soutenu ou semi-soutenu<br>• Équilibre entre éléments clés et informations complémentaires (exemples, explications)<br>• Vocabulaire précis/ spécifique/technique<br>• Variété de structures pour conseiller<br>• Ton objectif<br>• Phrases courtes, parfois sans verbes<br>• Prise de conscience du lecteur : en s'adressant à lui, phrases à l'impératif | • Titre<br>• Exposition du sujet dans une introduction<br>• Parties clairement identifiées (intertitres) dans une suite cohérente<br>• Informations sous forme de listes (numérotées/tirets/ puces) ou questions-réponses<br>• Coordonnées pour obtenir plus de renseignements |

**Contexte**
Milieu professionnel ou médias de masse selon le contexte

**Destinataire**
Groupe de personnes généralement inconnues

**Instructions/directives**

**But**
Donner des informations concrètes, généralement objectives

**Consignes**
Décrire, présenter, démontrer, expliquer, analyser

| Registre | Conventions visuelles |
|---|---|
| • Registre standard, voire soutenu<br>• Équilibre entre éléments clés et informations complémentaires (exemples, explications)<br>• Titres accrocheurs/slogan<br>• Vocabulaire riche, imagé, emphatique, pour créer un effet<br>• Prise de conscience du lecteur : en s'adressant à lui (phrases à l'impératif, questions directes et rhétoriques) | • Éléments clés mis en relief : titre et sujet, intertitres<br>• Exposition du sujet dans une courte introduction<br>• Présentation dynamique sous forme de listes (numérotées/ tirets/puces) ou questions-réponses<br>• Typographie variée (caractères gras, lettres majuscules, etc.)<br>• Témoignages<br>• Coordonnées pour plus de renseignements (courriel, site Internet, numéro de téléphone, etc.) |

**Contexte**
Milieu professionnel ou médias de masse selon le contexte

**Destinataire**
Groupe de personnes généralement inconnues

**Brochure/tract/dépliant/ prospectus**

**But**
Intéresser et convaincre le lecteur à travers une description positive ou bien dénoncer des abus/problèmes

**Consignes**
Décrire, raconter, présenter, démontrer, évoquer, persuader

## Critique

**Contexte**
Médias de masse

**Destinataire**
Groupe de personnes généralement inconnues (mais connues dans le contexte de l'école, par exemple)

**But**
Exprimer une opinion personnelle et ses goûts à propos de quelque chose

**Consignes**
Résumer, décrire, raconter, analyser, expliquer, exprimer votre opinion

| Registre | Conventions visuelles |
|---|---|
| • Un registre soutenu ou semi-soutenu | • Date et rubrique |
| • Références au texte ou objet de la critique | • Nom de l'auteur |
| • Comparaisons avec d'autres films/livres/expositions | • Titre, intertitres |
| • Opinion personnelle et subjective | • Évaluation visuelle (par exemple, utilisation d'astérisques pour les annotations) |
| • Évaluation générale, de l'intrigue, du scénario/texte, des acteurs/personnages | • Introduction |
| | • Paragraphes |
| | • Conclusion |

## Dissertation

**Contexte**
Professionnel

**Destinataire**
Votre professeur ou examinateur

**But**
Discuter de façon raisonnée, équilibrée et objective ; preuves et exemples concrets pour étayer l'argumentation

**Consignes**
Discuter, démontrer, analyser, expliquer, évaluer

| Registre | Conventions visuelles |
|---|---|
| • Registre standard ou soutenu | • Structure : introduction, paragraphes, conclusion |
| • Phrases d'introduction et conclusion | • Argumentation développée de façon cohérente |
| • Connecteurs logiques | • Exemples pour illustrer les arguments |
| • Vocabulaire de l'analyse, de l'évaluation et de l'opinion | • Citations |

| Registre | Conventions visuelles |
|---|---|
| • Registre soutenu | • Date |
| • Vocabulaire spécialisé, technique | • Destinataire, nom de l'auteur du rapport |
| • Ton objectif | • Titre |
| • Style impersonnel | • Introduction |
| • Connecteurs logiques | • Structure claire : intertitres, tirets/puces, paragraphes |
| • Statistiques et chiffres | • Développement logique : objet du rapport, explications/description, exemples précis, bilan |
| • Comparaison(s) | |

**Contexte** Professionnel

**Destinataire** Personne ou groupe de personnes généralement connues dans un contexte professionnel

**Rapport/compte-rendu**

**But** Développer une analyse raisonnée, en principe avec objectivité et tournée vers l'avenir dans le cas du rapport

**Consignes** Présenter, résumer, examiner, décrire, raconter, identifier, expliquer, démontrer, analyser, évaluer

| Registre | Conventions visuelles |
|---|---|
| • Registre soutenu | • Date |
| • Vocabulaire spécialisé, technique | • Destinataire, nom de l'auteur du rapport |
| • Ton objectif | • Titre |
| • Style personnel pour persuader | • Introduction |
| • Connecteurs logiques | • Structure claire : intertitres, tirets/puces, paragraphes |
| • Statistiques et chiffres | • Développement logique : objet de la proposition, explications/description, exemples précis |
| • Comparaison(s) | • Conclusion convaincante ou recommandation finale concernant la proposition |
| | La proposition peut être envoyée dans une lettre ou un courriel. Dans ce cas, elle suivra les conventions de la lettre (ou courriel) officielle. |

**Contexte** Professionnel

**Destinataire** Personne ou groupe de personnes généralement connues dans un contexte professionnel

**Proposition**

**But** Proposer un changement, une amélioration tout en argumentant ses bénéfices ; vise à persuader ou impressionner ; position généralement subjective

**Consignes** Proposer, examiner, expliquer, démontrer, analyser, évaluer

ATL **Compétences d'autogestion**

Comparez les caractéristiques des différents types de textes. Notez les similarités et les différences (par exemple, entre chronique d'opinion et discours). Réfléchissez aux raisons pour lesquelles il existe des différences et similarités.

## Les énoncés : mots consignes

Bien que votre compréhension et votre maîtrise des types de textes soient essentielles pour choisir et rédiger une tâche écrite, il est aussi important de bien comprendre ce qui est demandé dans l'énoncé. Consultez le tableau ci-dessous pour vous aider à bien saisir le sens des mots clés des énoncés.

| Mot consigne | Définition | Exemple |
|---|---|---|
| Analyser | Décomposer de manière à exposer les éléments essentiels ou la structure | « Un(e) de vos ami(e)s est trop timide pour révéler ses sentiments à quelqu'un qui lui est devenu proche. **Analysez** la situation pour lui/elle et … »<br><br>Quels sont les éléments définissant la situation ? Quel est l'impact sur votre ami(e) ? Comment la situation pourrait-elle évoluer ? |
| Décrire | Exposer de façon détaillée | « **Décrivez** votre stage en entreprise. »<br><br>Il faut faire une description détaillée : quoi, où, quand, comment, avec qui ? |
| Démontrer | Établir de manière évidente, par un raisonnement ou des éléments de preuve, en illustrant à l'aide d'exemples ou d'applications | « **Démontrez** que la suppression de la cantine scolaire est une aberration. »<br><br>**Pourquoi** la suppression de la cantine est-elle une aberration selon vous ?<br><br>Il faut proposer des arguments s'appuyant sur des exemples pour prouver ce que vous avancez. |
| Discuter | Présenter une critique équilibrée et réfléchie à l'aide d'un certain nombre d'arguments, de facteurs ou d'hypothèses<br><br>Les opinions ou les conclusions doivent être présentées clairement et étayées de preuves adéquates | « … une initiative pour encourager les élèves à devenir de meilleurs éco-citoyens. Décrivez cette initiative, **discutez** de sa valeur et … »<br><br>La valeur de l'initiative est à débattre et à soupeser. Quels sont les avantages et les inconvénients ? Pourquoi cette initiative est-elle ou non importante ? Quels sont les arguments contre/en sa faveur ? Quels exemples pouvez-vous proposer pour leur donner du poids ? |
| Évaluer | Émettre un jugement avec des preuves et justifications | « Vous rentrez d'un voyage dans un/des pays francophone(s). Votre école vous demande d'en faire le récit et de l'**évaluer**. »<br><br>Il faut considérer des avantages et des inconvénients, peser les pour et contre. Quels ont été les points positifs et négatifs de votre voyage et pourquoi ? |
| Examiner | Aborder un argument ou un concept de façon à faire la lumière sur ses postulats et ses corrélations | « Le directeur/La directrice de votre école envisage d'interdire les portables pendant la journée scolaire. **Examinez** cette proposition et … »<br><br>Questions à se poser :<br><br>Pourquoi une telle proposition ? Quelles seraient les conséquences ? Est-ce qu'il existe des alternatives à cette mesure ? |
| Expliquer | Faire un compte-rendu détaillé incluant les raisons ou les causes | « **Expliquez** comment une mauvaise hygiène de vie peut avoir un impact sur le quotidien d'un jeune. »<br><br>Il faut détailler les **raisons** pour lesquelles une mauvaise hygiène de vie a des conséquences négatives. |
| Exprimer | Donner un nom spécifique, une valeur ou toute autre réponse brève sans explication ni calcul | « Vous vous êtes disputé(e) avec votre meilleur(e) ami(e). **Exprimez** vos sentiments dans votre journal intime. »<br><br>Vous devez transmettre quelque chose (ici, des sentiments) : c'est affreux/je me sens triste/j'ai le moral à zéro/si seulement je n'avais pas dit ça ! |
| Identifier | Fournir une réponse à partir de plusieurs possibilités | « **Identifiez** les raisons à la réaction de vos parents. »<br><br>Il faut établir les différentes raisons qui pourraient être à l'origine de la réaction de vos parents et cerner l'explication la plus plausible. |
| Présenter | Exposer ou soumettre à l'observation, l'examen ou la considération | « Un prix spécial vient d'être décerné par votre école à un(e) ancien(ne) élève. Au début de la cérémonie de remise de prix, **présentez** cet/cette élève et … »<br><br>Il faut donner des informations concrètes : Qui est cet/cette élève ? Quand était-il/elle à votre école ? Comment était-il/elle avant de quitter votre école ? Que fait-il/elle maintenant ? Quel lien pouvez-vous faire entre son identité **avant** de recevoir ce prix et **maintenant** ? |
| Résumer | Présenter brièvement ou donner une idée générale | « Un évènement surprenant vient de bouleverser votre vie. **Résumez**-le et … »<br><br>Posez-vous ces questions :<br><br>Que s'est-il passé ? En une ou deux phrases, dites en quoi a consisté cet évènement.<br><br>Exemple : « Hier, j'ai enfin décroché mon permis, après l'avoir raté dix fois. » |

> **Réfléchissez**
>
> Reportez-vous aux questions des niveaux moyen et supérieur aux pages 17–18 et en vous aidant du tableau à la page précédente :
> - identifiez et examinez les mots consignes
> - réfléchissez à ce que ces mots consignes impliquent pour le contenu et développement du message à communiquer.

## Les critères d'évaluation

### Le critère C : la compréhension conceptuelle

Vous venez de le voir : la deuxième étape après avoir souligné les mots consignes d'un énoncé et les avoir bien compris, est de choisir le type de texte approprié à la tâche. Le critère C est le premier critère auquel se référer pour vous aider à prendre votre décision car il exige que vous réfléchissiez :

- au contexte
- au destinataire (et donc au registre et au ton)
- au but du texte.

Ces choix vous permettront de déterminer le registre et le ton de votre texte.

Le critère C vous permettra ensuite de planifier la structure et l'aspect visuel de votre réponse car vous devrez :

- démontrer que le type de texte que vous avez choisi est adapté au **contexte** : par exemple, si les instructions dans l'énoncé font référence à un sujet touchant un public anonyme ou professionnel, il convient de choisir un texte dans la catégorie des médias de masse
- déterminer le **destinataire** et utiliser le registre et le ton appropriés : par exemple, si vous écrivez à la directrice de votre école, vous devez la vouvoyer et ne pas utiliser de vocabulaire trop familier
- prouver que le type de texte que vous avez choisi est adapté au **but** : par exemple, si vous devez communiquer vos sentiments à la suite d'un concert auquel vous êtes allé(e) avec des amis, un rapport à vos parents ne serait pas un type de texte très logique et naturel.

Examinons ces trois concepts : contexte, destinataire, but. Tout d'abord, que veut dire '**contexte**' ? Pour le déterminer, il faut vous poser les questions suivantes :

- **Où** sommes-nous ?
- **Quand** se situe l'action/l'évènement ?
- Que s'est-il passé **avant** ?
- **Pourquoi** est-on dans cette situation ?
- **Comment** est-on arrivé à cette situation/idée/opinion ?

La réponse à ces questions se trouve dans l'énoncé. Regardez les énoncés suivants, posez-vous ces questions et déterminez les circonstances, c'est-à-dire le **contexte**.

## Exemples d'énoncés

**SAMPLE PROMPT**

1. Vous avez eu l'occasion de discuter avec une personne employée dans une entreprise francophone en faveur du développement durable. Écrivez un texte qui décrira son entreprise et évaluera son engagement pour protéger la planète.

2. Vous trouvez que la cantine de votre école est trop chère et ne propose pas un choix assez varié. Vous décidez de contacter votre directeur/directrice pour lui faire part de vos préoccupations sur le sujet et lui proposer des changements.

3. Récemment, vous vous êtes disputé(e) avec vos parents. Rédigez un texte dans lequel vous expliquez les circonstances et les résultats de la dispute et exprimez vos sentiments.

Complétez le tableau :

| Énoncé … | Contexte | À quel moment votre texte se situe |
|---|---|---|
| | Vous expérimentez dans votre école une nourriture chère, limitée et mauvaise pour la santé | **Suite à** votre expérience quotidienne |
| | Une dispute récente avec vos parents | **Après** la dispute |
| | Une conversation avec quelqu'un travaillant dans une entreprise qui favorise le développement durable | **Après** la conversation |

Examinons maintenant le concept du **destinataire**, qui exige de se demander **à qui** on écrit. Ce dernier diffère suivant la catégorie de texte.

| Catégorie | Destinataire |
|---|---|
| Personnel | Des gens qu'on connaît bien |
| | Des gens proches |
| | Soi-même |
| Professionnel | Quelqu'un qu'on ne connaît pas |
| | Quelqu'un en position d'autorité (comme votre professeur) ou appartenant à un domaine professionnel (une organisation ou un employeur par exemple) |
| | Une communauté à laquelle on appartient |
| Médias de masse | Le public en général |
| | Un public anonyme mais partageant les mêmes intérêts |

Savoir qui va vous lire, connaître les intérêts/besoins de votre public ou de la personne à qui vous vous adressez va influencer la façon dont vous allez vous exprimer. Choisir un destinataire, c'est choisir un registre et un ton particuliers.

Examinez le tableau ci-dessous pour sélectionner le registre et le ton corrects pour chaque type de destinataire.

| Destinataire | Registre et ton |
|---|---|
| Des gens qu'on connaît bien<br>Des gens proches<br>Soi-même | Utilisation de 'je'<br>Langage courant ou familier<br>Tutoiement |
| Quelqu'un qu'on ne connaît pas<br>Quelqu'un en position d'autorité ou appartenant à un domaine professionnel<br>Une communauté à laquelle on appartient<br>Le public en général<br>Un public anonyme mais partageant les mêmes intérêts | Langue soutenue<br>Vouvoiement<br>Utilisation du 'vous' en tant que pluriel |

Retournez aux énoncés en haut de la page 30 et déterminez le destinataire pour chaque réponse ainsi que le rôle qui est le vôtre dans chaque énoncé.

Et pour finir, réfléchissons au concept du **but** : **pourquoi** cette communication ? Est-ce que vous devez informer, expliquer, évaluer, etc. ? Examinez le tableau ci-dessous en référence aux énoncés de la page 18.

| Énoncé | But |
|---|---|
| Énoncé 1 | • **Raconter** comment vous avez réussi votre permis de conduire<br>• **Expliquer** en quoi c'est un rite de passage<br>• **Évaluer** en quoi et pourquoi avoir votre permis va changer certaines choses pour vous |
| Énoncé 2 | • **Donner les grandes lignes** de l'intrigue du livre<br>• **Exprimer** votre opinion<br>• **Encourager/persuader** d'autres personnes à le lire ou pas |
| Énoncé 3 | • **Expliquer** la loi mentionnée<br>• **Débattre** sur cette loi<br>• **Conclure** de façon personnelle |

Les mots consignes expliqués à la page 28 vous ont déjà donné une indication des différents buts qui pourront vous être fixés. En voici néanmoins une liste des plus fréquents :

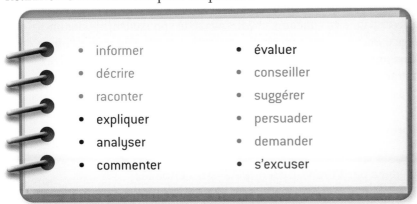

- informer
- décrire
- raconter
- expliquer
- analyser
- commenter
- évaluer
- conseiller
- suggérer
- persuader
- demander
- s'excuser

>> **Assessment tip**

Create vocabulary lists of expressions and structures that have specific purposes using different colours, such as persuading, advising, promoting, etc.

Complétez les phrases suivantes avec avec la (ou les) fin(s) appropriée(s) :

Déterminer le contexte me permet de …. ☐

Identifier le destinataire me permet de … ☐

Cerner le but me permet de … ☐

**A.** choisir un registre et un ton spécifiques

**B.** définir mon rôle en tant qu'auteur de la réponse

**C.** déterminer un temps et lieu

**D.** savoir à qui je m'adresse

**E.** savoir ce que je dois transmettre

**Réfléchissez**

Maintenant que vous avez examiné les trois concepts au cœur du critère C, est-ce que vous pouvez mieux comprendre le lien entre eux et comment ils déterminent quels sujet et type de texte vous allez choisir ?

Lisez l'énoncé et la réponse d'élève aux pages 32 et 33. Consultez le tableau pour le critère C dans le but de déterminer s'il est bien rempli. Comparez vos conclusions avec celles de l'examinateur.

**Attention !** Les critères qui vous sont proposés dans ce chapitre ont été décomposés en sous-critères pour vous aider à vous focaliser sur chaque aspect que vous devez apprendre à maîtriser. Chaque aspect contribue à la qualité globale de votre performance. Vous trouverez les critères originaux dans le *Guide de Langue B*.

| Critère C (Compréhension conceptuelle) Niveaux moyen et supérieur | | | |
|---|---|---|---|
| Sous-critères | 1–2 points | 3–4 points | 5–6 points |
| Choix du type de texte | Inadapté | Généralement adapté | Adapté |
| Registre et ton adaptés au contexte, au but et au destinataire | Dans l'ensemble inadaptés<br><br>Ne prennent pas ou peu le destinataire en compte et ne sont pas convaincants | Parfois adaptés<br><br>Prennent parfois en compte le destinataire et tentent de convaincre | Adaptés<br><br>Convaincants car prennent en compte le destinataire<br><br>Les procédés rhétoriques sont systématiquement efficaces et consolident la transmission du message |
| Conventions du type de texte | Peu de caractéristiques | Quelques caractéristiques | Le texte intègre parfaitement toutes les caractéristiques nécessaires |

**Notes :**

- Si le choix du type de texte est **inadapté** mais le registre, le ton et les conventions du type de texte choisi sont adaptés, la réponse sera considérée comme **généralement adaptée**.

- Si le choix du type de texte est **généralement adapté** mais le registre, le ton et les conventions du type de texte choisi sont adaptés, la réponse sera considérée comme **adaptée**.

### Réponse d'élève – Niveau moyen

SAMPLE PROMPT

Un office du tourisme a lancé un concours 'Globe-trotters francophones'. Vous avez gagné ce concours et vous avez été sponsorisé(e) pour un voyage dans un pays francophone de votre choix. À votre retour, l'office du tourisme vous demande d'écrire un texte dans lequel vous décrivez les attraits de votre destination et vous encouragez d'autres jeunes de votre âge à suivre votre exemple.

**Dissertation**          **Brochure**          **Article**

Commencez par faire votre 'enquête' sur l'énoncé :

**Quel est le contexte ?** Vous avez gagné le concours d'un office du tourisme pour aller dans un pays francophone. Vous êtes de retour de votre voyage.

**Qui est le destinataire ?** Des jeunes de votre âge.

**Quel est le but ?** Promouvoir le pays que vous avez visité et encourager à y aller.

**Quel serait le type de texte le plus approprié ?** Une brochure.

**Quelles seraient par conséquent ses caractéristiques ?** Un titre, des listes, des témoignages, etc.

**Quels registre et ton devrait-on utiliser ?** Un langage courant et un ton persuasif.

Regardez la réponse d'élève à la page suivante (les erreurs ont été corrigées) et répondez aux questions accompagnant le texte.

Vous avez entre 16 et 21 ans ?

Vous parlez français ?

Vous aimez voyager ?

# Visitez le Canada ! Le pays aux plus variés et plus beaux paysages du monde

## Une culture chaleureuse et accueillante

En visitant le Canada on peut voir la nature aimable et accueillante du peuple canadien. Ils essayent toujours de donner un coup de main aux touristes qui ne se débrouillent guère pour trouver leur chemin sur le plan de ville, expliquer les coutumes locales et donner des conseils authentiques à propos de la culture de la ville. Il est toujours plus facile de partir en exploration dans les pays étrangers quand les gens du coin gardent l'esprit ouvert. Les touristes francophones qui aiment le Canada viennent de pays comme :

- la Nouvelle-Calédonie
- la Belgique
- le Burkina Faso
- le Sénégal
- le Rwanda.

## Une destination avec plein de choses à faire

Ceux qui ont déjà visité le Canada ne demanderont jamais « on peut faire quoi au Canada ? » Vous devez y aller, comme ça vous verrez.

- On peut profiter de la vie nocturne dans les grandes villes comme Toronto ou Montréal ! En ville, on peut faire la fête dans les boîtes de nuit, visiter les sites historiques et vivre la vie canadienne, c'est génial.
- Retrouvez-vous au grand air pour faire un grand nombre d'activités. Par exemple, on peut faire de la randonnée sur une montagne incroyable, faire du vélo à travers des beaux paysages, faire du kayak sur un des grands lacs, faire du camping dans les forêts énormes et magnifiques, faire du ski sur les pistes blanches. Il y a toujours des aventures pour les saisons chaudes et les saisons froides, on peut expérimenter un pays différent chaque saison !

## Explorez vous-même.

Pour en savoir plus, vérifiez les ressources sur :

www.planetware.com.tourists.canada

---

Est-ce que l'élève a compris à qui le texte devait s'adresser ?

Est-ce que l'élève a choisi un type de texte approprié à la tâche ?

Est-ce que le message transmis correspond aux exigences de l'énoncé ?

Est-ce que l'élève a compris le contexte ?

---

Témoignage de Johnny

L'été dernier, j'ai passé deux mois à visiter le Canada avec mon sac à dos. C'était fantastique. J'ai beaucoup marché et vu des tas de sites naturels, j'ai mangé de la nourriture délicieuse et j'ai découvert par moi-même. En plus, j'ai parlé en français et les gens ont apprécié. Par conséquent, j'ai fait de belles rencontres et je me suis aussi fait des amis !

J'ai passé de très bons moments au Canada et je vous conseille d'aller là-bas.

## Commentaires de l'examinateur

La compréhension conceptuelle est bien démontrée. La brochure est adaptée au but de l'énoncé (**promouvoir** une destination et **encourager** des jeunes à y aller). Ses conventions sont bien respectées : un titre qui expose le sujet, des sous-titres pour des paragraphes distincts donnant des informations spécifiques, un témoignage, une référence à un site pour plus de renseignements.

**Contexte** : le contexte a bien été compris puisque la brochure contient un témoignage (un texte forcément rédigé **après** une expérience). Le témoignage fait aussi référence à **quand** le voyage a eu lieu.

**Destinataire** : les trois questions en en-tête de la brochure s'adressent directement à des jeunes de l'âge de l'élève. Le 'vous' pluriel fait référence à un public assez large.

**But** : le but du texte a été bien compris puisque les deux parties sont axées sur ce qui pourrait attirer les touristes au Canada. Les jeunes sont encouragés à y aller dans ces deux parties et dans le témoignage de Johnny.

> ### Réfléchissez
>
> - Pourquoi le critère C est-il important ?
> - Quelles sont les questions qu'il vous entraîne à vous poser ?
> - Quel impact cela va-t-il avoir sur votre approche et votre préparation à la tâche écrite ?

## Le critère B : le message

### Qu'évalue-t-on dans le critère B ?

Le critère B vise à évaluer le **message** communiqué dans votre réponse. On va examiner si vos idées sont :

- pertinentes pour la tâche
- développées
- présentées de façon claire et logique.

Regardez comment on peut analyser le critère B (message) aux niveaux moyen et supérieur.

**Attention !** Les critères qui vous sont proposés dans ce chapitre ont été décomposés en sous-critères pour vous aider à vous focaliser sur chaque aspect que vous devez apprendre à maîtriser. Chaque aspect contribue à la qualité globale de votre performance. Vous trouverez les critères originaux dans le *Guide de Langue B*.

| Sous-critères | 1–3 points | 4–6 points | 7–9 points | 10–12 points |
|---|---|---|---|---|
| Compréhension, profondeur et pertinence du contenu | Compréhension du sujet peu évidente<br><br>Certains des aspects requis n'ont pas été traités<br><br>Quelques idées appropriées mais simples<br><br>Beaucoup d'informations non pertinentes | Seulement **un** des aspects du niveau moyen ou les deux mais traités superficiellement<br><br>Seulement **deux** des trois aspects du niveau supérieur ou les trois mais traités superficiellement<br><br>Deux idées à peu près pertinentes au niveau moyen et trois au niveau supérieur | Tous les aspects requis ont été traités et certains ont été développés par au moins deux exemples/détails | Tous les aspects exigés ont été traités de façon pertinente, cohérente et parfois même perspicace<br><br>Elles ont aussi été développées par plus de deux exemples/détails |
| Justifications des points abordés | Peu ou pas d'exemples ou idées supplémentaires | Deux exemples ou idées supplémentaires mais peu de détails ou des prises de position fermes | Plusieurs exemples et idées supplémentaires<br><br>Prises de position fermes | Points :<br>- élaborés en profondeur<br>- étayés par des exemples bien choisis et/ou développés par des idées judicieuses<br>- souvent nuancés par des détails supplémentaires, ou des prises de position complexes |

| Sous-critères | 1–3 points | 4–6 points | 7–9 points | 10–12 points |
|---|---|---|---|---|
| Structure | Présentation désorganisée<br><br>Les connecteurs logiques sont rarement utilisés à bon escient ou sont limités | Présentation et structure claires et logiques dans l'ensemble grâce à quelques marqueurs de la communication | Présentation claire et logique grâce à des mots de liaison et marqueurs de la communication divers et appropriés | Présentation claire et naturelle grâce à des mots de liaison et marqueurs de la communication divers et appropriés<br><br>Structure logique consolidant une transmission facile du message |

**Note :** si tous les aspects n'ont pas été traités, la note maximale pour ce critère est de 6 points.

## Comment le critère B vous aide-t-il pour rédiger votre réponse ?

Pour être sûr de bien répondre aux exigences du critère B, il est essentiel de planifier votre réponse. La qualité de celle-ci repose en effet sur un plan solide et détaillé qui prend en compte l'énoncé de la tâche choisie et les critères d'évaluation.

### Comment faire un bon plan ?

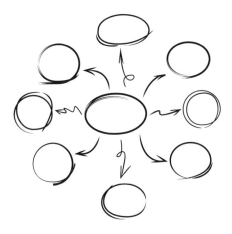

- Déterminez le **but** du message (référez-vous aussi aux conseils ci-dessus pour le critère C).

- Identifiez le **type de développement** que requiert le message : est-ce qu'il faut faire un récit/une description, examiner un problème/une situation et trouver des solutions, ou bien présenter une thèse/des arguments/donner une réponse et/ou une opinion ?

- Faites un remue-méninges. Pour chaque aspect de l'énoncé, choisissez au moins trois points clés/idées à développer avec des détails et exemples qui illustrent et soutiennent ce que vous avancez.

## >> Assessment tip

- Make sure that you identify the two or three aspects required by the question, and a minimum of three points to develop for each aspect. This will ensure that you write a clear and logical response and will help stop you panicking and going blank.

- Avoid repeating the same information/idea in different ways or through different examples. It is best to present and develop **several ideas** concisely and to illustrate them with one or two examples.

- Avoid writing an answer that is too short. It will not convey your message effectively and you will probably find it difficult to showcase a variety of vocabulary and structures.

## ATL Compétences de pensée et d'autogestion

**Les mots clés**

Repérer les **mots clés** dans vos questions et dans les documents sonores est un des principes de base de la compréhension. Qu'est-ce qu'un mot clé ? Un mot clé est un mot qui indique le message principal d'une phrase. Il peut s'agir d'un nom, d'un verbe, d'un mot interrogatif (pourquoi/comment/qui/quand/où, etc.) ou encore d'un adverbe qui apporte une nuance importante.

Procédons à cette démarche de planification avec la question suivante :

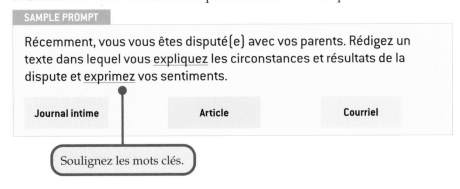

**SAMPLE PROMPT**

Récemment, vous vous êtes disputé(e) avec vos parents. Rédigez un texte dans lequel vous <u>expliquez</u> les circonstances et résultats de la dispute et <u>exprimez</u> vos sentiments.

| Journal intime | Article | Courriel |
|---|---|---|

Soulignez les mots clés.

## >> Tip

**Planning tips**

Thorough and effective planning is vital to help you meet the requirements of the task and fulfil the marking criteria at the highest possible level.

It helps you to:

- think carefully about the **five concepts**
- organize your **main ideas** and develop them in a logical way.

Ways to plan your writing include:

- drawing a mind map
- drawing a flow chart
- writing bullet points.

Find the method that suits you best and stick to it.

When planning your work, always ask yourself the following questions:

- Which text type should I choose?
- Who am I writing to/for?
- What are the appropriate register and tone?
- What are the points to be addressed?
- In what order should I organize my ideas?

Regardez à la page 42 comment cette partie de votre plan va évoluer lorsque vous commencerez à réfléchir au critère A (soit la langue que vous allez utiliser).

### Étape 1 : critère C

Quel est le **contexte** ?

- Vous vous êtes disputé(e) avec vos parents

Qui est le **destinataire** ?

- Vous-même **ou** un(e) ami(e) proche

Quel est le **but** ?

- **Expliquer** pourquoi vous vous êtes disputé(e) (quelles sont les raisons/les circonstances de cette dispute ?)
- Les conséquences de la dispute
- **Exprimer** vos sentiments

Quel serait le **type de texte** le plus approprié ? Quelles seraient par conséquent ses **caractéristiques** ?

- Un journal intime **ou** un courriel à un(e) ami(e) proche

Quels **registre et ton** devrait-on utiliser ?

| | Journal intime | Courriel |
|---|---|---|
| **Caractéristiques du type de texte** | • Date<br>• Introduction, objet du texte, réflexions et conclusion<br>• **Pas** de signature | • Adresse de l'expéditeur et du destinataire<br>• Date<br>• Formule d'appel (cher /chère …/salut …)<br>• Formule finale<br>• Paragraphes<br>• Signature |
| **Registre et ton** | • Langue familière<br>• Ton intime et subjectif<br>• 'je'<br>• Style vivant et spontané<br>• Ponctuation (comme les points de suspension […])<br>• Phrases courtes<br>• Exclamations<br>• Questions rhétoriques<br>• Exagérations<br>• Expressions de sentiments, impressions | • Registre familier, naturel et direct<br>• 'tu'<br>• Phrases exclamatives et rhétoriques<br>• Exagérations<br>• Potentiellement divertissant et intime |

## Étape 2 : critère B

Quand vous planifiez votre réponse, vous devez :

- présenter le contexte (quoi, quand, où, pourquoi)
- faire une liste des points/idées que vous allez développer
- conclure.

L'énoncé ci-dessus implique un récit, soit un **développement chronologique**, donc **linéaire**. Regardez comment il pourrait être représenté dans votre plan :

| Avec qui ? | Pourquoi ? Parce que : après fête, pas rentré dormir maison comme promis | Conséquences : interdit sortir weekend prochain | Sentiments : colère, frustration |
| --- | --- | --- | --- |

### Réfléchissez

- Est-ce que vous pouvez mieux imaginer le contenu et le développement du message grâce à ce processus ?
- Que pourriez-vous y rajouter pour vous assurer que vous allez **complètement** remplir le critère B ?
- Comment est-ce que vous pourriez améliorer ce schéma pour votre propre usage ?

Plus votre plan sera clair et détaillé, plus votre réponse sera claire, logique et développée et plus vous aurez de chances d'obtenir un grand nombre de points pour le critère B. Ne passez néanmoins pas un temps disproportionné à choisir et planifier votre réponse. Il est plus important de consacrer la majorité du temps qui vous est donné à écrire votre réponse et à bien la développer.

### ATL Compétences de pensée

Utilisez vos compétences de pensée pour :

- examiner et analyser ce qu'on vous demande d'écrire dans votre réponse
- schématiser votre réflexion
- décider quelles informations et quelles idées vous allez intégrer.

Pour cela, il est vivement conseillé d'acquérir et d'élargir vos connaissances sur les sujets étudiés en classe et de devenir adepte à les transférer d'un thème à l'autre. Tirez profit de vos activités Créativité, Action, Service (CAS), de ce que vous avez appris dans vos autres matières et en particulier en Théorie de la Connaissance (TdlC). Faites preuve de réflexion. Il est également important d'utiliser votre expérience personnelle. Par exemple, si vous devez écrire au directeur/à la directrice de votre école, pensez au/à la vôtre. Mettez-vous en situation réelle, tout comme vous le feriez si vous écriviez à un(e) ami(e) ou un membre de votre famille et que vous vous basiez sur eux pour écrire votre texte.

Lorsque vous lisez un énoncé, il est utile de vous poser les questions suivantes :

- Dans quel thème entre le sujet ?

- Qu'est-ce que j'ai appris en classe (sur ce sujet ou d'autres) qui pourrait être utilisé/modifié pour cette tâche ?

- Est-ce que j'ai déjà écrit une tâche similaire dont je pourrais me servir ou que je pourrais adapter ?

- En quoi ma propre expérience peut-elle m'aider sur ce sujet ?

Pour bien réussir au critère B, il faut organiser vos idées. Pour cela, il est important de savoir manier les mots de liaison et les connecteurs qui vous permettront non seulement de mieux développer votre réponse mais aussi de l'articuler logiquement, ce qui la rendra bien compréhensible et plus efficace. En voici quelques-uns qui vous seront utiles :

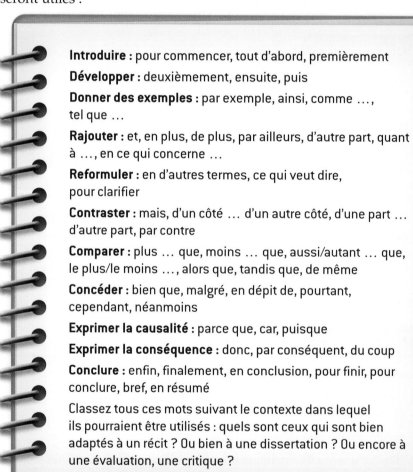

**Introduire :** pour commencer, tout d'abord, premièrement

**Développer :** deuxièmement, ensuite, puis

**Donner des exemples :** par exemple, ainsi, comme …, tel que …

**Rajouter :** et, en plus, de plus, par ailleurs, d'autre part, quant à …, en ce qui concerne …

**Reformuler :** en d'autres termes, ce qui veut dire, pour clarifier

**Contraster :** mais, d'un côté … d'un autre côté, d'une part … d'autre part, par contre

**Comparer :** plus … que, moins … que, aussi/autant … que, le plus/le moins …, alors que, tandis que, de même

**Concéder :** bien que, malgré, en dépit de, pourtant, cependant, néanmoins

**Exprimer la causalité :** parce que, car, puisque

**Exprimer la conséquence :** donc, par conséquent, du coup

**Conclure :** enfin, finalement, en conclusion, pour finir, pour conclure, bref, en résumé

Classez tous ces mots suivant le contexte dans lequel ils pourraient être utilisés : quels sont ceux qui sont bien adaptés à un récit ? Ou bien à une dissertation ? Ou encore à une évaluation, une critique ?

Voici à quoi une partie de votre plan pour l'énoncé ci-dessus pourrait ressembler :

| Critère C | Critère B |
|---|---|
| Courriel | **1 La dispute :** |
| Je/tu | Dimanche dernier, sortie pour la fête de la musique avec les copains, dormi chez N, je n'ai pas prévenu les parents |
| | **2 Message :** |
| Ah là là | Le drame (les parents fous de rage, tout le monde a crié, le chat a pris peur, j'ai dit des choses pas sympa) |
| Le drame ! | |
| Mais bon … | Les résultats (je n'ai plus le droit de sortir pendant deux semaines) |
| Vraiment ??? | Les sentiments (on s'est vraiment éclaté, mais n'importe quoi !, je n'y crois pas quand même …, j'aimerais bien que Papa et Maman soient plus compréhensifs) |

| Critère C | Critère B |
|---|---|
| À … Juliette | **Connecteurs :** |
| Objet : dispute parents | samedi soir, d'abord, ensuite, finalement |
| Chère J | mais, parce que, en plus, bref, en tout cas |
| Quelle journée ! | |
| Bisous | |
| Clémence | |

Et maintenant que vous avez bien étudié les démarches à suivre pour répondre aux exigences des critères C et B, lisez l'énoncé et la réponse d'élève ci-dessous (les erreurs ont été corrigées) dans le but de déterminer si le critère B est bien rempli. Comparez vos conclusions avec celles de l'examinateur.

**SAMPLE PROMPT**

Dans le but de prouver à vos amis que l'on peut passer de bonnes vacances en respectant la planète, vous avez trouvé une option originale de vacances. Écrivez un texte dans lequel vous expliquez en quoi votre choix est approprié et évaluez votre expérience.

| **Blog** | **Courriel** | **Débat** |
|---|---|---|

**SAMPLE STUDENT ANSWER**

<u>Des vacances vertes : ma première expérience avec le camping sauvage !</u>

> Quelle structure est-ce que l'élève a choisi pour rendre son message efficace ?

Le blog d'Adèle          Publié : dimanche 18 juillet 2020

Vacances à New-York, vacances Côte d'Azur, vacances en Australie … De nos jours, on croit que c'est impossible de passer de bonnes vacances si on ne part pas loin. Mais moi, je ne suis pas d'accord. Il faut réfléchir et protéger notre planète. Donc, pendant mes vacances, j'ai décidé de camper dans la forêt à côté de ma maison avec ma meilleure copine Zoé. Pourquoi le camping ?

> Est-ce que l'élève a bien expliqué les raisons de son choix ? Comment pourrait-on améliorer cette partie ?

(1) On ne gaspille pas d'eau quand on se lave (il n'y a pas de douches dans la forêt).

(2) On n'utilise pas le chauffage, le gaz ou l'électricité qui ont des effets de serre.

(3) On ne produit pas beaucoup de déchets (pas de millions d'emballages pour la nourriture par exemple).

Est-ce que l'élève a bien évalué son expérience ?

Est-ce que des marqueurs de la communication ont été employés pour mieux structurer le message ?

<u>Bilan :</u>

<u>Je manquais de compétences pour le camping.</u>

J'avais pensé que pendant la semaine je me la coulerais douce, j'avais tort ! J'ai dû monter la tente tous les soirs, parce que nous avons marché un peu et nous nous sommes couchés dans des lieux différents. En plus, j'ai découvert que je ne peux pas naviguer, comprendre une carte ou utiliser une boussole. Quel cauchemar, j'étais vraiment gênée. Mais … à la fin de la semaine, je me suis bien améliorée. Et, qui sait, mes compétences pourraient être utiles si l'apocalypse arrivait !

<u>Les randonnées sont difficiles !</u>

Je fais du sport, mais les randonnées chaque jour m'ont tué, en fait. J'ai toujours mal aux jambes, ma mère m'a donné une crème pour me guérir mais elle ne semble pas marcher, c'est dommage. Pendant la semaine, j'avais mal aux jambes mais aussi au dos, à cause de mon sac trop lourd (peut-être que j'aurais pu laisser mon fer à lisser chez moi, il n'y avait pas de prise électrique dans la tente !!!). Bref, j'ai besoin de me requinquer et de m'aliter pour au moins deux jours maintenant.

Mais … il y avait des choses qui m'ont plu …

<u>Les plus de mon séjour</u>

(1) J'ai gagné mon pari : on peut être un bon citoyen pendant les vacances.

(2) Mon empreinte carbone : zéro !

(3) Je suis fière de moi : j'ai réussi à passer une semaine sans Internet.

(4) Le temps que j'ai passé proche de la nature.

D'un bout à l'autre, c'était une expérience gratifiante, malgré les inconvénients associés au camping (la douleur …).

<u>J'AIME CET ARTICLE</u>         <u>PARTAGER</u>

Rédigé à 18:40 | Publié par Adèle | 235 commentaire(s)

Mots clés : <u>partage planète</u>, <u>camping sauvage</u>, <u>nouvelle expérience</u>

À vous de cocher les cases qui vous semblent justes dans la grille :

| Critère B : message | | | | |
|---|---|---|---|---|
| Les idées pertinentes sont … | rares | minimales | fréquentes | (presque) toutes |
| | | | | |
| Les idées … | ne sont pas développées, pas claires et ne suivent pas un ordre logique | sont résumées assez clairement et logiquement | sont bien développées, clairement, logiquement, avec quelques détails et exemples | sont bien développées, clairement, logiquement, en profondeur, avec des exemples et détails pertinents |
| | | | | |
| La structure est … | désorganisée | claire et logique | claire et logique grâce à des connecteurs divers et appropriés | claire et naturelle grâce à des connecteurs divers et appropriés ; le message se lit facilement |
| L'élève a rempli la tâche … | partiellement | globalement | de façon satisfaisante | efficacement |
| | | | | |

## Commentaires de l'examinateur

L'élève a choisi un type de texte approprié (un blog). Un courriel ne répondrait pas tout à fait à la tâche puisqu'il ne s'adresserait qu'à un seul ami. Or, il est spécifié dans l'énoncé que le texte est à l'intention de « vos amis ».

Bien que le développement des deux aspects à traiter soit un peu disproportionné, l'élève a rempli la tâche efficacement car **les raisons qui justifient** le type de vacances sont données dans le premier paragraphe et l'évaluation de l'expérience est abordée dans la deuxième partie. Celle-ci est bien développée : « Je manquais de compétences pour le camping », « Les randonnées sont difficiles ! », « Les plus de mon séjour ».

Les idées sont pertinentes dans l'ensemble, en rapport avec le sujet et illustrent bien les exigences de l'énoncé.

Elles sont également bien développées grâce à de nombreux détails et exemples. L'élève a énuméré plusieurs aspects positifs du camping en ce qui concerne le respect de la planète et donné dans son bilan deux exemples pour expliquer le manque de compétences. Les raisons pour lesquelles les randonnées ont été difficiles sont développées en profondeur avec des détails précis comme pourquoi le sac à dos a été un problème et a causé un mal de dos.

Le texte se déroule de façon claire et logique grâce à des titres et sous-titres pour les différents paragraphes, une introduction sur les raisons à la base de ce choix de vacances, une liste présentant les avantages du camping, puis deux paragraphes distincts sur les côtés négatifs et positifs de l'expérience (présentés sous forme de liste), suivis d'une phrase de conclusion. Enfin, l'élève a employé une variété de connecteurs et marqueurs de la communication : « de nos jours », « si », « donc », « pendant », « en plus ».

Critère C : compréhension conceptuelle

Critère B : message

### Réfléchissez

- Après avoir lu et évalué cet exemple de réponse puis avoir comparé vos réflexions avec celles de l'examinateur, que pouvez-vous retirer de cette démarche ?

- Quelles conclusions avez-vous tiré qui vous aideront à bien vous préparer pour le critère B et à maximiser votre nombre de points ?

## Le critère A (la langue)

### Qu'évalue-t-on dans le critère A ?

Le critère A vise à évaluer la langue utilisée dans votre réponse. Pour obtenir le plus de points possible, il vous faut démontrer :

- un vocabulaire adapté et varié
- des structures grammaticales variées et utilisées correctement et efficacement
- un français correct (sur le plan grammatical et de l'orthographe).

Regardez comment on peut analyser le critère A (langue) aux niveaux moyen et supérieur.

**Attention !** Les critères qui vous sont proposés dans ce chapitre ont été décomposés en sous-critères pour vous aider à vous focaliser sur chaque aspect que vous devez apprendre à maîtriser. Chaque aspect contribue à la qualité globale de votre performance. Vous trouverez les critères originaux dans le *Guide de Langue B*.

| Critère A (langue) : niveau moyen | | | | |
|---|---|---|---|---|
| **Sous-critères** | **1–3 points** | **4–6 points** | **7–9 points** | **10–12 points** |
| Vocabulaire et expressions | Limités et très simples, avec quelques mauvais choix | Corrects avec quelques termes corrects et ciblés, relevant du sujet à aborder | Variés et spécifiquement adaptés au sujet à aborder | Adaptés au sujet ; variés, parfois sophistiqués et idiomatiques, à savoir l'emploi de tournures authentiques |
| Structures grammaticales | Élémentaires et souvent répétitives, parfois influencées par une autre langue<br><br>Peu de variété dans les temps | Quelques phrases complexes (emploi de subordonnées)<br><br>L'expression est parfois fautive et peut gêner la compréhension | Phrases complexes avec une variété de formulations<br><br>L'expression est facile à comprendre | Phrases complexes et très variées dans leur formulation<br><br>L'expression est toujours très facile à comprendre |
| Langue | Fautes fréquentes et importantes de grammaire élémentaire | Fautes parfois systématiques mais expression facilement compréhensible dans l'ensemble | Fautes peu fréquentes mais reflétant parfois des tournures ou un ordre des mots similaires à une autre langue | Très peu de fautes et jamais importantes |

| Critère A (langue) : niveau supérieur | | | | |
|---|---|---|---|---|
| **Sous-critères** | **1–3 points** | **4–6 points** | **7–9 points** | **10–12 points** |
| Vocabulaire et expressions | Très simples avec quelques erreurs | Généralement adaptés et variés avec quelques termes corrects et ciblés, relevant du sujet à aborder | Variés et idiomatiques<br><br>Spécifiquement adaptés aux sujets traités | Variés, idiomatiques, précis et nuancés<br><br>Particulièrement adaptés aux sujets traités |
| Structures grammaticales | Quelques phrases complexes (au moins deux idées combinées en une seule phrase)<br><br>Peu de structures et certaines structures rarement correctes | Phrases parfois complexes avec une certaine variété de structures<br><br>Quelques erreurs qui rendent la compréhension difficile | Phrases complexes avec une variété de structures<br><br>La langue est toujours compréhensible | Phrases complexes avec une grande variété de structures qui nuancent les idées<br><br>La langue est toujours très facile à comprendre |
| Langue | Il y a des fautes fréquentes de grammaire élémentaire qui gênent la communication | Quelques erreurs régulières qui rendent la compréhension difficile | Facile à comprendre, même s'il y a quelques erreurs d'inattention | Toujours facile à comprendre, sans fautes importantes |

### Comment le critère A vous aide-t-il pour rédiger votre réponse ?

Le critère A vous aide à planifier votre réponse sur le plan linguistique et à vous concentrer sur les trois points mentionnés ci-dessus lorsque vous écrivez. Une fois que vous aurez esquissé un plan tenant en compte le contexte, le destinataire et le but de votre communication, il vous faut réfléchir au vocabulaire et structures que vous pourriez intégrer dans votre réponse.

Pour chaque partie/point/exemple que vous allez développer, écrivez :

- du vocabulaire spécifique
- plusieurs structures grammaticales possibles
- des mots de liaison et marqueurs de la communication
- une expression idiomatique **adéquate**.

Le critère A vous engage à 'briller' et à montrer que vous possédez un français riche et sophistiqué. Intégrez :

- des synonymes (de noms/adjectifs/verbes/expressions)
- des adjectifs pour des descriptions précises et variées
- des pronoms (qui vous évitent de répéter certains mots)
- des mots de liaison
- des négations variées
- des expressions de temps
- des subordonnées introduites par 'qui/que/dont', etc.
- des comparaisons
- des adverbes descriptifs ('assez', 'très', 'vraiment', 'extrêmement', etc.)
- une variété de temps et structures grammaticales (des verbes suivis d'un infinitif, 'si …', 'bien que …', 'avant de/ après avoir/être …', etc.).

Et maintenant, regardez l'exemple ci-dessous et comment cette partie du plan reflète les points évalués au critère A.

**SAMPLE PROMPT**

Récemment, vous vous êtes disputé(e) avec vos parents. Rédigez un texte dans lequel vous expliquez les circonstances et résultats de la dispute et exprimez vos sentiments.

| Journal intime | Article | Courriel |
|---|---|---|

| Critère A | |
|---|---|
| **Vocabulaire**<br><br>**Mots de liaison et marqueurs de la communication** | On s'est disputé<br>beaucoup de/plein de/des tas de<br>téléphone/portable<br>permission de minuit<br>j'ai horreur de<br>je pense que/je crois que<br>par conséquent, donc<br>pourtant<br>alors que<br>puisque<br>pendant que<br>bien que, même si, quand, par conséquent |

➡

>> **Assessment tip**

Make a list of some 'star features' that you could use in your response. Jotting these down at least partially will mean that you will just have to lift them and insert them in the right place when you are writing.

Use authentic turns of phrase and structures such as *je n'arrive pas à …*, *avoir beau*, *finir par*, etc. but do not use idiomatic phrases just for the sake of it. An idiomatic phrase needs to fit naturally in your sentence or paragraph and help convey an idea or feeling in the set context.

>> **Assessment tip**

**Vocabulary**

- Build up a bank of words and expressions linked to specific topics.
- Create lists of verbs and structures for expressing feelings, opinions, comparisons, persuasion, encouragement, etc.

>> **Assessment tip**

- Draw a table like this one to note down vocabulary and structures that you want to incorporate in your response. You can then refer to it as you write and use it at the end to check that you have incorporated everything that you had planned to.
- Jot down conjunctions and synonyms so that you avoid repetition in your response.

| Critère A | |
|---|---|
| **Structures grammaticales** | **Avant** de partir … |
| | **Après avoir** bu … |
| | **Si** je pouvais remonter le temps, je le ferais. |
| | **Il va falloir que** j'apprenne à être plus organisé(e). |
| | **Plus … que …/moins … que …** |
| | … mes parents **qui** veulent … |
| | La dispute **que** j'ai eue hier … |
| | **Ce qui** m'énerve le plus … |
| **Temps** | Passé composé : je suis allé(e) … |
| | Imparfait : j'étais très fatigué(e) |
| | Présent : j'ai horreur de … |
| | Futur : je vais faire plus attention |
| **Expressions idiomatiques** | C'est la galère |
| | Mes parents m'ont passé un savon |
| | J'ai horreur de … |

Le critère A vous engage également à réfléchir sur votre orthographe et votre grammaire une fois que vous avez fini d'écrire votre réponse. Écrire une liste de vérifications vous aidera à corriger vos propres erreurs, à améliorer votre vocabulaire et vos tournures de phrases. Votre liste de vérifications pourrait se présenter ainsi (du plus important au moins important) :

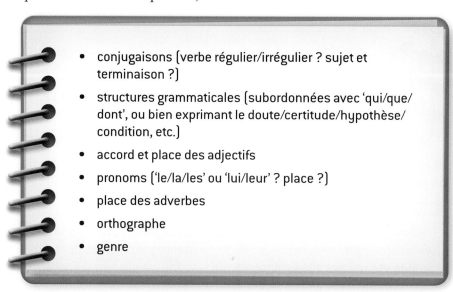

- conjugaisons (verbe régulier/irrégulier ? sujet et terminaison ?)
- structures grammaticales (subordonnées avec 'qui/que/dont', ou bien exprimant le doute/certitude/hypothèse/condition, etc.)
- accord et place des adjectifs
- pronoms ('le/la/les' ou 'lui/leur' ? place ?)
- place des adverbes
- orthographe
- genre

## Évitez les erreurs courantes

Nombre d'erreurs commises peuvent être facilement évitées si vous savez lesquelles vous faites le plus souvent et si vous prenez des mesures systématiques. Réfléchissez aux types d'erreur que vous avez tendance à faire et créez vos propres listes à partir des questions suivantes, afin de travailler sur ces erreurs et ne plus les commettre.

Est-ce que vous faites des fautes …

- d'orthographe ?
- de conjugaison ?
- de syntaxe ?
- d'accord d'adjectif ou de participe passé ?
- de genre ?
- d'ellision ?

**>> Tip**

Your last mistake is your best teacher. When you identify one of your mistakes, you can improve your language.

Examinez vos tâches écrites et les commentaires de votre professeur. Classez vos erreurs par catégorie. Entraînez-vous sur les points de grammaire qui vous posent problème pour vous améliorer, développer des automatismes et ne plus faire d'erreurs.

Et maintenant que vous avez bien étudié les démarches à suivre pour répondre aux exigences du critère A, lisez l'énoncé et la réponse d'élève ci-dessous dans le but de déterminer si le critère A est bien rempli. Certaines parties du texte ont été surlignées pour vous aider à déterminer le nombre de points pour chaque catégorie. Comparez vos conclusions avec celles de l'examinateur.

**SAMPLE PROMPT**

Vous avez décidé de faire une année de césure dans vos études après avoir fini votre scolarité. Vous faites des démarches auprès d'une organisation caritative pour travailler comme bénévole. Écrivez un texte dans lequel vous expliquez les raisons pour lesquelles vous voulez vous engager et vous démontrez comment vous pourriez être utile.

| Lettre de motivation | Interview | Discours |
| --- | --- | --- |

**SAMPLE STUDENT ANSWER**

Charles Perrin

10, rue du Boucher

17 600 Saintes

Réfugiés du monde

35, Avenue Victoire

75 015 Paris

Saintes, le 22 mars

Monsieur/Madame,

Je m'appelle Charles et je viens de finir mon Bac (j'ai 19 ans). Hier j'ai vu une publicité pour travailler dans votre association. Je pense que c'est la meilleure des opportunités pour moi ! Je voudrais profiter de mon année de césure avant de commencer mes études à l'université pour faire du bénévolat car je suis persuadé que c'est mon devoir. Je souhaite m'engager depuis longtemps mais je n'y suis pas arrivé encore à cause de mon travail scolaire. Je vais d'abord vous expliquer pourquoi je crois que s'engager c'est important.

D'abord, je veux aider les autres. Il existe beaucoup de gens pauvres et démunis dans le monde et plein de gens qui sont obligés de quitter leur pays à cause de la guerre, de la crise économique, des persécutions. C'est vraiment terrible ! On ne peut pas soutenir ça. Il faut aider. C'est notre devoir de citoyen et être humain.

Ensuite, je veux être utile. Si je travaillais dans votre association, sûrement il y aurait beaucoup de choses concrètes que je pourrais faire et mes actions peuvent avoir un impact positif sur les réfugiés.

---

**Assessment tip**

**Checking your work**

- Assess your own weaknesses and take them into account when you write your own checklists. These lists will help you spot any mistakes when you read through your response once you have finished writing it. This will also help you gain valuable marks.

- Beware of anglicisms. Make sure you become familiar with the way things are expressed in French (the word order may not always follow the same word order of your own language, for example).

- Do not use words from your own language if you do not know a French word. Instead, try to phrase your sentence in a different way.

---

Le vocabulaire à évaluer avec le critère A

Les structures grammaticales à évaluer avec le critère A

Enfin, faire du bénévolat est une expérience enrichissante et j'aurai plus d'expérience professionnelle après avoir travaillé chez vous.

Je pense que je suis un bon candidat parce que je suis jeune, enthousiaste, dynamique et énergique. J'ai toujours la pêche et je suis une personne amiable qui sourit tout le temps. Les réfugiés sont probablement tristes et déprimés alors je peux leur remonter le moral. En plus, j'ai déjà un peu d'expérience bénévole. J'ai travaillé pour les Restos du cœur il y a deux ans et par conséquent, je connais les challenges des personnes qui n'ont rien pour manger. Pour les réfugiés, c'est pire, je sais mais je peux apprendre qu'est-ce qu'il faut faire pour les aider. Je peux me débrouiller avec mon temps très bien aussi parce que je suis méticuleux, organisé et travailleur. Pour finir, je souhaiterais ajouter que je peux parler anglais, français et espagnol, alors ce serait utile pour parler avec des personnes qui arrive d'autres pays et ne parlent pas la langue ici.

Si vous m'embauchiez, je sais que j'accepterais tout de suite !
En espérant que vous considérez ma candidature, je vous prie d'accepter, Madame/Monsieur, mes sentiments respectueux.
Charles Perrin

**Erreurs linguistiques ou de conjugaison (soulignés)**

## Commentaires de l'examinateur : critère A

Le **vocabulaire** est adapté à la tâche et varié. Par exemple, trois raisons sont mentionnées pour expliquer les mouvements migratoires : « à cause de la guerre, de la crise économique, des persécutions. » Plusieurs adjectifs sont utilisés pour se décrire (« jeune, enthousiaste, dynamique et énergique », « méticuleux, organisé et travailleur »). Des synonymes sont employés pour exprimer la quantité (« beaucoup de », « plein de »), le souhait (« je voudrais », « je souhaiterais »). Des tournures idiomatiques comme « je voudrais profiter de » et « je n'y suis pas arrivé » ainsi qu'une expression idiomatique appropriée au contexte (« J'ai toujours la pêche ») sont employées.

On note plusieurs **structures grammaticales** de base et plus complexes utilisées efficacement : des verbes exigeant d'être suivis de l'infinitif (« je veux aider », « On ne peut pas soutenir ça », « Il faut aider ») mais aussi un superlatif (« la meilleure des opportunités »), des structures requérant un infinitif (« avant de commencer », « après avoir travaillé »), des subordonnées exprimant la possibilité (« Si je travaillais dans votre association, sûrement il y aurait … », « Si vous m'embauchiez, je sais que j'accepterais »).

La **langue** est correcte dans l'ensemble et ne comporte que très peu d'erreurs qui restent d'ailleurs mineures et n'empêchent pas la transmission du message (par exemple : « je peux apprendre qu'est-ce qu'il faut faire » au lieu de « … apprendre **ce qu**'il faut faire »).

En vous basant sur les commentaires de l'examinateur, dans quelle bande de notation pouvez-vous placer cette réponse ? Regardez le tableau ci-dessous qui résume les descripteurs de niveaux.

| Niveau moyen | 1–3 points | 4–6 points | 7–9 points | 10–12 points |
|---|---|---|---|---|
| Vocabulaire | Limité | Adapté | Adapté et varié | Adapté, varié, sophistiqué |
| Structures grammaticales | Limitées | Basiques | Une variété de structures de base complexes | Une variété de structures de base complexes et efficaces |
| Langue | Nombreuses erreurs qui empêchent la communication | Généralement correcte mais des erreurs dans les structures plus complexes | Généralement correcte avec quelques erreurs qui n'empêchent pas la communication | Généralement correcte ; erreurs mineures sans impact sur la communication |

## Techniques et stratégies

### Conseils généraux pour se préparer à l'examen

Un examen écrit ou oral engendre souvent un stress qui peut vous paralyser le jour J. Pour éviter ou au moins minimiser ce stress, exercez-vous régulièrement en conditions d'examen afin d'apprendre à bien gérer votre temps et prenez de bonnes habitudes de travail :

- Examinez le plus d'énoncés possible et déchiffrez-les : en classe, avec vos camarades ou même tout seul. Entraînez-vous à planifier.

- Créez un dossier avec des idées et arguments pour chaque thème/sous-thème étudié. Mettez-y toutes les tâches écrites que vous avez complétées, avec un résumé de vos points forts et faibles pour vous aider à progresser.

- Écrivez votre propre liste de caractéristiques pour chaque type de texte. Notez les ressemblances et différences entre eux.

- Entraînez-vous à remplir **tous les critères d'évaluation** à chaque fois que vous écrivez une tâche écrite. Pour cela, référez-vous aux conseils spécifiques à chaque critère dans la section précédente (pages 29–47).

**Critère C : compréhension conceptuelle**

- Familiarisez-vous avec les divers types de textes que vous serez amenés à reproduire.

- Développez du vocabulaire et des procédés rhétoriques spécifiques aux différents registres et tons que vous devrez employer.

**Critère B : message**

- Prenez l'habitude d'écrire un plan précis mais avec des abréviations qui vous serviront comme point de départ pour une idée/une phrase.

- Exercez-vous à la concision et ne cherchez pas à étaler **toutes** les connaissances que vous avez acquises sur un thème. Visez à incorporer quelques idées bien ciblées et développées avec des exemples pertinents.

- Apprenez à compter vos mots rapidement et à juger d'un coup d'œil si vous êtes dans les normes recommandées.

> **Réfléchissez**
>
> - Quels sont les points importants que vous avez retenus sur le critère A ?
>
> - Quelles mesures allez-vous prendre pour mieux vous préparer aux exigences du critère A et consolider votre progression ?

### Critère A : langue

- Consolidez vos connaissances linguistiques et grammaticales en utilisant votre vocabulaire et vos structures grammaticales aussi souvent que possible et dans toutes les compétences.

- Référez-vous aux conseils donnés dans le chapitre 2 pour élargir votre répertoire et le mémoriser.

- Montrez-vous systématique dans l'emploi des procédés linguistiques mentionnés aux pages 43–44.

### Conseils spécifiques pour le jour de l'examen

Durant l'examen, vous devrez vous assurer que les automatismes développés tout au long de votre préparation à celui-ci sont bien en place, et suivre les étapes recommandées plus haut pour vous assurer de bien remplir les trois critères évalués. Voici une récapitulation de ces étapes :

>> **Assessment tip**

Read authentic texts in French on a regular basis. This will not only develop your reading skills but also equip you with a range of vocabulary and phrases that you can use in Paper 1 and in your individual oral.

| Ordre | Étapes | | | |
|---|---|---|---|---|
| **1 Choix** | • **Lisez** les trois énoncés et **définissez les aspects** à développer. <br> • **Choisissez l'énoncé** auquel vous allez répondre. <br> • Parmi les trois types de textes proposés, **choisissez le type de texte** le plus approprié à la tâche. | | | |
| **2 Plan** | • Planifiez votre réponse. | **Critère C** <br> • Contexte <br> • Destinataire (registre et ton, qui s'appliquent aussi aux critères A et B) <br> • But | **Critère B** <br> • Introduction <br> • Minimum de 2 points clés au niveau moyen/ minimum de 3 points clés au niveau supérieur <br> • Détails <br> • Exemples | **Critère A** <br> • Vocabulaire (incl. connecteurs) <br> • Structures grammaticales <br> • (Idiomatismes) <br> • Liste de vérifications linguistiques |
| **3 Rédaction** | • Écrivez votre réponse. | | | |
| **4 Vérification** | • Relisez-vous pour vérifier la logique et cohérence de votre réponse et pour vous assurer que votre français est le plus correct possible. <br> • Passez en revue votre liste de fautes courantes et corrigez-les de façon systématique. | | | |

**ATL**   **Compétences d'autogestion**

Pour l'épreuve écrite, vous devez faire preuve d'organisation. Gérer le temps qui vous est donné, esquisser un plan avant de rédiger votre réponse et la relire activement sont autant de démarches qui vont vous aider à maximiser le nombre de points que l'on pourra vous attribuer.

>> **Assessment tip**

- Spend a maximum of five minutes reading the three questions, to decide which one you will be responding to and which text type is most appropriate for it.

- Divide the time you are allocated into three stages: planning, writing and checking:

  - SL: planning: 15 minutes; writing: 45 minutes; checking: 10 minutes

  - HL: planning: 20 minutes; writing: 55 minutes; checking: 10 minutes

- Do not rush your planning; it will save you time when you start writing and will ensure a logical development.

- Keep an eye on the time to make sure that you are comfortably within the constraints of the examination and making good progress.

- Do not panic if you start running out of time. Check how much you still have to write and decide how best you can do it.

Voici un tableau récapitulant les questions que vous devez vous poser lorsque vous avez fini d'écrire votre tâche.

| | Questions |
|---|---|
| **Critère A** | • Est-ce que j'ai intégré une variété de vocabulaire approprié ?<br><br>• Est-ce que j'ai évité les répétitions ?<br><br>• Est-ce que j'ai intégré différentes structures grammaticales et en particulier celles énumérées dans mon plan ?<br><br>• Est-ce qu'elles sont utilisées correctement ?<br><br>• Est-ce que mes terminaisons de verbes sont correctes ?<br><br>• Est-ce que j'ai bien accordé tous mes adjectifs ? |
| **Critère B** | • Est-ce que mon texte est clairement présenté avec des paragraphes ?<br><br>• Est-ce que je l'ai bien ponctué ? Est-ce que j'ai utilisé des majuscules, des guillemets, etc. quand c'était nécessaire ?<br><br>• Est-ce que j'ai intégré au moins cinq mots de liaison/marqueurs de la communication ?<br><br>• Au niveau moyen, est-ce que j'ai bien traité les **deux aspects** de la question (ou les **trois aspects** au niveau supérieur) ?<br><br>• Est-ce que je suis bien dans le sujet exigé par l'énoncé ? Est-ce que je me suis 'perdu' dans des informations qui n'ont pas leur place ici, juste pour étaler mes connaissances sur le thème ?<br><br>• Est-ce que j'ai écrit au moins le minimum de mots indiqué ?<br><br>• Est-ce que mon texte est bien lisible ? Est-ce que certains mots sont difficiles à déchiffrer ? |
| **Critère C** | • Est-ce que j'ai fait référence au contexte qui m'a été donné et est-ce que je l'ai pris en compte ?<br><br>• Est-ce que je me suis adressé au bon destinataire, et ce systématiquement ? Par exemple, est-ce que j'ai été cohérent dans mon usage du 'tu' ou du 'vous' ?<br><br>• Est-ce que le ton que j'ai choisi est bien approprié ?<br><br>• Est-ce que j'ai évité le langage trop familier et les abréviations de la langue parlée (comme 'chai pas' au lieu de 'je ne sais pas' ou bien 't'es sûr ?' au lieu de 'tu es sûr ?') ? Est-ce que j'ai bien mis la forme complète de mes négations ? |

Vous devriez être en mesure de répondre 'oui' à la plupart de ces questions si vous avez bien planifié votre réponse. Néanmoins, si vous devez faire des changements, ne paniquez pas ! Certaines modifications sont parfois faciles à faire après-coup, comme les corrections linguistiques par exemple, ou encore la rectification du registre et du ton.

## Réponses d'élèves : analyses et commentaires d'examinateur

Vous trouverez ci-dessous trois tâches écrites pour le niveau moyen et trois tâches écrites pour le niveau supérieur. Entraînez-vous à rédiger chacune avant de lire les réponses proposées et leur analyse. Vous pourrez ensuite comparer vos réponses avec celles proposées, réfléchir aux commentaires et considérer en quoi ils peuvent vous aider pour améliorer vos propres réponses.

Note : vous remarquerez que les erreurs linguistiques contenues dans les réponses ont été soulignées. Certaines sont corrigées dans les commentaires d'examinateur.

**Épreuve 1 : niveau moyen (1h15)**

Réalisez **une** des tâches suivantes. Utilisez, en fonction des propositions, le type de texte le plus approprié. Écrivez entre 250 et 400 mots.

1. Vous rencontrez par hasard une personne qui porte les mêmes nom et prénom que vous. Écrivez un texte dans lequel vous racontez cette rencontre et exprimez les réflexions personnelles que cela vous a inspiré.

   | Journal intime | Entretien | Courriel |
   |---|---|---|

2. Vous êtes en vacances dans la famille de votre correspondant(e) francophone. Vous constatez de nombreuses différences sur la place que tient le sport chez vous et dans votre famille d'accueil. Vous écrivez un texte dans lequel vous décrivez et analysez pour un(e) ami(e) proche ces différences et les sentiments que cela vous inspire.

   | Rapport | Interview | Courriel |
   |---|---|---|

3. Le bibliothécaire de votre collège annonce qu'il n'achètera plus de livres afin de consacrer toutes ses ressources disponibles à la technologie numérique. Vous êtes contre cette décision. Écrivez un texte pour exprimer votre opposition et proposer un compromis.

   | Tract | Blog | Proposition |
   |---|---|---|

Examinez les trois énoncés :

- Les trois thèmes abordés sont Identités, Ingéniosité humaine et Organisation sociale. Quel est le thème pour chaque énoncé ?

- L'épreuve 1 propose généralement cinq types de textes différents. Quels sont les types de textes les plus appropriés pour chacun des énoncés ?

## Énoncé 1 : niveau moyen

1. Vous rencontrez par hasard une personne qui porte les mêmes nom et prénom que vous. Écrivez un texte dans lequel vous racontez cette rencontre et exprimez les réflexions personnelles que cela vous a inspiré.

   | Journal intime | Entretien | Courriel |
   |---|---|---|

Point 1

Point 2

**Légende :**

Pour vous aider à mieux identifier les éléments du texte qui se rapportent aux exigences de l'énoncé et aux trois critères, certaines parties ont été colorées suivant la légende ci-dessous :

Critère A (les erreurs linguistiques sont soulignées)

Critère B

Critère C

Le premier aspect à traiter (récit de la rencontre)

Le deuxième aspect à traiter (exprimer des réflexions personnelles)

**SAMPLE STUDENT ANSWER**

Samedi 12 mai

Aventure incroyable aujourd'hui ! C'était bizarre mais quand j'étais dans un magasin cette après-midi, j'ai rencontré une fille qui porte les mêmes nom et prénom que moi ! J'essayais une jupe et elle aussi quand elle a tombé sa carte d'identité d'école. J'ai pris la carte et j'ai regardé et j'ai vu son nom et prénom : Elsa Martin, comme moi ! En plus, elle a dix-sept ans comme moi !

> Introduction

Alors, je me suis présenté à lui et nous avons parlé pour un long temps. C'était également bizarre pour elle. Donc nous sommes allées au parc afin de parler. Elle est français comme moi mais nous avons des cultures très différentes parce que ses parents sont du Maroc et elle est venue à Paris pour des vacances. Normalement, elle habite à Nice. Quand j'étais jeune, je suis allée à Nice une fois : très différent !

> Développement 1 : comparaison : nationalité et culture

Dans l'avenir, elle voudrait étudier les sciences à l'université. Moi aussi parce que je voudrais être médecin si je réussi mes examens. Nous avons parlé beaucoup et nous avons mangé une glace parce que c'était très chaude. J'ai trouvé qu'elle a quatre frères et moi, je suis fille unique. Nous sommes les mêmes pour beaucoup des choses mais aussi différentes pour beaucoup des choses. Par exemple, j'aime joue du violon et je fais partie d'un orchestre mais je déteste le sport. D'un autre côté, elle aime la musique classique et elle adore le sport, en particuler du tennis et du natation. Elle m'a dit beaucoup de sa vie à Nice - ses amis, sa famille, s'école, etc. Il semble très magnifique. Peut-être je peux aller à Nice un jour. C'est possible après tout maintenant : j'y ai une amie. Elle veut venir ici pour l'université. J'étais content parce qu'elle veut appliquer pour les universités à Paris alors je peux voir elle encore.

> Développement 2 : avenir, famille, loisirs

Conclusion

> Dans l'ensemble, c'était une bonne expérience de rencontre elle.
> Malheureusement, elle doit retourne à Nice mercredi. Cependant,
> je vais écrire à lui quand elle arrive. Je pensais que je serais triste
> parce qu'elle a mon identité mais elle était gentille et drole et je
> m'entends bien avec elle.
>
> Maintenant, je dois dormir parce que il faut que j'aille à l'école
> demain.
>
> Au revoir,
> Elsa

## Commentaires de l'examinateur

| Critère A | 1–3 points | 4–6 points | 7–9 points | 10–12 points |
|---|---|---|---|---|
| Vocabulaire et expressions | Le vocabulaire est approprié à la tâche et varié, malgré la répétition de « beaucoup ». Le texte manque néanmoins de tournures idiomatiques. Par exemple, le verbe 'vouloir' dans « elle voudrait étudier les sciences » aurait pu être remplacé par l'expression 'avoir l'intention de', ce qui aurait aussi évité la répétition de « voudrais » dans la phrase suivante. Les comparaisons ne sont pas assez clairement contrastées : l'emploi de connecteurs tels que 'alors que' aurait pu ajouter de la sophistication dans la partie sur leur famille : « J'ai trouvé qu'elle a quatre frères **alors que** moi, je suis fille unique » au lieu de « J'ai trouvé qu'elle a quatre frères **et** moi, je suis fille unique ». | | | |
| Structures grammaticales | L'élève a employé un éventail de structures grammaticales de base comme des verbes suivis de l'infinitif (« elle voudrait étudier », « Elle veut venir », « je peux aller ») en faisant quelquefois des erreurs (« elle doit retourne » au lieu de « retourner »), ainsi que quelques subordonnées (« une fille **qui** … »). Une structure plus complexe a été tentée (« j'y ai une amie ») mais les pronoms compléments n'ont pas souvent été maniés correctement (« je me suis présenté à lui » au lieu de « je me suis présentée », « je peux voir elle encore » au lieu de « je peux **la** revoir » ou encore « une bonne expérience de rencontre elle » au lieu de « une bonne expérience de **la** rencontrer »). | | | |
| | Certaines phrases ne sont pas formulées de façon authentique car influencées par l'anglais : « nous avons parlé pour un long temps » au lieu de « nous avons parlé **pendant longtemps** », « c'était très chaude » pour « **il faisait** très chaud », « J'ai trouvé » au lieu de « J'ai appris que … » ou encore « appliquer » au lieu de « postuler ». | | | |
| Langue | La langue est généralement correcte malgré quelques erreurs d'accord (« je me suis présenté », « elle est français », « j'étais content ») ou de conjugaison (« je réussi »), ou encore d'adverbes mal placés (« nous avons parlé **beaucoup** » au lieu de « nous avons **beaucoup** parlé ») qui ne font pas obstacle à la communication. L'emploi du subjonctif dans la formule finale ne reflète cependant pas le niveau grammatical dans le reste de la tâche. | | | |
| Commentaire général | La maîtrise de la langue est efficace et généralement correcte. | | | |
| | Dans l'ensemble, les erreurs linguistiques ne sont ni fréquentes ni un obstacle à la communication mais les nombreuses fautes de structures grammaticales tirent la note vers le bas de la bande de notation. | | | |

| Critère B | 1–3 points | 4–6 points | 7–9 points | 10–12 points |
|---|---|---|---|---|
| Compréhension, profondeur et pertinence du contenu | Le but de la tâche est accompli : le récit de la rencontre est détaillé : « quand j'étais dans un magasin cette après-midi », « J'essayais une jupe et elle aussi quand elle a fait tomber sa carte d'identité d'école », « nous sommes allées au parc ». | | | |
| | Les sentiments qui en ont découlé et la réaction initiale sont moins bien développés : « Aventure incroyable aujourd'hui ! », « C'était bizarre », « c'était une bonne expérience de rencontrer elle », « Je pensais que je serais triste parce qu'elle a mon identité ». Des réflexions personnelles auraient pu être rajoutées : « Je n'en croyais pas mes yeux », « ça n'arrive pas tous les jours de rencontrer quelqu'un qui porte le même nom et prénom », « Je suis contente de l'avoir rencontrée », « Je pensais que ça pourrait être déstabilisant pour mon identité mais non », « je me suis fait une nouvelle amie », « des fois, le hasard fait bien les choses ». | | | |
| | Certains détails ne sont pas très convaincants dans le cadre d'un journal intime : « j'aime joue[r] du violon et je fais partie d'un orchestre mais je déteste le sport. » Cette information aurait été mieux formulée ainsi : « bien qu'on aime toutes les deux la musique classique, elle adore le sport, contrairement à moi qui le déteste. » | | | |
| Justifications des points abordés | Les informations sur la jeune fille rencontrée sont données en comparaison avec des détails personnels : « Elle est français[e] comme moi mais nous avons des cultures très différentes parce que ses parents sont du Maroc ». Cependant, les exemples et détails ne sont pas étayés par des idées supplémentaires. | | | |
| | L'évaluation de la rencontre n'est pas très claire : « Je pensais que je serais triste parce qu'elle a mon identité mais elle était gentille et dr[ô]le et je m'entends bien avec elle. » | | | |
| Structure | Le texte est clairement organisé, avec des paragraphes qui s'enchaînent facilement grâce à des connecteurs comme « alors », « dans l'avenir », « dans l'ensemble ». | | | |
| Commentaire général | La tâche est globalement accomplie mais les idées ne sont pas toujours très pertinentes ou développées en profondeur. | | | |

| Critère C | 1–2 points | 3–4 points | 5–6 points |
|---|---|---|---|
| Choix du type de texte | Le choix du journal intime est bien adapté au contexte, au destinataire et au but du message car il invite à une **réflexion personnelle** sur des sentiments appartenant à celle qui écrit (l'élève). Un courriel pourrait être adapté mais en observant les caractéristiques communes au journal intime et au courriel. L'entretien, lui, ne se prête pas naturellement à une réflexion personnelle de par sa nature (série de questions et réponses). | | |
| Registre et ton | Le registre est généralement adapté mais le ton n'est pas toujours très personnel. L'élève a intégré peu de tournures ou vocabulaire pour exprimer ses propres sentiments, à part « Aventure incroyable aujourd'hui ! C'était bizarre ». Des exclamations comme « j'ai été vraiment surprise », « j'ai trouvé ça incroyable », « quels bons moments on a passé ensemble ! » auraient contribué à mieux transmettre ce qui a été ressenti. | | |
| Conventions du type de texte | Les conventions ne sont démontrées que sommairement (date et phrase de conclusion). Dans un journal intime, on ne donnerait pas directement des informations sur soi-même (par exemple, jouer du violon). Ce genre de détail n'est donc pas très convaincant. | | |
| Commentaire général | La compréhension conceptuelle est limitée. Le ton manque de conviction pour un type de texte dont les conventions sont parfois inadaptées. | | |

## Énoncé 3 : niveau moyen

SAMPLE PROMPT

**3.** Le bibliothécaire de votre collège annonce qu'il n'achètera plus de livres afin de consacrer toutes ses ressources disponibles à la technologie numérique. Vous êtes contre cette décision. Écrivez un texte pour exprimer votre opposition et proposer un compromis.

Quels sont les **deux aspects** à développer ?

Quel serait le type de texte le plus approprié ?

| Tract | Blog | Proposition |
|---|---|---|

SAMPLE STUDENT ANSWER

Thomas Delpré  Monsieur Pelletier

14, rue Michelet  Lycée Victor Hugo

93 200 Chatou  2, Avenue Foch

7 novembre 2021

Objet : l'arrêt d'acheter des livres et la <u>decision</u> de mettre en œuvre des ressources numériques

Monsieur Pelletier,

Merci de consacrer du temps à réfléchir aux avis des élèves avant de décider concrètement de ne plus acheter <u>des</u> livres. Je suis d'accord qu'il vaut mieux qu'on permette à la nuit de porter conseil. Personnellement, je m'oppose à cette <u>decision</u> car je crois que les appareils et les écrans ont déjà envahi trop de parties de nos vies. Les romans, la lecture<u>s</u>, ils tiennent une grande place dans la culture de notre école et la plupart d'élèves voudraient qu'ils ne disparaissent pas.

Spécifiquement, les plusieurs clubs de lecture et le service de littérature ont envie de continuer à voir que la collection de la bibliothèque s'élargit en fait. Chez les clubs et les individus qui adore la littérature, les nouveaux livres qui arrivent chaque trimestre sont leur façon de se divertir et d'y discuter, c'est leur moyen de se faire des amis et se reposer entre leurs cours. Chez les professeurs de littérature, l'arrivée des nouveaux livres leur donne un coup de main pour enseigner. La vague des histoires chaque trimestre enrichit leur matériaux qui offrent plus de stimulation que les vieux livres, sert de textes pour analyser et étudier. Donc, on peut voir qu'il faut que l'école reçoive des livres chaque trimestre puisque la lecture est apreciée à travers le communautaire.

De plus, le comité des élèves a organisé un compromis pour vous offrir. Nous proposons que le comité doive récolter des fonds afin que la bibliothèque puisse économiser de l'argent pour investir à la technologie numérique. Le comité a l'intention d'organiser autant d'évènements qu'on doit pour récolter suffisamment d'argent. Pour le moment, il s'agit de vos idées sur cette proposition. Nous voyons que nous pourrons contribuer la moitié du coût des livres.

Restant à votre disposition pour tout complétement d'informations et vous remerciant d'avoir lu mes pensées et ma proposition. Monsieur, veuillez recevoir l'expression de mes sentiments les plus respectueux.

Thomas Delpré

## Commentaires de l'examinateur

| Critère A | 1–3 points | 4–6 points | 7–9 points | 10–12 points |
|---|---|---|---|---|
| Vocabulaire et expressions | Le vocabulaire se prête bien à la tâche et n'est pas répétitif.<br><br>L'élève a intégré deux expressions idiomatiques qui ne tombent pas très naturellement mais qui ont tout de même un certain sens dans le contexte : « il vaut mieux qu'on permette à **la nuit de porter conseil** » et « donne un coup de main pour … ». | | | |
| Structures grammaticales | Une variété de temps est employée (présent, passé composé, conditionnel, futur, subjonctif) et les verbes utilisés sont conjugués correctement.<br><br>L'élève utilise des structures grammaticales de base comme des pronoms (« l'arrivée des nouveaux livres **leur** donne … »), des verbes exprimant une opinion (« je crois que … ») ou une possibilité (« on peut voir qu'… ») et des subordonnées avec 'qui' (« les nouveaux livres qui arrivent »). De nombreuses structures plus complexes sont aussi employées : 'avant de' + infinitif (« avant de décider »), des verbes exigeant le subjonctif (« il vaut mieux qu'on permette », « il faut que l'école reçoive »), bien que certaines expressions avec ce mode ne soient pas très heureuses (« Nous proposons que le comité doive récolter des fonds afin que la bibliothèque puisse économiser de l'argent »). Une phrase avec un seul subjonctif aurait paru plus authentique : « Nous proposons que le comité récolte des fonds afin que la bibliothèque puisse économiser de l'argent. » | | | |
| Langue | La langue est correcte et efficace. Les fautes d'orthographe ou d'accent (« a**pre**ciée » au lieu d'« appréciée », « dé**c**ision » au lieu de « décision »), les erreurs d'accord (« leur matériaux », « la lectures ») ou de conjugaison (« individus qui ador**e** » au lieu d'« adorent ») sont minimes et ne font pas obstacle à la communication. | | | |
| Commentaire général | La maîtrise de la langue est généralement correcte et très efficace mais quelques tournures malheureuses et l'emploi d'expressions et de certains temps ôtent le naturel qui permettrait d'atteindre le maximum de points dans cette bande de notation. | | | |

| Critère B | 1–3 points | 4–6 points | 7–9 points | 10–12 points |
|---|---|---|---|---|
| Compréhension, profondeur et pertinence du contenu | L'élève a bien répondu aux attentes de l'énoncé en **s'opposant** clairement à la décision (« Personnellement, je m'oppose à cette décision ») et en expliquant pourquoi cette dernière le révoltait (« car je crois que les appareils et les écrans ont déjà envahi trop de parties de nos vies »). Une idée est développée pour **offrir un compromis** : « Nous proposons que le comité doive récolter des fonds », « nous pourrons contribuer la moitié du coût des livres ». Une deuxième idée aurait pu être suggérée pour ajouter du poids à l'argument, comme par exemple : « Un appel à donation serait aussi une bonne idée. Une fois par an, chaque famille de l'école pourrait acheter un livre suggéré par la bibliothèque. » | | | |
| Justification des points abordés | Les raisons pour lesquelles l'élève voudrait que la bibliothèque continue à acheter des livres sont justifiées et développées : « … façon de se divertir et d'y discuter, c'est leur moyen de se faire des amis et se reposer entre leurs cours », « Chez les professeurs de littérature, l'arrivée des nouveaux livres leur donne un coup de main pour enseigner », « plus de stimulation que les vieux livres ». | | | |
| Structure | L'ordre des points abordés suit ce qui a été suggéré dans l'énoncé (**exprimer** une opposition et **proposer** un compromis) et la proposition est donc ordonnée de façon logique. Des connecteurs qui font la liaison entre les paragraphes ou bien rajoutent des idées (« spécifiquement », « donc », « de plus ») contribuent aussi à la structure logique du message. | | | |
| Commentaire général | La tâche est accomplie. Les idées sont pertinentes dans l'ensemble, bien développées et présentées clairement dans une structure logique. | | | |

| Critère C | 1–2 points | 3–4 points | 5–6 points |
|---|---|---|---|
| Choix du type de texte | Le choix de la proposition est bien adapté à la tâche. L'énoncé indique qu'il faut soumettre des suggestions. Le contexte exige de contacter le directeur/la directrice de la bibliothèque directement et par conséquent, ni un tract (qui serait distribué aux élèves/aux familles et n'aurait donc pas un impact direct sur la décision), ni un blog (que le directeur/la directrice de la bibliothèque ne lirait sans doute pas) ne seraient appropriés. | | |
| Registre et ton | L'usage systématique et cohérent du 'vous' de politesse contribue à donner du poids à la proposition. Le ton est adapté au destinataire (pas de blagues ou clins d'œil, pas de vocabulaire familier). | | |
| Conventions du type de texte | Les conventions de la proposition sont bien observées : coordonnées de l'auteur et du destinataire, date, formule d'appel (« Monsieur Pelletier ») et formule finale (« Restant à votre disposition pour tout complément d'informations […] Monsieur, veuillez recevoir l'expression de mes sentiments plus respectueux »), tournures de phrases conventionnelles, typiques d'une lettre à une personne en position d'autorité par rapport à l'auteur du message (« Merci de consacrer du temps à réfléchir … »). | | |
| Commentaire général | La compréhension conceptuelle est systématiquement évidente. | | |

## Épreuve 1 : niveau supérieur (1h30)

Réalisez **une** des tâches suivantes. Utilisez, en fonction des propositions, le type de texte le plus approprié. Écrivez entre 450 et 600 mots.

1. À l'occasion de la célébration de la 'Journée Internationale de la Femme', votre école vous offre l'opportunité d'exprimer votre opinion sur l'égalité entre hommes et femmes dans notre société actuelle. Examinez, comparez et évaluez la situation dans votre propre pays et ailleurs dans le monde.

| Discours | Chronique d'opinion | Reportage |
|---|---|---|

2. Un incident relatif à la cruauté exercée sur les animaux vient d'être largement médiatisé, suscitant diverses réactions. Rédigez un texte dans lequel vous rapportez cet incident, en évaluez les conséquences et exprimez votre opinion sur le sujet.

| Courrier des lecteurs | Rapport | Chronique d'opinion |
|---|---|---|

3. Vous avez rencontré un(e) jeune chercheur/chercheuse qui a découvert une solution originale pour lutter contre le stress. Écrivez un texte dans lequel vous expliquez les raisons qui l'ont poussé(e) à faire des recherches sur ce sujet, examinez sa solution et évaluez les résultats.

| Blog | Interview | Débat |
|---|---|---|

Examinez les trois énoncés :

- Quels sont les thèmes abordés ?

- Quel est le type de texte le plus approprié pour chacune des tâches ? Numérotez les types de textes par ordre de préférence et expliquez pourquoi chacun est plausible, moins plausible, inapproprié.

## Énoncé 1 : niveau supérieur

1. À l'occasion de la célébration de la 'Journée Internationale de la Femme', votre école vous offre l'opportunité d'exprimer votre opinion sur l'égalité entre hommes et femmes dans notre société actuelle. Examinez, comparez et évaluez la situation dans votre propre pays et ailleurs dans le monde.

Quel serait le type de texte le plus approprié ?

| Discours | Chronique d'opinion | Reportage |
|---|---|---|

**Légende :**

Critère A (expressions, structures grammaticales, temps/conjugaisons ; les erreurs linguistiques sont <u>soulignées</u>)

Critère B (message, structure)

Critère C (conventions du type de texte)

Marqueurs de la communication

Depuis plusieurs decenies nous avons lutté pour l'égalité universelle, peu importe sexe, âge, sur pays d'origine. Cependant, l'égalité universelle n'est pas établie, pas même celle entre hommes et femmes. Restons tout de même les pieds sur terre, le monde n'est pas aussi petit que l'on ne le prétend, et aucun pays n'est homogène.

Introduction

Expression idiomatique

En première partie, regardons aux lois. De nos jours, je peux affirmer que presque chaque codes de lois et constitutions garantie l'égalité de droits entre hommes et femmes. Cependant, dans un niveau non officiel, certains villages et même certains villes dans plusieurs pays adoptent des lois de tribunaux tribaux ou religieuses. Souvent, ces lois limitent le droit d'expression des femmes, telles que les lois shariah, ou dans des cas extrêmes distortent la justice. On peut faire référence dans ce cas aux femmes qui ont été condamnées, par demande de la loi, pour avoir été violés. L'exemple donné n'était pas qu'une seule incidence. Le cas s'est passé plusieurs fois, notamment dans de petits villages.

Première partie

Ensuite, nous vivons dans une période de changements en vocabulaire et en lexique : plusieurs langues changent certains mots pour pouvoir s'appliquer aux hommes et aux femmes. Par example, le mot anglais « fireman » a été changé à « firefighter » à cause de la présence du mot « man » qui signifie « homme ». Bien que cela paraisse un progrès pour l'égalité des sexes dans le vocabulaire, cela peut avoir un sens ambigue. Certaines personnes pensent que le changement du vocabulaire pourrait contribuer aux changements pour les droits et les rôles des femmes dans la société mais c'est un point de vue optimiste. L'autre point de vue présente un point de vue plus sinistre où le changement du vocabulaire n'est qu'une affirmation des différences présentes entre hommes et femmes.

Deuxième partie

Est-il vraiment nécessaire de changer le language ? Ou encore que va-t-il se passer dans notre langue française puisque chaque mot (tel que « table » ou « objet ») est masculin ou féminin ?

Troisième partie

Finalement, regardons les emplois. Les lois française, anglaise et américaine <u>requièrent</u> que le salaire d'un homme soit le même que celle d'une femme pour le même métier. Cette loi n'est pas respectée. Des études montrent qu'en France, en Grande-Bretagne, aux États-Unis, la différence de salaire existe encore. Alors que les différences de salaire ne sont pas souvent énormes, ignorer les chiffres affirmerait une importance inférieure des femmes et serait un crime sexiste.

**Conclusion**

**Idiomatisme**

**Est-ce que les conventions d'un des types de textes proposés sont observées ?**

En conclusion, l'égalité des hommes et femmes n'est pas établie. Elle est par contre présente et possible. L'égalité entre hommes et femme a encore un long chemin à parcourir, un chemin que j'espère pouvoir voir l'égalité arriver. Cependant, il y a trop de collisions entre égalité et traditions, égalité et ambiguïté et égalité et sexisme aujourd'hui pour pouvoir exprimer l'établissement de l'égalité des sexes.

## Commentaires de l'examinateur

| Critère A | 1–3 points | 4–6 points | 7–9 points | 10–12 points |
|---|---|---|---|---|
| Vocabulaire et expressions | L'élève a utilisé un vocabulaire varié et parfois sophistiqué (« décen[n]ies », « établie », « nous avons lutté pour », « affirmer », « se passer », « notamment », « telles que », etc.), ainsi que des phrases idiomatiques (« Restons tout de même les pieds sur terre ») ou des idiomatismes (« un long chemin à parcourir »). | | | |
| Structures grammaticales | L'élève a manié une variété de temps (présent, passé composé, impératif, conditionnel, imparfait, futur proche) : « plusieurs pays adoptent », « nous avons lutté » , « Restons », « le changement du vocabulaire pourrait contribuer … », etc. | | | |
| | On note des tournures de phrases élaborées : « peu importe », « que va-t-il se passer dans notre langue française ? » | | | |
| | Des structures grammaticales complexes sont employées : « pas aussi petit que l'on ne le prétend », « aucun », « pas même **celle** … », « Bien que cela paraisse un progrès ». | | | |
| Langue | La langue est correcte et efficace et les rares fautes d'orthographe (« Par ex**a**mple », « dece**n**ies ») ou d'accord (« chaque code**s** ») ou même de temps ( « Depuis plusieurs **dece**nies nous **avons lutté** … » au lieu de « Depuis plusieurs **décen**ies nous **luttons** pour … ») ne font pas obstacle à la communication. | | | |
| Commentaire général | La maîtrise de la langue est généralement correcte et très efficace. Le vocabulaire et les expressions sont variés, précis et nuancés, les structures grammaticales complexes et utilisées correctement. | | | |

| Critère B | 1–3 points | 4–6 points | 7–9 points | 10–12 points |
|---|---|---|---|---|
| Compréhension, profondeur et pertinence du contenu | L'énoncé exige **d'examiner, comparer et évaluer** la situation d'égalité entre les hommes et les femmes. Après une introduction du sujet, trois idées pertinentes sont **examinées** : l'égalité sur le plan légal, l'égalité sur le plan linguistique et l'égalité sur le plan professionnel. | | | |
| | Une idée propose une **comparaison** : « Des études montrent qu'en France, en Grande-Bretagne, aux États-Unis, la différence de salaire existe encore. » Des comparaisons plus évidentes et plus systématiques auraient mieux répondu à l'exigence de l'énoncé, comme par exemple pour le plan légal : « Dans les pays européens, la loi est claire, les hommes et les femmes sont des citoyens à part entière avec les mêmes droits et devoirs. En revanche, dans d'autres pays … » | | | |
| | **L'évaluation** de la situation, examinée tout au long de la tâche, est bien résumée dans la conclusion (« En conclusion, l'égalité des hommes et femmes n'est pas établie », etc.). | | | |
| Justification des points abordés | Chaque idée est justifiée avec des détails et exemples. Ainsi, le premier point examine et compare la théorie et la réalité et s'appuie sur deux exemples pertinents dans des pays différents. | | | |
| Structure | Les idées sont clairement présentées et articulées par des paragraphes distincts ainsi que par une variété de mots de liaison et marqueurs de la communication : « Depuis », « Cependant », « De nos jours », « En première partie », « Ensuite », etc. | | | |
| Commentaire général | La tâche est accomplie. Elle propose des idées pertinentes pour la plupart et détaillées avec des exemples appropriés. Elle suit un développement clair et logique, ce qui contribue à une transmission efficace du message. | | | |

| Critère C | 1–2 points | 3–4 points | 5–6 points |
|---|---|---|---|
| Choix du type de texte | La compréhension conceptuelle n'est pas évidente et aucun point ne peut être attribué. Un discours aurait été le plus approprié mais ni ce type de texte ni la chronique ou le reportage ne semblent avoir été choisis. Ces deux autres types de textes auraient de toute façon été moins adaptés qu'un discours car la chronique vise à non seulement réagir à une situation mais cherche aussi à persuader, ce qui n'est pas le but ici. Quant au reportage, il est encore moins approprié puisqu'il ne s'agit pas de relater une enquête et de créer un impact sur le lecteur. | | |
| Registre et ton | Bien que le registre soutenu soit adapté à la tâche, il relève plus de l'écrit que de l'oral et il n'y a aucune référence directe à un public. Le ton est objectif et n'engage pas un auditoire à s'identifier ou à réagir aux arguments par des procédés rhétoriques. | | |
| Conventions du type de texte | Le texte ne présente aucune des conventions des trois types de textes proposés. La tâche a le format d'une dissertation (introduction, trois parties, conclusion) et non celui d'un discours qui requiert entre autres une formule d'appel, une phrase clé pour attirer l'attention, et une formule finale. | | |
| Commentaire général | Le texte ne présente aucune des caractéristiques propres à un des types de textes proposés et n'emploie pas non plus le registre ou le ton spécifique à un de ces types de textes. Il ne peut donc obtenir aucun point pour ce critère. | | |

## Énoncé 3 : niveau supérieur

Vous avez rencontré un(e) jeune chercheur/chercheuse qui a découvert une solution originale pour lutter contre le stress. Écrivez un texte dans lequel vous expliquez les raisons qui l'ont poussé(e) à faire des recherches sur ce sujet, examinez sa solution et évaluez les résultats.

| Blog | Interview | Débat |
|---|---|---|

Quels sont les **trois aspects** à développer ?

Quel serait le type de texte le plus approprié ?

Interview de Gaétan Meunier

Gaétan Meunier est un scientifique qui travail chez PharmaPlus au Luxembourg. Cette compagnie est une compagnie qui fait des recherche pour lutter contre le stress et des autres anxiétés. Monsieur Meunier a eu la grande gentillesse de nous expliquer sa découverte.

EP : Bonjour Monsieur Meunier et merci de votre présence avec moi aujourd'hui.

GM : Bonjour Mademoiselle, c'est un plaisir.

EP : D'abord, pouvez-vous nous expliquer pourquoi avez-vous choisi de faire des recherches sur le stress ?

GM : Je travail depuis longtemps dans la santé mais avec le temps, je me suis rendu compte que le stress est un problème très inquiétant parce que beaucoup des gens sont stressés, les jeunes, les personnes âgées, tous le monde en faite. En plus, ma fille a eu une période très difficile quand elle a été adolescente, beaucoup, beaucoup de stress, quelle galère ! Je voulais aider alors j'ai décidé trouver une solution pour que le stress diminue.

EP : Je trouve cela une excellente idée. Quelle a été votre solution pour qu'on devienne moins stressé ?

GM : En faite, il y a plein de petites choses très utile et efficace pour lutter contre le stress. Il faut tous faire pour que ça fonctionne. Premièrement, il faut se coucher dans une salle sans lumière et compter jusqu'à 105 avec les yeux fermés. Après, il faut immédiatement se mettre debout et sauter pendant 20 secondes. Ensuite, la personne doit boire un verre d'eau avec trois glaçons pour se soulager. Dernièrement, il faut manger un petit chou à la crème. Cela vous prendra environ 10 minutes, pas plus, et je peux vous assurer que ça marche.

EP : C'est très originale comme solution ! Mais comment savez-vous quelle fonctionne ?

GM : J'ai fait des tests chez les adultes, chez les personnes âgées et chez les jeunes. Avant, je leur ai fait des tests de santé. Après l'expérience, leurs problèmes de santé avaient diminués, ils étaient plus positifs et le nombre de cheveux blancs n'avait pas augmenté.

EP : Donc vous voulez recommander cette solution pour le stress ?

GM : Bien sûr je ne peux pas garantir un succés 100% mais les premiers résultats sont très encourageants alors oui, ça vaut la peine essayer.

EP : Très intéressant ! Malheureusement, nous allons devoir nous arrêter là. Merci beaucoup pour vos explications et à bientôt j'espère pour une nouvelle découverte.

GM : Merci à vous et à bientôt.

Propos receuillis par Élodie Perrin

## Commentaires de l'examinateur

| Critère A | 1–3 points | 4–6 points | 7–9 points | 10–12 points |
|---|---|---|---|---|
| Vocabulaire et expressions | L'élève a utilisé un vocabulaire varié et pertinent pour la tâche. De bonnes expressions sont employées : « … a eu la grande gentillesse de … », « ça vaut la peine », « quelle galère ! », « ça marche ». | | | |
| Structures grammaticales | Les verbes utilisés à divers temps (simples et composés, comme dans « … n'avait pas augmenté ») sont conjugués correctement, y compris quand ils sont plus difficiles à manier (comme « je me suis rendu compte », « je **leur ai fait** des tests de santé »). En plus de structures grammaticales de base, d'autres plus complexes sont utilisées : « Cela vous prendra … », « C'est très original[e] comme solution ! », « je peux vous assurer que … ». Certaines ne tombent pas très naturellement comme « pour qu'on devienne moins stressé » mais dans l'ensemble, elles sont employées à bon escient. | | | |
| Langue | La langue est correcte et efficace et les rares fautes d'orthographe (« comment savez-vous **quelle** fonctionne ? », « en fai**te** », « propos re**ceu**illis »), d'accord (« des recherche, », « tou**s** le monde », « Il faut tou**s** faire », « petites choses très uti**le** et efficace », etc.), de conjugaison (« un scientifique qui travail », « je travail », « leurs problèmes de santé avaient diminu**és** ») ou encore les omissions de préposition après le premier verbe (« j'ai **décidé trouver** », « ça vaut la **peine essayer** ») ne font pas obstacle à la communication. | | | |
| Commentaire général | La maîtrise de la langue est généralement correcte et très efficace. Le vocabulaire et les expressions sont riches, la variété des structures élémentaires et complexes contribuent efficacement à la transmission du message et les fautes de langue sont minimes et rares, sans conséquences pour la compréhension. | | | |

| Critère B | 1–3 points | 4–6 points | 7–9 points | 10–12 points |
|---|---|---|---|---|
| Compréhension, profondeur et pertinence du contenu | Tous les points requis par l'énoncé (motivation, solution, évaluation) ont été abordés en détail et les idées sont pertinentes et originales—mais tout à fait acceptables—en ce qui concerne la solution au stress. Les questions sont claires et concises : « Mais comment savez-vous [qu'elle] fonctionne ? », « Donc vous voulez recommander cette solution pour le stress ? » | | | |
| Justification des points abordés | Les réponses sont bien ciblées et développées avec nombre de détails pertinents : partie de 77 mots pour expliquer les raisons derrière la recherche (deux raisons développées), partie de 97 mots pour décrire la solution (deux détails pour chaque étape), 70 mots pour évaluer les résultats (détails précis pour justifier la validité des résultats puis trois constatations). | | | |
| Structure | L'interview se déroule de façon logique : une introduction du chercheur, les trois points suggérés par l'énoncé (motivation, solution, évaluation) et une conclusion. Le texte est articulé par un grand nombre de connecteurs appropriés comme « D'abord », « En plus », « Premièrement », « Après », « Ensuite », « Dernièrement ». | | | |
| Commentaire général | La tâche est efficacement accomplie. Toutes les exigences de l'énoncé ont été remplies et développées en profondeur, de façon cohérente et perspicace. | | | |

| Critère C | 1–2 points | 3–4 points | 5–6 points |
|---|---|---|---|
| Choix du type de texte | Le choix de l'interview est bien adapté au sujet. Il serait plus difficile de présenter un argument équilibré dans un blog (par nature subjectif en général). Quant au débat, il ne se prête pas au but puisqu'il ne s'agit pas de donner son opinion avec force d'arguments ni de persuader l'auditoire visé. | | |
| Registre et ton | Le registre du vouvoiement est approprié et le ton tout à fait naturel et plausible. Les procédés rhétoriques sont systématiquement efficaces et consolident la transmission du message : « C'est très original[e] comme solution ! », « Très intéressant ! » | | |
| Conventions du type de texte | Les caractéristiques de l'interview ont été bien observées dans l'ensemble : introduction des protagonistes, questions–réponses, mais elle ressemble parfois à une retranscription (par exemple, la formule finale pour conclure : « Malheureusement, nous allons devoir nous arrêter là »). Ce type de texte ne requiert pas les phrases spécifiques à un programme radiophonique ou télévisé car il s'agit d'écrire un texte qui serait incorporé dans un magazine/journal. Nulle marque d'oralité ne devrait donc apparaître. | | |
| Commentaire général | La compréhension conceptuelle est généralement évidente. Plusieurs caractéristiques de l'interview ont été bien observées. | | |

## Reflections on chapter 4

Think about the following questions:

- Do you have a good understanding of the examination format for the writing component?
- Have you understood the different criteria and what the examiner will be looking for?
- Do you have a better idea of what you can do to improve your writing skills?
- What advice do you still need to implement to succeed better in Paper 1?
- Where can you practise this part of the examination?

# 5 ÉPREUVE 2 – COMPRÉHENSION ORALE

## The aims of this chapter

Listening is a key skill that we use all the time in our daily life, enabling us to communicate and exchange with others, building up relationships and broadening our experience of the world. It therefore makes sense that it is an essential part of your Language B course. When listening to a foreign language, you are required to understand, analyse and evaluate oral information. This part of the examination will test how appropriately you can respond to audio texts. It will assess your ability to understand a range of ideas from different contexts and audiences, whether interpersonal or intercultural.

In this chapter, you will look at:

✔ the format of the examination

✔ key techniques and strategies to develop your listening skills

✔ key techniques and strategies for the exam

✔ the listening assessment types

✔ the analysis of the assessment questions

✔ a guided practice of the different text types.

## COMMENT RÉUSSIR À L'ÉPREUVE DE COMPRÉHENSION ORALE ?

### Questions à considérer :

* En quoi consiste l'examen de compréhension orale ?

* Quelles sont les techniques et stratégies que vous connaissez déjà et que vous pouvez appliquer à l'examen ?

* Quelles sont les techniques et stratégies à développer pour améliorer vos compétences d'écoute ?

* Quels sont les différents types d'exercices pour la partie d'écoute de l'examen et comment devez-vous les aborder ?

* Comment est-ce que vous pouvez répondre aux questions pour obtenir le meilleur résultat possible ?

### En quoi consiste l'épreuve 2 (compréhension orale) ?

* Au cours de l'évaluation de compréhension orale qui durera 45 minutes pour le niveau moyen et une heure pour le niveau supérieur, vous entendrez trois documents sonores (A, B, C).

* Tout d'abord, vous entendrez les instructions pour l'examen.

* Chaque passage audio sera précédé de quatre minutes pendant lesquelles vous pourrez lire les questions et vous préparer à l'écoute du passage.

* Vous entendrez chaque passage deux fois, avec une pause de deux minutes après chaque écoute pour compléter et vérifier vos réponses. Bien que chaque document sonore du niveau moyen soit plus court que les documents sonores du niveau supérieur, les temps de pause sont les mêmes.

- Le passage audio C du niveau moyen est le même que le passage audio A du niveau supérieur.
- On vous donnera un livret contenant les instructions et les questions pour l'évaluation. Vous y écrirez vos notes et vos réponses.

## Durée et déroulement de l'épreuve

### Au niveau moyen

L'examen dure 45 minutes mais il y a 6'45 – 7'30 d'écoute.

- Texte A – jusqu'à 2'00 d'écoute
- Texte B – jusqu'à 2'30 d'écoute
- Texte C – jusqu'à 3'00 d'écoute

### Au niveau supérieur

L'examen dure une heure mais il y a 10'30 – 11'30 d'écoute.

- Texte A – jusqu'à 3'00 d'écoute
- Texte B – jusqu'à 3'30 d'écoute
- Texte C – jusqu'à 4'00 d'écoute

Vous entendrez chaque texte deux fois. Pause de quatre minutes avant la première écoute pour lire les questions et pause de deux minutes après chaque écoute pour écrire vos réponses.

À la fin de l'épreuve, pour finaliser toutes les réponses, vous aurez entre 10 et 15 minutes au niveau moyen et entre 15 et 20 minutes au niveau supérieur.

## Les types de textes

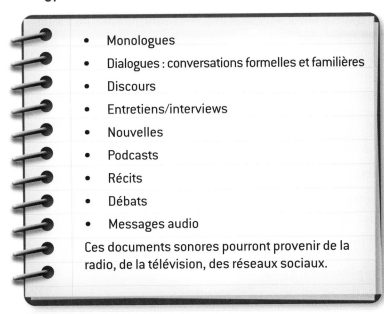

- Monologues
- Dialogues : conversations formelles et familières
- Discours
- Entretiens/interviews
- Nouvelles
- Podcasts
- Récits
- Débats
- Messages audio

Ces documents sonores pourront provenir de la radio, de la télévision, des réseaux sociaux.

---

**ATL** **Compétences de recherche**

Faites le point sur vos connaissances des différents types de textes audio.

- Quelles sont leurs caractéristiques ?
- Combien de personnes peuvent figurer dans chaque type de texte ?
- Quels sont les types de textes avec lesquels vous vous sentez à l'aise ? Quels sont ceux que vous trouvez plus difficiles et avec lesquels il faudrait vous familiariser?

## Contenu et principes de l'épreuve

La nature de l'évaluation implique que vous soyez en mesure de comprendre un français parlé à un rythme naturel et avec des variations régionales, dans une variété de contextes. Vous entendrez donc différents accents régionaux provenant de diverses parties de la France, du Canada, de la Suisse, etc. Certains passages audio n'impliqueront qu'une seule personne, d'autres deux ou trois. Les documents sonores proposés pourront être des textes personnels, professionnels ou de médias de masse.

## Compétences d'autogestion

Durant l'épreuve 2 de compréhension orale, vous utiliserez vos compétences d'autogestion car vous devrez gérer le temps qui vous est accordé pour bien comprendre les questions et pour ensuite formuler vos réponses. Vous devrez également mettre en œuvre des stratégies pour demeurer concentré(e) sur ce que vous entendez et ne pas vous laisser distraire.

Récapitulez ce que vous savez maintenant sur la partie d'écoute de l'examen et faites votre propre liste pour résumer :

- Combien de temps dure l'examen d'écoute ?
- Combien de textes entendrez-vous ?
- Quels types de textes entendrez-vous ?
- Quels sont les temps de pause ?
- Où noterez-vous vos réponses ?
- Combien de temps avez-vous pour écrire vos réponses ?

Au niveau moyen, vous devrez extraire des informations générales et spécifiques des passages audio proposés tandis qu'au niveau supérieur, vous serez aussi amené(e) à **analyser, déduire et interpréter** une partie des informations données. Les textes B et C du niveau supérieur seront plus longs et plus complexes que les textes du niveau moyen.

- Le texte A sera accompagné d'un exercice comprenant cinq questions. Les textes B et C seront chacun accompagnés de deux exercices comptant chacun pour cinq points.
- Les questions suivront l'ordre du texte.
- Pour les textes B et C, le premier exercice concernera la première partie du texte. Le second exercice portera sur la deuxième partie du texte.
- Vos réponses n'ont pas besoin d'être formulées sous forme de phrases complètes mais elles doivent être claires et fournir l'information nécessaire.
- Vous pouvez tout à fait utiliser des mots ou des expressions que vous aurez entendus dans le passage audio mais il doit être évident dans votre réponse que vous avez compris le sens du vocabulaire emprunté au document sonore.
- Votre réponse doit clairement montrer que vous avez compris la question et formulé la réponse correcte.

## Techniques et stratégies clés

Votre réussite à l'examen d'écoute repose sur quatre facteurs :

- votre connaissance du format de l'examen (voir ci-dessus mais aussi la section sur les différents types de questions)
- des connaissances sur les thèmes étudiés (informations factuelles, vocabulaire et grammaire)
- votre capacité à concilier la lecture et la compréhension des questions avec l'écoute du texte
- vos compétences d'écoute, qu'il vous faudra développer tout au long des deux ans de préparation à l'examen.

### Se préparer à l'épreuve de compréhension orale

Pour mieux aborder l'épreuve de compréhension orale, il est important :

- d'élargir votre répertoire linguistique
- d'apprendre et de vous entraîner à écouter activement
- de développer vos compétences d'écoute.

### Élargir son répertoire linguistique

Se familiariser avec la grammaire et le vocabulaire des thèmes étudiés constitue la base de votre compréhension.

- Faites des listes de vocabulaire (mots, phrases, expressions) pour chaque thème et chaque sujet étudiés en classe.
- Assurez-vous de bien connaître les connecteurs logiques, par exemple 'donc', 'néanmoins', 'par conséquent', etc.
- Apprenez et révisez votre vocabulaire régulièrement **en l'écoutant**. Il existe de nombreux sites en ligne qui vous permettent de consolider votre vocabulaire et proposent un entraînement basé sur l'écoute. Utilisez-en un systématiquement et régulièrement.

## Écouter activement

- **Entendre** et **écouter** sont deux activités différentes. Durant une pratique ou un examen d'écoute, tout comme dans la vraie vie, il est important d'écouter activement, c'est-à-dire de **traiter les informations entendues**. En tant qu'élève, vous connaissez déjà les conséquences lorsque vous n'écoutez pas ce que vous disent vos professeurs en classe. Apprenez donc à écouter de façon active. S'immerger dans la langue est un premier pas mais ce n'est pas suffisant. Ce n'est pas en ayant des chansons ou les nouvelles françaises en bruit de fond que vous allez **réellement** perfectionner votre écoute. Celle-ci doit être active. Vous devez faire l'effort de saisir le sens général et même des détails.

- Soyez dans le même état d'alerte que lorsque vous écoutez un passage audio en classe ou pendant un examen.

- Variez les buts de votre écoute. Choisissez un aspect différent sur lequel vous concentrer à chaque fois que vous écoutez un passage audio. Vous pouvez par exemple ne noter que les idées principales ou bien juste les détails (chiffres, dates, noms, lieux, etc.). Vous pouvez aussi n'écouter que pour prêter attention à la prononciation et à l'intonation.

- Prenez de bonnes habitudes de concentration et entraînez-vous à non seulement extraire des informations générales et détaillées mais aussi à analyser des opinions et à tirer vos propres conclusions. Vous allez ainsi développer de bons réflexes qui vous aideront dans vos autres matières mais aussi dans vos échanges avec les autres, qu'il s'agisse d'un contexte personnel ou professionnel.

---

**>> Tip**

- Create vocabulary lists with an online tool enabling you to learn and revise your words and phrases by **listening to them**.

- Identify key words that you often confuse with similar sounding words and listen to them again and again to distinguish them. **Saying them** after listening to them can also help you.

- Make a list of words that you often fail to recognize. Try to find some unusual sound connections that will help you remember what they sound like.

- Listen again to the recordings you have already listened to in class. Note the words/phrases that you missed on the first listening and learn them.

---

**>> Tip**

### How to listen actively

- Choose the appropriate moment to practise your listening skills, i.e. when you are most likely to focus and not be disturbed.

- Find an appropriate space with no distractions or noise around you.

- Focus on what you hear. Just having a French conversation or song in the background is not going to teach you anything.

Voici quelques suggestions d'exercices pour une écoute active :

| | | | |
|---|---|---|---|
| **Dictée** | Écoutez un document sonore pour lequel vous avez une transcription ou des sous-titres. Écoutez une phrase et écrivez-la. | Écoutez une deuxième fois pour vérifier. Si vous n'êtes pas sûr(e), écoutez autant de fois que nécessaire. Puis vérifiez avec la transcription. | Prenez des notes sur le vocabulaire/la grammaire qui vous ont posé problème. Apprenez et révisez vos notes régulièrement. |
| **Portionnement** | Écoutez un document sonore pour lequel vous avez une transcription ou des sous-titres. Écoutez par section. Mettez sur pause lorsque vous ne reconnaissez pas une partie et réécoutez. | Réécoutez les parties qui vous posent problème jusqu'à ce que vous ayez une meilleure idée de ce que vous avez entendu. Vérifiez ensuite avec la transcription. | Prenez des notes sur le vocabulaire/la grammaire qui vous ont posé problème. Apprenez et révisez vos notes régulièrement. |
| **Prédiction** | Écoutez un document sonore entendu en classe. Mettez l'audio en pause juste avant une phrase importante et essayez de vous rappeler cette phrase. | Remettez l'audio en route et vérifiez si la phrase est bien celle à laquelle vous aviez pensé. | Si vous n'y arrivez pas, lisez la transcription avant d'écouter. Vous pouvez aussi d'abord faire une traduction des phrases clés en anglais pour vous aider à formuler les phrases à prédire. |
| **Blancs** | Trouvez un site en ligne comme *Lyricstraining* qui vous entraîne à remplir les blancs dans une chanson. | Écoutez la chanson et remplissez les blancs. | Quelques jours plus tard, réécoutez les phrases dont les blancs vous ont paru difficiles. Est-ce que c'est plus facile cette fois-ci ? |

**ATL Compétences de pensée**

L'épreuve 2 exige que vous mettiez en pratique vos compétences de pensée car vous devez faire appel à vos capacités de repérage d'informations et de transfert de connaissances ainsi qu'à votre esprit critique pour sélectionner, analyser, évaluer et interpréter diverses idées et opinions.

**Développer ses compétences d'écoute**

Vos compétences d'écoute reposent sur deux démarches :

- votre capacité à **comprendre les informations entendues** (le sens d'un message, des idées et des explications mais aussi des détails et des exemples spécifiques)
- votre capacité **à traiter et à analyser** les problèmes soulevés, les idées et les opinions avancées.

Pour développer vos compétences d'écoute, vous devez d'abord établir les méthodes et les pratiques qui vous aident à consolider vos connaissances linguistiques orales pour ensuite identifier et reconnaître le vocabulaire que vous **entendez**.

Qu'est-ce qui vous permet de mieux ancrer dans votre mémoire des mots et des phrases que vous devez ensuite identifier à l'écoute ? Repérez ci-dessous ce qui marche le mieux pour vous :

- Je les entends plusieurs fois. (entendre/passif)
- Je les dis à voix haute. (parler/actif)
- Je les vois écrits. (voir/passif)
- Je les écris moi-même. (écrire/actif)
- Je les utilise dans un texte/une phrase à l'écrit. (écrire/actif)

Développez une routine d'apprentissage qui incorpore un travail sur l'écoute, basé sur votre style et vos points forts. Inspirez-vous du tableau ci-dessous pour établir une liste des méthodes qui vous conviennent le mieux afin d'améliorer votre écoute.

| | |
|---|---|
| J'écoute des chansons. | Je me parle à voix haute. |
| J'écoute la radio et la télévision. | Je me fais tester oralement par quelqu'un. |
| J'écoute des podcasts avec le texte sous les yeux. | Je converse avec une ou plusieurs personnes. |
| Je regarde des films avec les sous-titres. | Je m'enregistre. |

D'autre part, il faut vous exposer le plus possible à l'écoute de la langue française.

- Variez le type de documents sonores que vous écoutez : émissions de télévision ou de radio, podcasts, interviews, etc. Plus vous en écouterez, plus vous vous sentirez à l'aise.

- Essayez de choisir des documents sonores sur des sujets qui vous intéressent et dans les formats que vous préférez. Par exemple, si vous aimez la musique, sélectionnez des groupes ou des chanteurs et des chanteuses français dont le style vous plaît, et créez vos propres playlists. Écouter les mêmes chansons régulièrement vous aidera plus que d'écouter de nouvelles chansons tout le temps.

- Familiarisez-vous avec des accents régionaux. Essayez de vous habituer à la façon dont on parle dans le sud de la France, la Belgique, le Québec, l'Afrique francophone ou encore la Suisse. Voici quelques sites qui peuvent vous aider :

  https://www.rfi.fr/fr/ (nouvelles internationales, y compris des pays francophones, vidéos, podcasts, etc.)

  https://www.franceculture.fr/emissions (France, émissions de radio et podcasts)

  https://la1ere.francetvinfo.fr/ (TV et radio des îles françaises)

  https://apprendre.tv5monde.com/fr/exercices/b1-intermediaire (France et Afrique)

  https://afrique.tv5monde.com (Afrique)

  https://www.letemps.ch/images/video (Suisse)

  https://www.rtbf.be/emission/les-podcasts-de-la-premiere (Belgique)

  https://ici.radio-canada.ca (Canada)

- Prêtez attention à la façon dont un mot peut être prononcé au sein d'une phrase. Il existe des variations entre la prononciation d'un mot tout seul et celle d'un mot dans une phrase, en particulier à cause des liaisons entre les mots.

  **Exemple :** – huit (8) : le 't' s'entend

  – j'ai huit ans : le 't' s'entend car il s'accroche au mot suivant (liaison)

  – j'ai huit cent soixante euros : le 't' ne s'entend pas

**ATL  Compétences de communication**

En augmentant vos compétences d'écoute, vous développez vos capacités de communication. Vous apprenez à écouter de façon efficace et à comprendre aussi le langage corporel et culturel que vous pouvez ensuite interpréter correctement.

**Réfléchissez**

Est-ce que vous avez maintenant identifié les stratégies qui vous conviennent le mieux pour améliorer vos compétences d'écoute ?

Est-ce que vous avez bien compris la différence entre une écoute active et une écoute passive ?

Est-ce que vous pouvez à présent faire votre propre liste d'activités pour améliorer vos compétences d'écoute ?

- Familiarisez-vous avec les règles de liaison. Cela vous aidera à ne pas confondre certains groupes de mots n'ayant pas le même sens.
  **Exemples :** 'vous avez' (prononcé 'vous-zavez')/'vous savez' (prononcé 'vous-savez')
- La dernière lettre d'un mot n'est pas forcément prononcée comme on pourrait le croire. Par exemple, la lettre 'x' se prononce 'z'.
  **Exemple :** mes deux amis anglais ('mes deuz-amis anglais')
- Les lettres 'n'/'t' : le 'n' de l'article 'un' et du pronom 'on' ou le 't' final s'entendent lorsque le mot suivant commence par une voyelle.
  **Exemples :** 'un ami' va s'entendre 'un-nami' et 'tout à fait' va s'entendre 'tout-ta-fait'
- La lettre 'e' : on ne l'entend pas toujours au milieu d'un mot, ce qui peut rendre un mot incompréhensible.
  **Exemples :** remerciement, paiement
- La lettre 'f' en fin de mot est prononcée 'v' en liaison avec le mot suivant.
  **Exemple :** 'j'ai neuf ans' s'entendra 'j'ai-neuv-ans'
- La lettre 'd' en fin de mot se transforme en 't' si le mot suivant est 'est-ce que' ou bien un pronom/prénom commençant par une voyelle.
  **Exemples :** –  'quand elle veut …' = 'quand-telle-veut'
  –  'quand Éric est en colère …' = 'quand-téric-est-ten colère'

## Techniques et stratégies durant l'examen

Le jour de l'examen, vous devrez appliquer les techniques et les stratégies auxquelles vous vous serez entraîné(e) tout au long de votre préparation. Voici des conseils pour vous aider à les aborder et réussir de façon optimale.

### Compréhension conceptuelle

Mettez votre compréhension conceptuelle en pratique et posez-vous les questions suivantes **avant, pendant et après** l'écoute :

- Où se trouve-t-on ?
- Quelle est l'occasion ? (un évènement particulier, un environnement familier ou public, un moment dans le temps, etc.)
- De quel type de texte s'agit-il ? (une conversation, un débat, une présentation, etc.)
- Qui parle et à qui ?
- Le registre est-il familier, soutenu ou bien un mélange des deux ?
- Quel est le but ? (informer, décrire, raconter, analyser, etc.)

Les instructions et les stimuli accompagnant chaque passage audio vous donneront des indices précieux. Ils peuvent répondre à certaines des questions ci-dessus. Grâce à eux, vous aurez déjà une idée de **qui va parler** (une ou plusieurs personnes, un homme, une femme, un jeune, une personne âgée, etc.). Ils peuvent également vous renseigner sur la variation ou les particularités du langage.

## Les questions-pièges (*distractors*)

Quel que soit l'exercice que vous devrez compléter, vous serez confrontés à des options incorrectes qu'il vous faudra identifier pour ne pas 'tomber dans le piège'. Une option incorrecte est une option qui reprend un mot du texte mais ne correspond pas à la question, ou bien qui est très similaire à l'option correcte mais à laquelle il manque un ou plusieurs détails. Faites spécialement attention aux connecteurs logiques indispensables au sens général.

**Regardez cet exemple :**

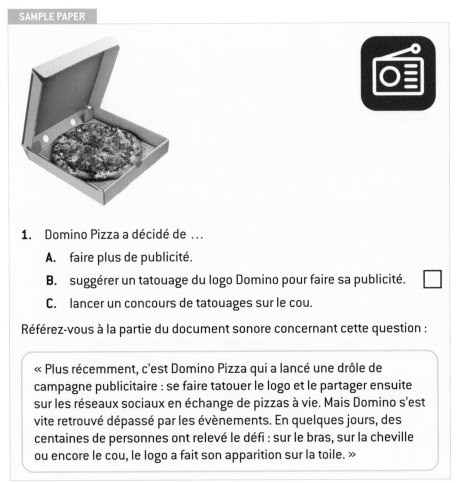

SAMPLE PAPER

1. Domino Pizza a décidé de …

    A. faire plus de publicité.

    B. suggérer un tatouage du logo Domino pour faire sa publicité.

    C. lancer un concours de tatouages sur le cou.

Référez-vous à la partie du document sonore concernant cette question :

> « Plus récemment, c'est Domino Pizza qui a lancé une drôle de campagne publicitaire : se faire tatouer le logo et le partager ensuite sur les réseaux sociaux en échange de pizzas à vie. Mais Domino s'est vite retrouvé dépassé par les évènements. En quelques jours, des centaines de personnes ont relevé le défi : sur le bras, sur la cheville ou encore le cou, le logo a fait son apparition sur la toile. »

Au cours de la première écoute, le terme de « campagne publicitaire » aurait pu être identifié et rapproché du mot « publicité » dans l'option A. De même, le mot « cou » aurait pu être repéré dans le document sonore et donc associé avec l'option C où il apparaît aussi. Néanmoins, l'option A est incorrecte puisqu'elle suggère que Domino Pizza a l'intention de faire **davantage** de publicité alors qu'il est réellement question d'une **nouvelle forme de publicité**. L'option C offre seulement une information partielle puisqu'il n'y a pas de référence à la publicité et qu'il est seulement fait référence à un tatouage sur le « cou ». Seule l'option B propose l'idée de faire de la publicité pour Domino Pizza par le biais du tatouage.

Quel que soit le type d'exercices que vous compléterez, vous allez peut-être repérer un mot qui est le même dans le passage audio et dans la question. En ne prêtant pas attention au reste de la phrase et en vous concentrant seulement sur ce mot, vous risquez d'écrire une réponse incorrecte.

**Regardez cet autre exemple :**

SAMPLE PAPER

1. À quel **niveau** est-ce que Sonia **cherche** à jouer ?

..............................................................................................................

Référez-vous à la partie du passage audio 2 concernant cette question :

> « Évidemment, en s'entraînant, on peut atteindre un **niveau professionnel** mais en ce qui me concerne, **ce n'est pas mon but**. Je joue seulement en amateur. »

Si on ne prête attention qu'au début de la phrase, la référence à un « niveau professionnel » peut pousser à penser que Sonia veut devenir professionnelle. Néanmoins, la négation qui suit est cruciale à noter puisqu'elle rejette cette idée. Son but est confirmé par la phrase qui suit : « Je joue seulement en amateur. »

## Compétences d'autogestion

ATL

### Les mots clés

Repérer les **mots clés** dans vos questions et dans les documents sonores est un des principes de base de la compréhension.

Qu'est-ce qu'un mot clé ?

Un mot clé est un mot qui indique le message principal d'une phrase. Il peut s'agir d'un nom, d'un verbe, d'un mot interrogatif ('pourquoi', 'comment', 'qui', 'quand', 'où', etc.) ou encore d'un adverbe qui apporte une nuance importante.

## >> Assessment tip

**Before listening:**

- Read the questions and underline the key words.
- Activate your prior knowledge of the topics suggested by the instructions and visuals.
- Apply your conceptual understanding: What is the context? Who is speaking? What is the aim of the text? Should you expect a specific accent and vocabulary?

**While listening:**

- Think about concepts and general aspects of the text (audience, context, purpose, etc.).
- Pay attention to background noises, the intonation and even regional accents, as they can be hints that will help you answer some questions, at least partially. For example, noises indicating that a conversation between two friends is taking place in a restaurant might help you discard a statement such as 'Thomas thinks that Mathilde has made a really good quiche'. Likewise, specific intonation, hesitations, sighs, laughs or shortness of breath may indicate a person's state of mind or even personality, and help you answer some questions.
- Link what you know about the topics in the audio with what you hear.
- Make notes **in French** in the spaces provided, using key words and abbreviations.

**During the first pause:**

- Read the questions again: do you already have some clues?
- Put a cross next to the questions for which you do not have enough information, so that you can focus on them during the second hearing.
- If you are absolutely certain about an answer, write it down in the correct space.

**During the second pause:**

- Activate your knowledge of the question types and the strategies to answer them.
- Read each question again and write down your answers.
- Answer all the questions, even if you have to make a guess for some of them. It is always better to give a potentially correct answer than no answer at all.

## Les différents types de questions à l'écoute

### Les types de questions

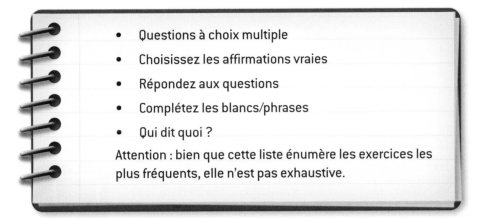

- Questions à choix multiple
- Choisissez les affirmations vraies
- Répondez aux questions
- Complétez les blancs/phrases
- Qui dit quoi ?

Attention : bien que cette liste énumère les exercices les plus fréquents, elle n'est pas exhaustive.

### Analyse de chaque type de question

Ci-dessous, vous trouverez des conseils spécifiques pour chaque type de question, accompagné d'un passage audio que vous pourrez écouter en ligne sur le site : www.oxfordsecondary.com/ib-prepared-support

Pour chaque type de question :

- lisez les conseils qui vous sont suggérés
- lisez les questions portant sur le passage audio
- écoutez le passage audio deux fois avec une pause entre chaque écoute
- écrivez vos réponses sur une feuille
- comparez-les avec celles données en exemple.

Une démarche guidée vous est ensuite proposée pour d'autres types d'exercices accompagnant les mêmes documents sonores–et quelques autres–afin de mettre en pratique les conseils que vous aurez lus pour chaque type de question.

#### Questions à choix multiple

- Pour chaque phrase donnée, vous aurez **trois options** possibles qui transmettront des **informations similaires**. Il n'y a qu'**une** réponse correcte et deux des options sont des phrases incorrectes.

**Multiple-choice questions**

**Before listening:**

- If the instructions or questions indicate that you will hear several people, divide the space for your notes between those different people and write down their initials.

**Example:**

| Journalist | B | J |

- Beware of distractors: examine the options very carefully, watching out for small words which can change the overall meaning of the statement.

**During the first pause:**

- If you are completely certain that some options are not correct, put a cross next to them.

**After listening:**

- Compare the French words in your notes with the questions: are there any synonyms or antonyms?

- Which sentence contains **all and only** the correct information? Beware of sentences that are only partially true (distractors).

- Do your chosen answers make sense?

- Is there a consistency and logic in the process you used to choose your answers?

**Document sonore 1 : Texte A : Niveau moyen**

- Écoutez le passage audio 1 que vous trouverez ici : www.oxfordsecondary.com/ib-prepared-support

- Choisissez la réponse correcte pour compléter les cinq phrases.

- Comparez vos réponses avec celles de l'élève ci-dessous.

- Regardez les commentaires de l'examinateur.

- Vous trouverez un barème et une transcription du document sonore sur le même site : www.oxfordsecondary.com/ib-prepared-support

SAMPLE PAPER

**Texte A : Niveau moyen**

Vous allez entendre une conversation entre un frère et sa sœur Émilie, au sujet d'Ariane, la meilleure amie d'Émilie.

Cochez la réponse correcte.

1. Émilie s'est querellée avec Ariane parce qu'Ariane …
   A. se cache et ne veut plus la voir.
   B. ne lui a pas parlé de son nouveau copain.
   C. est la meilleure amie de Charlotte.

2. La réaction d'Ariane peut s'expliquer car Émilie …
   A. ne lui parle pas toujours de ses amoureux.
   B. peut être terrifiante.
   C. n'aime pas Ludovic.

3. Le frère pense qu'Émilie et Ariane …
   A. se réconfortent toujours quand c'est nécessaire.
   B. voient les choses différemment.
   C. ne rient pas des mêmes choses.

4. Pour Émilie, être amies signifie …
   A. garder les secrets de l'autre.
   B. ne pas porter de jugement sur l'autre.
   C. tout faire ensemble.

5. Comme solution, le frère d'Émilie suggère …
   A. d'éviter les conflits avec Ariane à l'avenir.
   B. de téléphoner à Ariane.
   C. un dialogue face à face avec Ariane.

| Réponse correcte | Réponse de l'élève | Commentaires de l'examinateur |
|---|---|---|
| 1. B | B | L'option A contient un mot pouvant induire en erreur (« cache ») car il pourrait être associé avec « cachotteries » et « caché » dans le passage audio : « elle me fait des cachotteries », « Elle m'a caché qu'elle … ».<br><br>C'est une option incorrecte tout comme l'option C dans laquelle le mot-piège est « Charlotte », présent dans la question et dans le passage audio : « C'est une autre amie, Charlotte, qui m'a tout dit !!! » Faites attention à ne pas juste vous raccrocher à des mots isolés, prêtez attention au reste de la phrase dans laquelle ils se trouvent.<br><br>L'élève a identifié la raison correcte, associant les mots clés dans la question (« ne lui **a pas parlé** de son **nouveau copain** ») avec ceux entendus dans le passage audio : « **Elle m'a caché** qu'elle avait un **nouveau petit copain**, Ludovic ». |
| 2. C | C | Les trois options proposent toutes les trois une raison valable pour expliquer la réaction d'Ariane. Cependant, l'option A est incorrecte puisqu'elle suggère le contraire du passage audio : « Moi, je lui ai toujours dit **quand** j'étais amoureuse et **de qui** » (opposition de « toujours » dans le passage audio et de « **pas** toujours » dans la phrase proposée).<br><br>L'option B est également incorrecte, même si le mot « terrifiante » peut être associé au commentaire du frère dans le passage audio : « … elle avait **peur** de ta réaction ».<br><br>L'option C est la seule possible puisqu'elle est synonyme de ce qui est dit deux fois dans le passage audio : « … tu n'es **pas fan de Ludovic** ? … C'est vrai, **je ne l'apprécie pas** particulièrement ». |
| 3. A | C | L'élève a rapproché deux verbes ayant le même sens (« rient » dans l'option C et « rigoler » dans l'audio) mais n'a pas fait attention à la négation dans l'option C (« **ne rient pas** des mêmes choses ») qui contredit le passage audio : « Vous rigolez bien ensemble, non ? » Le « non » à la fin de la question ne rend pas son verbe négatif.<br><br>Bien que l'option B soit possible en théorie, elle est en réalité incorrecte puisque le passage audio indique clairement qu'Émilie et Ariane ont « plein de choses en commun ».<br><br>La phrase clé du passage audio est « vous savez vous remonter le moral » qui transmet le même message que l'option A. |
| 4. B | C | Les options A et C proposent des phrases-pièges car elles comportent des mots entendus dans le passage audio :<br><br>**Question** / **Passage audio**<br>**A.** garder les **secrets** de l'autre. / … jamais eu de **secrets** entre nous<br>**C.** tout faire ensemble. / pas forcément tout faire ensemble<br><br>Cependant, la différence de sens entre l'option A et le passage audio est subtile : garder les secrets d'une amie n'est pas la même chose que n'avoir aucun secret pour elle. Quant à l'option C, bien que les mots soient identiques dans l'option et le passage audio, ils sont précédés d'une négation dans le passage audio (« **pas forcément** »).. Or l'option C est affirmative : être amies, c'est tout faire ensemble. Les deux phrases s'opposent. |
| 5. C | B | L'option A est une réponse-piège car elle est plausible et contient un mot identique à un mot entendu (« pour résoudre ce conflit » dans le passage audio et « d'éviter les conflits avec Ariane à l'avenir » dans l'option).<br><br>L'élève a néanmoins choisi l'option B, ayant repéré « Quoi, prendre mon téléphone portable » dans le passage audio et l'ayant associé avec le verbe « téléphoner » de l'option B, sans prêter attention au reste de la question : « pour lui envoyer un petit texto », confirmé par les derniers mots « en tête à tête » qui correspondent au « face à face » de l'option C.<br><br>L'option C reste donc la seule correcte car elle répète fidèlement une phrase dans le passage audio : « … pour qu'on se voie et qu'on parle en tête à tête ? … Exactement. » |

## >> Assessment tip

**True statements**

**Before listening:**

- Think about your prior knowledge: do you know anything about this topic? It could potentially help you with some of the sentences.

- Statements tend to go in pairs. Do some of them provide similar or contradictory information? If so, make a mental note that only one of the two will be possible.

**While listening:**

- Write down as many key words as possible.

- Spot any wording that is similar, but also the differences between the sentences you heard and those in front of you.

- For each pair, try to identify which of the two statements is correct during the first listening (put a dot next to it, for example) and check your answer during the second listening.

**After listening:**

- Compare the key words in your notes with the words in the questions: are there any that mean the same?

- Although these statements only refer to part of the audio, consider whether listening to the whole audio gives you a better overall understanding. Does this help you with deciding which statements are true?

## Affirmations vraies

Dans cet exercice, on vous demandera d'identifier cinq phrases vraies dans une liste de dix. Certaines phrases reprendront des mots du texte mais exprimeront un sens légèrement différent ; d'autres exprimeront un message opposé ; d'autres paraîtront très similaires mais un ou deux détails les différencieront. Assurez-vous de lire bien attentivement afin d'identifier ces différences. Les phrases proposées suivent l'ordre du texte.

### Document sonore 2 : Texte B : Niveau moyen

- Écoutez la première partie du passage audio 2 que vous trouverez ici : www.oxfordsecondary.com/ib-prepared-support

- Choisissez les cinq affirmations vraies.

- Comparez vos réponses avec celles ci-dessous.

- Regardez les commentaires de l'examinateur.

- Vous trouverez un barème et une transcription du document sonore sur le même site : www.oxfordsecondary.com/ib-prepared-support

SAMPLE PAPER

Vous allez entendre le podcast de Sonia qui parle de son passe-temps préféré, le jeu d'échecs.

6. Choisissez les **cinq** affirmations vraies.

   A. Sonia adore regarder les matchs d'échecs à la télé. ☐

   B. D'après sa sœur, Sonia est accro aux échecs. ☐

   C. Il faut être très intelligent pour jouer aux échecs. ☐

   D. Tout le monde peut jouer aux échecs. ☐

   E. Sonia a beaucoup de mémoire. ☐

   F. Sonia aimerait jouer comme une professionnelle.

   G. Sonia aime les échecs parce qu'elle aime réfléchir.

   H. Sonia joue régulièrement avec d'autres joueurs d'échecs.

   I. Sonia ne joue jamais aux échecs avec sa sœur Élodie.

   J. Sa sœur Élodie préfère se dépenser physiquement.

| Réponse correcte | Réponse de l'élève | Commentaires de l'examinateur |
|---|---|---|
| B | B | Les phrases A et B vont de pair car elles font toutes deux référence à la relation entre Sonia et les échecs. La phrase A pourrait être connectée avec l'audio grâce au mot « télé », à rapprocher de « la série télévisée ». Cependant, juste après, on entend deux indices prouvant que la phrase B est correcte : « j'espère que je ne suis pas aussi **obsédée** que l'héroïne » et « je ne **pouvais plus vivre sans mon échiquier** ». |
| D | C | L'élève a rapproché l'adjectif de l'option C (« Il faut être **très intelligent** pour jouer aux échecs ») avec la phrase qui se termine par « … être **un génie** pour y jouer ». En se concentrant sur le mot « génie » et non les mots qui l'entourent, l'élève a sélectionné la mauvaise option. Le mot « génie » est en effet précédé d'une négation (« **pas besoin** d'être un **génie** pour y jouer »), ce qui donne à la phrase complète le même sens que la phrase D : « **Tout le monde peut jouer** aux échecs. » |
| G | G | L'élève ne s'est pas laissé distraire par le mot « professionnelle » dans l'option F, bien qu'il apparaisse dans le passage audio, et a sélectionné la phrase correcte après avoir repéré l'information nécessaire : « Moi, ce que j'aime avec les échecs, c'est que ça fait **travailler mes petites neurones**. J'ai **besoin de réfléchir**, de résoudre des problèmes quand je joue. » |
| H | I | Les phrases H et I vont de pair puisqu'elles indiquent toutes deux les habitudes de jeu de Sonia. Comparez la phrase I avec le passage audio : <br><br> Phrase I : Sonia **ne joue jamais** aux échecs **avec** sa sœur **Élodie**. <br><br> Passage audio : « **Élodie** qui elle, **veut bien faire une partie avec moi** ». <br><br> La phrase clé appuyant la phrase H est la suivante : « je fais maintenant partie d'un club ». Cette option est confirmée une fois tout le monologue écouté puisque Sonia répète cette information à la fin : « dans un club comme moi ». |
| J | J | L'élève a identifié le passage faisant allusion à ce qu'Élodie aime faire : « Elle, **son truc** c'est plutôt ce qu'elle appelle le 'vrai' **sport**. Elle fait de la **gymnastique**. » L'idée de se dépenser physiquement a bien été associée avec le sport pratiqué par Élodie. |

### Short answers

You do not have to write full sentences. What matters is that your answer is clear and to the point and conveys the correct message. Your response must be in French and can therefore use words that you have heard in the audio. Your spelling does not matter, as long as what you have written is understandable by a native speaker and there is no confusion as to what you mean. Your handwriting must be legible.

### Before listening:

- Read the questions and underline the key words.
- What are the topics and ideas suggested by the questions? Activate your prior knowledge of them.

### During the first pause:

- Review your notes and refer to the questions to assess how much more information you need and what you still need to check.
- Circle the questions for which you do not have enough information so that you can concentrate on those during the second listening.

### During the second pause:

- Write down your answers.
- Read each question and answer again. Did you understand the question correctly? Have you answered it adequately? Does your response make sense? Do all your responses make sense **together**?

## Répondez aux questions

Pour ce type d'exercice, il convient de lire attentivement les questions et de souligner les mots clés ainsi que de prendre le plus grand nombre de notes possible.

Vos réponses doivent être précises et concises et peuvent utiliser des mots que vous avez entendus dans le passage audio. Vous pouvez aussi formuler votre réponse avec vos propres mots.

À la fin de l'exercice, il est important de vous assurer que chacune de vos réponses a du sens par rapport à la question. Dans le cas où la question exige deux réponses, deux points sont alloués, un pour chaque réponse. Écrivez chacune sur une ligne différente.

Voici un tableau pour vous aider à vérifier que vous n'avez pas répondu **à côté de** la question :

| La question commence par … | Votre réponse propose … |
| --- | --- |
| pourquoi | une raison |
| comment | un moyen/une manière (par …/avec …, en + verbe qui finit par '-ant') |
| où | un endroit |
| quand | une date/une heure/un moment/un mois/une année/une saison |
| qui | une personne |
| qu'est-ce que/que | un objet/une action/un fait/une idée/une opinion |
| combien | un nombre/une quantité |

### Document sonore 2 : Texte B : Niveau moyen

- Écoutez la deuxième partie du passage audio 2 que vous trouverez ici : www.oxfordsecondary.com/ib-prepared-support

- Répondez aux cinq questions en français.
- Comparez vos réponses avec celles ci-dessous.
- Regardez les commentaires de l'examinateur.
- Vous trouverez un barème et une transcription du document sonore sur le même site : www.oxfordsecondary.com/ib-prepared-support

**Répondez aux questions suivantes.**

7. Citez une qualité qui peut servir pour jouer aux échecs d'après Sonia.

.................................................................

8. Selon Sonia, en quoi les échecs ressemblent-ils à la gymnastique ?

.................................................................

9. Comment définit-on le joueur d'échecs d'après Sonia ?

.................................................................

**10.** Nommez un avantage des échecs par rapport aux jeux électroniques.

...........................................................................................................

**11.** Quelle est la dernière raison invoquée par Sonia pour inciter ses auditeurs à jouer aux échecs ?

...........................................................................................................

| Réponse correcte | Réponse de l'élève | Commentaires de l'examinateur |
|---|---|---|
| 7. la mémoire OU la concentration OU le calcul | la mémoire | La question ne requiert d'identifier **qu'une seule** qualité. L'élève aurait pu en rajouter d'autres pour s'assurer d'avoir au moins une réponse juste mais il est déconseillé de fournir plus d'information que ce qui est demandé, à moins d'être absolument certain de ses réponses. En effet, ajouter des réponses potentiellement fausses pourrait annuler votre réponse juste. |
| 8. parce que pour les deux il faut avoir confiance en soi OU savoir se maîtriser (deux ressemblances sont mentionnées mais une seule suffit puisque la question est à un point) | parce que les deux musclent le cerveau | Bien que l'élève ait bien compris qu'une **raison** était requise dans sa réponse (d'où le « parce que » qui commence sa réponse), il/elle n'a pas lu la question d'assez près. Le passage qui fait une comparaison entre la gymnastique et les échecs a été repéré mais pas **la caractéristique commune** aux deux disciplines. L'élève a bien noté une première caractéristique des échecs (« c'est un sport qui muscle le cerveau ») mais ce sont les caractéristiques qui suivent qui montrent réellement en quoi les deux disciplines **se ressemblent** : « c'est comme pour sa gymnastique, il faut avoir une confiance en soi redoutable et savoir se maîtriser ». En se servant de son bon sens, l'élève aurait pu conclure que sa réponse était discutable car la gymnastique ne muscle que le corps, pas le cerveau. |
| 9. il est solitaire | il est solitaire | L'élève a bien analysé la question et compris qu'il lui fallait sans doute trouver un **adjectif** pour définir le joueur d'échecs. L'adjectif « solitaire » (proche de l'adjectif anglais *solitary*) a été repéré et simplement copié. Il est inutile d'écrire une longue définition ou description du joueur d'échecs puisque l'adjectif utilisé résume à lui seul ce qui caractérise le joueur. |
| 10. ce n'est pas cher OU on n'a pas besoin de mise à jour | on peut rencontrer des tas de gens différents | Comme dans la question 7, il suffit d'identifier **un avantage seulement**. Les deux avantages avancés par Sonia n'ont pas été repérés et la réponse fournie n'est pas vraiment satisfaisante car on ne rencontre généralement personne en jouant à des jeux électroniques, sauf peut-être lorsqu'on joue en ligne, une option qui n'est pas mentionnée par Sonia. Ça ne peut donc pas être un avantage par rapport aux jeux électroniques. Après avoir répondu à la dernière question, l'élève aurait dû se douter que cette réponse était sans doute incorrecte. |
| 11. on peut rencontrer des tas de gens différents | on peut rencontrer des tas de gens différents | Cette question a été interprétée correctement et l'élève a bien saisi qu'il lui fallait identifier une raison qui pousserait à jouer aux échecs. La phrase clé a été repérée et simplement citée telle quelle. Rappelez-vous qu'il est inutile de paraphraser le passage audio et que vous pouvez utiliser les mots et phrases clés tels que vous les avez entendus. |

## Complétez les phrases

Ce type de question teste votre compréhension orale et non vos connaissances grammaticales. Les fautes d'orthographe et de construction grammaticale ne seront donc pas pénalisées, sauf si elles rendent la phrase incompréhensible, changent le sens de la réponse ou conduisent à une ambigüité. Le texte à compléter pourra se présenter sous forme de résumé ou d'une autre forme de texte comme une présentation, un journal intime, une brochure, etc.

### Document sonore 3 : Texte C : Niveau moyen

- Écoutez la première partie du passage audio 3 que vous trouverez ici : www.oxfordsecondary.com/ib-prepared-support

- Complétez les phrases.

- Comparez vos réponses avec celles ci-dessous.

- Regardez les commentaires de l'examinateur.

- Vous trouverez un barème et une transcription du document sonore sur le même site : www.oxfordsecondary.com/ib-prepared-support

**SAMPLE PAPER**

Vous allez entendre un reportage sur des participants au CES, le Salon mondial de la technologie.

Complétez les phrases suivantes avec un maximum de trois mots par phrase.

12. Outre les participants au Salon, de nombreux [–12–] viennent au CES.

    .........................................................................................

13. Ce qu'offre la start-up de Yasmine correspond mieux [–13–] que la plupart des produits du même genre.

    .........................................................................................

14. Le produit de Yasmine est basé sur [–14–].

    .........................................................................................

15. Les discussions de Yasmine au Salon pourraient conduire à [–15–].

    .........................................................................................

16. La start-up de Yasmine va probablement bénéficier d'[–16–] du gouvernement.

    .........................................................................................

| Réponse correcte | Réponse de l'élève | Commentaires de l'examinateur |
|---|---|---|
| 12. investisseurs et journalistes | investisseurs | L'adjectif et le verbe qui entourent le blanc [–12–] sont au pluriel et nécessitent donc un nom pluriel. L'élève a bien réfléchi au **type de mot** devant pour compléter le blanc et proposé un nom pluriel mais n'a repéré qu'un seul des deux noms pluriels mentionnés, ce qui donne une réponse incomplète. |
| 13. aux réalités africaines | des solutions européennes | Cette partie du passage audio n'a pas été bien comprise et l'élève n'a pas noté les mots clés situés **avant** ni remarqué la **négation** qui précède le groupe verbal « des solutions européennes » : « Nous proposons des solutions numériques mais **des solutions numériques qui répondent aux réalités africaines**, **pas** des solutions européennes. » De plus, cette réponse est incorrecte grammaticalement puisque le verbe « correspond » utilisé dans la phrase donnée exige d'être suivi de la préposition 'à' (pouvant se transformer en 'aux' si le nom qui suit est pluriel, comme c'est le cas ici). |
| 14. l'intelligence artificielle | l'intelligence artificielle | L'élève a bien examiné le mot qui précède le blanc (« sur »), une préposition qui nécessite donc d'être suivie d'un nom ou d'un nom et de son adjectif, comme c'est le cas ici. Le point qui suit le blanc est aussi une indication que la phrase est finie et qu'une fois complétée, doit être composée de ses trois parties de base : sujet, verbe, complément. |
| 15. des résultats concrets | des résultats concrets | On peut tirer les mêmes déductions que pour la question 14, puisque le verbe de la phrase n'a pas de complément et que le blanc est précédé d'une préposition (« à »). |
| 16. un financement | une aide | L'élève a bien identifié les **synonymes** dans le passage audio et la phrase donnée : |
| | | **16.** *La start-up* de Yasmine va probablement **bénéficier** d'[–16–] du **gouvernement**. |
| | | Passage audio : « un des **représentants du gouvernement sénégalais** est venu nous rendre visite ce matin et nous a annoncé que notre start-up allait **recevoir** un financement de l'**État** pour *notre application* ». |
| | | L'élève a proposé une réponse grammaticalement correcte mais qui n'est que partiellement juste car trop vague. Le mot clé n'a pas été saisi : « … allait recevoir **un financement** de l'État pour notre application ». |

## Qui dit quoi ?

Ce type de question requiert d'associer ce que différentes personnes ont exprimé dans le passage audio avec les phrases qui vous sont données. Il est important de prêter attention au son de chaque voix pour bien les associer avec chaque personne. Parfois, les deux interlocuteurs exprimeront la même chose ; vous aurez donc l'option de cocher « les deux ». Les phrases données suivront l'ordre du texte.

**Regardez cet exemple :**

**Camille :** C'est vrai que quand j'étais petite et que mes parents me traînaient au musée, je trouvais que c'était plus une corvée qu'un plaisir mais là, en allant au musée Garneau, j'ai changé d'avis.

**Hugo :** Je te comprends pas, j'ai vécu ça moi aussi, les dimanches au musée … Quelle horreur ! Et ça me prend toujours la tête, c'est pas mon genre. C'est toujours plein de vieux trucs pas intéressants. Il faudrait qu'ils se modernisent et se mettent à la page pour qu'on se sente plus concerné.

### RÉPONSE D'ÉLÈVE

|  | Camille | Hugo | les deux |
|---|---|---|---|
| **1.** Tous les musées sont ennuyeux. |  |  | ✓ |

### Analyse de la réponse

L'élève a bien compris qu'Hugo trouvait les musées ennuyeux (« les dimanches au musée … Quelle horreur! Et ça me prend toujours la tête, c'est pas mon genre ») mais est tombé(e) dans le 'piège' : la phrase de Camille indiquant qu'elle trouvait les musées ennuyeux (« c'était plus une corvée qu'un plaisir »). Or Camille ne trouve plus les musées ennuyeux, ou du moins tous les musées, au contraire, elle a aimé sa visite au musée Garneau.

## ≫ Assessment tip

**Who says what?**

**Before listening:**

- Underline the key words in the sentences that you have been given.

- In the box provided for your notes, divide the space between the people you are going to listen to, labelling it with their initials:

| Notes: | C | H |
|---|---|---|

**During the first pause:**

- Compare your notes with the given sentences and find similarities.

- Identify each correct response by writing the initial of the person next to the statement.

**During the second pause:**

- Check your answers.

- The statements you have been given must **correspond exactly in meaning** to what the person said.

- Finalize your answers, ticking **one box only for each statement**.

- You should have ticked each person at least once. If you have not, you may have made a mistake somewhere. Check your notes and give it more thought.

- In the case of a dialogue, it is unlikely that one of the two people would only be ticked once, but it is possible.

- Just before your time is up, tick any box if you are still hesitating. It is better to have a guess than to leave a box blank.

**Document sonore 3 : Texte C : Niveau moyen**

- Écoutez la deuxième partie du passage audio 3 que vous trouverez ici : www.oxfordsecondary.com/ib-prepared-support
- Lisez les phrases proposées et décidez qui dit quoi.
- Comparez vos réponses avec celles ci-dessous.
- Regardez les commentaires de l'examinateur.
- Vous trouverez un barème et une transcription du document sonore sur le même site : www.oxfordsecondary.com/ib-prepared-support

`SAMPLE PAPER`

Pour chaque affirmation, cochez **une** option. **Qui dit quoi ?**

|  | Saïda | Cyrille | les deux |
|---|---|---|---|
| **17.** Venir au Salon coûte cher. |  |  |  |
| **18.** Ça vaut le coup de venir. |  |  |  |
| **19.** Las Vegas offre des options intéressantes sur le plan personnel. |  |  |  |
| **20.** Le Salon permet de faciliter les échanges. |  |  |  |
| **21.** Le Salon est l'occasion de voir si un produit va marcher. |  |  |  |

> **▶ Réfléchissez**
>
> Est-ce que vous avez bien compris … ?
> - comment se présentait chaque type de question
> - comment aborder chaque type de question
> - les pièges à éviter

| Réponse correcte | Réponse de l'élève | Commentaires de l'examinateur |
|---|---|---|
| **17.** Saïda | Saïda | L'élève a compris le sens général de la première intervention de Saïda et repéré des mots clés à rapprocher de la phrase donnée : **17.** Venir au Salon **coûte cher.** Passage audio : « Un stand au Salon est **un gros investissement** », « on a un **coût assez élevé** », « on **doit payer** », « les **frais** de déplacement et d'hébergement », « on a eu **des coûts** ». |
| **18.** Cyrille | Saïda | L'élève a repéré des synonymes dans la phrase donnée (« Ça vaut le coup ») et le passage audio (« gagner », « rentable ») mais a mal interprété ce que disait Saïda. L'élève n'a pas bien saisi l'intonation (une interrogation) ni la dernière expression de Saïda qui introduit un doute (« On se demande toujours »). L'expression de Cyrille n'a pas été rapprochée de l'expression utilisée dans la phrase donnée : « Nous, on trouve que **ça vaut vraiment la peine**. C'est intéressant financièrement. » |
| **19.** Cyrille | Cyrille | L'élève a bien identifié la phrase de Cyrille se rapportant à ce que sa venue au Salon lui apporte à lui, personnellement : « pour moi, venir à Las Vegas c'est presqu'un voyage d'agrément : trop cool comme destination ! » |
| **20.** les deux | Cyrille | Le commentaire de Cyrille a bien été **associé** avec la phrase donnée : **20.** Le Salon permet de **faciliter** les **échanges.** Passage audio : « on **rencontre du monde**, ça donne des **opportunités de collaboration**. » L'intervention de Saïda exprimant la même idée juste avant n'a pas été identifiée : « c'est le moyen le plus rapide **d'établir des partenariats**. » |
| **21.** Cyrille | Cyrille | La phrase clé a été repérée et les synonymes identifiés : **21.** Le Salon est **l'occasion** de **voir si un produit va marcher.** Passage audio: « c'est une **bonne façon** de **tester le marché** ». |

## Démarche guidée

Dans cette section, nous vous proposons une démarche guidée vous permettant de mettre en pratique les conseils suggérés pour chaque type de question. Même si vous travaillez au niveau moyen, vous pouvez vous entraîner avec des passages audio du niveau supérieur car la démarche est la même et les pistes suggérées vous aideront à mieux comprendre les passages. Mettez-vous en condition d'examen ou bien travaillez à votre rythme, et pour chaque document sonore :

* lisez les questions ci-dessous ainsi que les pistes suggérées
* écoutez le passage audio une première fois et donnez-vous deux minutes pour appliquer les conseils donnés plus haut si vous avez décidé de travailler en conditions d'examen, ou plus si vous travaillez à votre rythme
* écoutez le passage une deuxième fois, puis donnez-vous deux minutes pour finaliser vos réponses, ou plus si vous souhaitez travailler à votre rythme
* vérifiez les réponses correctes et les transcriptions sur le site suivant: www.oxfordsecondary.com/ib-prepared-support

**Document sonore 3 : Texte A : Niveau supérieur : Choix multiple**

SAMPLE PAPER

Vous allez entendre un reportage sur des participants au CES, le Salon mondial de la technologie.

Choisissez la bonne réponse.

1. L'application de Yasmine …

    **A.** s'adresse aux compagnies européennes.

    **B.** donne accès à des produits pour l'agriculture. ☐

    **C.** identifie la maladie d'une plante et conseille un traitement.

2. Yasmine est contente car …

    **A.** les Français veulent acheter sa start-up.

    **B.** elle va bientôt travailler en équipe. ☐

    **C.** sa start-up va bénéficier d'une aide financière du gouvernement sénégalais.

3. Pour Saïda, venir au Salon …

    **A.** coûte trop cher.

    **B.** pose des problèmes de transport. ☐

    **C.** est intéressant financièrement.

**4.** Pour Cyrille, le Salon permet …

   **A.** de voyager.

   **B.** de proposer des ateliers de collaboration. ☐

   **C.** d'évaluer l'intérêt que les clients potentiels pourraient porter à son produit.

**5.** Le prototype de Cyrille …

   **A.** résulte d'une collaboration.

   **B.** avait déjà été reçu favorablement avant d'être présenté au CES. ☐

   **C.** a été conçu pour les cyclistes professionnels.

### Avant l'écoute :

- Lisez les instructions et questions ; examinez l'image :
  - Quel est le contexte ? (Où est-ce que ça se passe ?) Est-ce que la photo vous aide à vous situer ?
  - Quel sujet va être abordé ?
  - Quelle sorte de vocabulaire va être utilisé ?
  - Qui va parler ?
- Les questions indiquent que vous allez entendre plusieurs personnes parler. Divisez la section dédiée à vos notes afin d'avoir une section pour chaque interlocuteur :

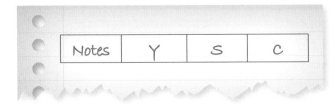

- Soulignez les mots clés. Par exemple :

**1.** L'application de Yasmine …

   **A.** s'adresse aux compagnies européennes.

   **B.** donne accès à des produits pour l'agriculture.

   **C.** identifie la maladie d'une plante et conseille un traitement.

Quelles sont les différences entre les trois options ?

A : **pour qui** est l'application.

B : **ce qu'est** l'application.

C : **le but** de l'application.

### Pendant l'écoute :

- Notez les mots clés **en français.** Oubliez les accents et même l'orthographe qui peut être phonétique à ce stade.

  **Exemple :**

  **Y :** solutions numériques, africaines, Sénégal, Cameroun, diagnostic, conseil, photo plante, maladie, causes, traitement

### Après l'écoute :

- Comparez vos notes avec les questions. Quelles notes ou quels mots ont le même sens que les phrases données ?

  **Y : conseil**, photo **plante**, **maladie**

  **C. identifie la maladie** d'une **plante** et **conseille** un traitement

- Est-ce que les phrases que vous avez choisies contiennent uniquement l'information du texte et l'information dans son intégralité ?
- Lisez chacune des options que vous avez choisies : est-ce qu'elles forment un tout cohérent et logique ?
- Est-ce que vous avez clairement écrit la lettre indiquant votre choix dans la case ?

**Document sonore 4 : Texte B : Niveau supérieur : Affirmations vraies et Qui dit quoi ?**

SAMPLE PAPER

Vous écoutez une Table Ronde à la radio au cours de laquelle Bixente et Josette parlent de la question de l'identité chez les Basques.

Nouvelle Aquitaine

Pyrénées Atlantiques

Pays Basque

6. Choisissez les **cinq** affirmations vraies.

   A. Les Basques ne sont pas des citoyens français. ☐

   B. Le paradoxe des Basques, c'est qu'ils habitent en France mais se sentent plus basques que français. ☐

   C. Les Basques expriment leur identité à travers leur langue seulement. ☐

   D. La culture est un des éléments contribuant à l'identité basque. ☐

   E. Les Basques ont le sentiment de faire partie d'une même communauté. ☐

   F. Bixente étudie les coutumes basques à l'université.

   G. Pour faire du bertsularisme, il faut connaître la langue basque.

   H. Les amateurs de bertsularisme écrivent des poèmes.

   I. Quand on pratique le bertsularisme, on ne prépare pas son texte à l'avance.

   J. Les amateurs de bertsularisme s'entraînent sur leur texte avant de paraître devant leur public.

**Avant l'écoute :**

- Regardez bien l'image : quelles indications vous donne-t-elle ? Par exemple sur l'endroit dont il va être question ? Pourquoi une partie de la carte a-t-elle été encadrée ? Quel rapport cela a-t-il avec les instructions ?

- Lisez bien les instructions et réfléchissez :
  - Combien de personnes vont parler ?
  - Est-ce que vous devez vous attendre à un vocabulaire formel ou familier ? À des accents régionaux ?
  - Quel pourrait être le but du texte ?
- Quels sont les mots clés dans chaque phrase ?

  **Exemple : G.** Pour faire du <u>bertsularisme</u>, il faut connaître la <u>langue basque</u>.

- Lisez attentivement les phrases données : quelles sont les paires ? Quelles sont les différences de sens entre elles ?

  **Exemple :** Qu'est-ce que les phrases A et B ont en commun ? Ou encore dans les phrases C et D, quels sont les mots qui donnent une signification plus restrictive à l'option C ?

### Pendant l'écoute :

- Notez les mots clés **en français**.
- Ne cochez rien tout en écoutant mais soulignez des mots, mettez des points d'interrogation, des croix pour indiquer qu'un mot ou une phrase n'est pas juste.

### Après l'écoute :

- Certains des mots que vous avez notés ont-ils le même sens que certains des mots dans les phrases données ? Certaines de vos notes évoquent-elles des idées exprimées dans les phrases données ?

  **Exemple : E.** Les Basques ont le **sentiment** de faire **partie** d'une **même communauté**.

  Notes : **sentiment d'appartenance**, **même collectivité**.

- Est-ce que vous pouvez éliminer certaines des options car elles ne reflètent pas **exactement** ce qui est dit dans le passage audio ?

  Notes : **littérature orale**, improvisation **chantée en basque**

- Lisez chacune des options que vous avez choisies : est-ce qu'elles forment un tout cohérent et logique ?

Pour chaque affirmation, cochez **une** option. **Qui dit quoi ?**

|  | Bixente | Josette | les deux |
|---|---|---|---|
| **7.** Chez moi, le bertsularisme est une tradition familiale. |  |  |  |
| **8.** Je n'ai pas grandi au Pays Basque. |  |  |  |
| **9.** J'ai le sentiment d'être basque, même si je ne parle pas la langue. |  |  |  |
| **10.** Coutumes et identité vont de pair. |  |  |  |
| **11.** Une même culture cimente une communauté. |  |  |  |

### Avant l'écoute :

- Les questions indiquent que vous allez entendre deux personnes parler. Divisez la section dédiée à vos notes afin d'avoir une section pour chaque interlocuteur :

- Soulignez les mots clés.

  **Exemple : 7.** Chez moi, le <u>bertsularisme</u> est une <u>tradition familiale</u>.

### Pendant l'écoute :

- Notez les mots clés **en français.** Oubliez les accents et même l'orthographe qui peut être phonétique à ce stade.

  **Exemple : 10.** <u>coutumes</u> et <u>identité</u> vont de <u>pair</u>

  Notes : traditions = identité, filles identité + culture locale

- Ne vous laissez pas distraire par des mots isolés que vous entendez et qui sont aussi dans une des phrases.

  **Exemple : 8.** Je n'ai pas **grandi** au Pays Basque.

  Passage audio : « J'ai **grandi** avec ça » (Bixente) ; « Nos filles ont **grandi** ici » (Josette)

**Après l'écoute :**

- Comparez vos notes avec les questions. Quelles notes ou quels mots ont le même sens que les phrases données ?

- Quelles sont les phrases sur lesquelles vous hésitez et pourquoi ?

- Est-ce que chaque phrase exprime exactement ou uniquement ce qu'a dit un des interlocuteurs ?

  **Exemple : 10.** Coutumes et identité vont de pair.

  Comment Josette et Bixente définissent-ils l'identité basque ? Est-ce qu'ils ont les mêmes critères ?

- Est-ce que vous avez clairement coché **une case** et **uniquement une** pour chaque phrase ?

**Document sonore 5 : Texte C : Niveau supérieur : Complétez les phrases et Répondez aux questions**

SAMPLE PAPER

Vous allez entendre un entretien radiophonique avec Béatrice, une Québécoise racontant une expérience tentée avec sa famille pendant le confinement qui les a obligés à rester chez eux pendant une longue période.

Remplissez les blancs suivants avec **trois mots maximum** pour chaque réponse.

> Pendant le confinement, Béatrice et sa famille ont décidé de [–12–]. Mais n'ayant [–13–], le projet était en théorie difficile à réaliser. Alors, ils ont pensé à tenter l'expérience [–14–]. Comme beaucoup de gens ont entrepris la même chose, cela a engendré une multiplication des [–15–], ce qui a créé des problèmes de livraison. Béatrice pour sa part a eu [–16–] sur ce plan-là.

**12.** [–12–]  ................................................

**13.** [–13–]  ................................................

**14.** [–14–]  ................................................

**15.** [–15–]  ................................................

**16.** [–16–]  ................................................

**Avant l'écoute :**

- Lisez attentivement les instructions et étudiez la photo. Faites jouer votre compréhension conceptuelle :
  - Quel est le contexte ?
  - Qui va parler ?
  - Est-ce qu'on doit s'attendre à un accent régional ou à des expressions idiomatiques propres à un pays francophone spécifique ?
- Vous devez remplir chaque blanc avec **trois mots maximum**.
- Identifiez le type de mot(s) qui va aller dans chaque blanc. Examinez bien **le mot juste avant et juste après le blanc** pour vous aider à déterminer le type de mot requis. Est-ce qu'il vous faut repérer un nom, un adjectif, un verbe, etc. ?

  **Exemple :** Pendant le confinement, Béatrice et sa famille ont décidé de [–12–]. Mais n'ayant [–13–], …

  [–12–] : Que peut-on attendre après le verbe 'décider de' ? Un nom ? Un infinitif ?

[–13–] : Remarquez la négation devant le participe présent qui précède le blanc ainsi que la virgule qui marque la fin de ce bout de phrase : quels sont les deux types de mots nécessaires dans ce blanc ? Sans doute une deuxième partie de négation suivie d'un nom qui sera complément du verbe juste avant (« ayant »).

**Pendant l'écoute :**

- Notez les mots clés.
- Raccrochez-vous aux mots français qui ressemblent à des mots anglais. Si vous n'êtes pas sûr(e) de l'orthographe française, vous pouvez peut-être la deviner en partant du mot anglais.

  **Exemple :** « laitue » ressemble à *lettuce*. Francisez le mot anglais si vous ne savez pas écrire « laitue » et que vous devez l'écrire dans votre réponse.

**Après l'écoute :**

- Est-ce que vous avez utilisé les mots clés entendus et notés durant l'écoute ?
- Relisez les phrases complètes : est-ce qu'elles ont du sens et est-ce qu'elles sont correctes sur le plan grammatical ?

---

SAMPLE PAPER

Répondez aux questions suivantes.

**17.** Comment le journaliste interprète-t-il l'expérience tentée par Béatrice et nombre de Québécois ?

...........................................................................

**18.** Pourquoi la démarche de Béatrice n'est-elle pas surprenante ?

...........................................................................

**19.** Selon le journaliste, en quoi Béatrice est-elle différente de la plupart des gens ?

...........................................................................

**20.** Nommez une chose que Béatrice veut enseigner à ses enfants.

...........................................................................

**21.** À quelle tradition québécoise est-il fait référence à la fin de l'entretien ?

...........................................................................

**ATL Compétences d'autogestion**

Posez-vous les questions ci-dessous et faites le point sur votre maîtrise des différents types de questions :

- Quelles sont les questions auxquelles vous avez répondu correctement et pour quelle raison ?
- Quelles sont les questions auxquelles vous n'avez pas répondu correctement et pourquoi ?
- Que pourriez-vous faire pour mieux compléter les types de questions que vous trouvez plus difficiles ?

**Avant l'écoute :**

- Soulignez uniquement les mots clés.

- Quel est le but de chaque question ? Est-ce qu'on vous demande une raison ? Un fait ? Une date ? Une explication ?

  **Exemple : 18. Pourquoi** la démarche de Béatrice n'est-elle pas surprenante ?

  Cette question exige une réponse donnant **une raison**. Votre réponse pourrait donc commencer ainsi : 'car …', 'parce que …'

**Pendant l'écoute :**

- Concentrez-vous.

- Notez bien tous les mots clés.

- Ne vous laissez pas démonter par ce que vous ne comprenez pas à la première écoute.

**Après l'écoute :**

- Soyez concis dans vos réponses.

  **Exemple : 20.** Nommez une chose que Béatrice veut enseigner à ses enfants.

  On vous demande d'identifier **une seule information**. Ne perdez pas de temps à écrire plusieurs informations si on ne vous en demande qu'une. N'écrivez pas toute une liste, vous pourriez annuler votre bonne réponse.

- Est-ce que vos réponses sont précises et bien ciblées ?

- Faites jouer votre bon sens. Imaginez que c'est vous qui posez les questions qui vous sont proposées à Béatrice : est-ce que vos réponses ont du sens ?

  **Exemple : 17.** Comment le journaliste interprète-t-il l'expérience tentée par Béatrice et nombre de Québécois ?

  Réponse : Les Québécois veulent manger leurs fruits et légumes.

  En quoi la réponse ci-dessus est-elle incorrecte ? Est-ce que …

  – … la question a été mal comprise ?

  – … le passage audio a été mal compris ?

  – … la grammaire ou l'orthographe est incorrecte et rend la réponse incompréhensible ?

  – … la réponse est trop longue ou trop courte ?

  Écoutez le passage audio et comparez la réponse fausse avec la réponse correcte. (Réponse correcte : une volonté d'autonomie alimentaire)

## Reflections on chapter 5

Think about the following questions:

- What have you established about yourself as a learner when it comes to listening to French?

- What routines and strategies do you need to put into place to become better at understanding spoken French?

- Do you have a good understanding of what is expected from you during the listening comprehension part of the examination?

- Have you made a list of the key techniques to apply for each type of question in the listening component?

# 6 ÉPREUVE 2 – COMPRÉHENSION ÉCRITE

## The aims of the chapter

Reading in a foreign language requires that you understand, analyse and evaluate written information. This component of the examination will test how appropriately you can respond to a range of written texts. It will assess your ability to understand different contexts and audiences, whether interpersonal or intercultural.

In this chapter, you will look at:

✔ the format of the examination

✔ key reading techniques and strategies

✔ the analysis of the different types of questions

✔ a guided practice of the different text types.

## COMMENT RÉUSSIR À L'ÉPREUVE DE COMPRÉHENSION ÉCRITE ?

### Questions à considérer :

- À quoi est-ce que vous devez vous attendre le jour de l'examen ?
- Quelles sont les techniques et stratégies à développer pour améliorer vos compétences de compréhension écrite ?

- Quels sont les différents types d'exercices pour la partie lecture de l'examen et comment devez-vous les aborder ?
- Comment est-ce que vous pouvez répondre aux questions du mieux possible ?

### En quoi consiste l'épreuve 2 (compréhension écrite) ?

#### But et format de l'examen

L'épreuve 2 évalue votre compréhension générale et détaillée de trois textes écrits, ce qui teste :

- votre habileté à décoder du vocabulaire grâce au contexte
- vos capacités à identifier des faits, des idées et des opinions
- votre maîtrise des structures grammaticales
- votre perception de la façon dont la langue peut être utilisée dans un contexte littéraire (niveau supérieur).

Vous devez être capable de comprendre un éventail de textes, styles et registres divers s'adressant à une variété d'audiences.

| Épreuve 2 : Compréhension écrite Compétence réceptive | Niveau moyen | Niveau supérieur |
|---|---|---|
| 1 heure 40 points 25% | 3 textes (A, B, C) + exercices de compréhension | 3 textes (A, B, C, dont un extrait littéraire) + exercices de compréhension |

**À noter :**

Le texte C du niveau moyen est le même que le texte A du niveau supérieur mais les questions sont différentes.

Le jour de l'examen, la compréhension écrite suit la compréhension orale. Vous aurez une heure pour lire trois textes (A, B, C) et compléter les questions.

**Les textes :**

- vous seront présentés dans un livret

- aborderont différents sujets tirés des cinq thèmes au programme (Identités, Expériences, Ingéniosité humaine, Organisation sociale, Partage de la planète)

- prendront des formes variées et utiliseront divers styles et registres

- (au niveau supérieur) seront plus complexes tant sur le plan linguistique que sur le plan de l'interprétation. Le deuxième ou troisième texte sera un extrait littéraire.

**Les questions :**

- seront proposées dans un livret séparé dans lequel vous écrirez aussi vos réponses **en français**

- se présenteront sous diverses formes (voir les différents types de questions analysés plus loin dans le chapitre)

- suivront l'ordre du texte

- indiqueront les parties du texte auxquelles elles se réfèrent.

## Les types de textes

| Type de texte | Personnel | Professionnel | Médias de masse |
|---|---|---|---|
| Article (journal/magazine) | | | ✔ |
| Blog | | ✔ | ✔ |
| Brochure/dépliant/pamphlet/tract | | | ✔ |
| Compte-rendu | | ✔ | |
| Courriel | ✔ | ✔ | |
| Courrier des lecteurs | | | ✔ |
| Critique | | ✔ | ✔ |
| Discours/présentation/débat | ✔ | ✔ | ✔ |
| Dissertation | ✔ | ✔ | |
| Entretien | | | ✔ |
| Guide de voyage/instructions | | ✔ | ✔ |
| Journal intime | ✔ | | |
| Lettre | ✔ | ✔ | |
| Littérature | | | ✔ |
| Page web | | | ✔ |
| Publication en forum de discussion | ✔ | | |

## Techniques et stratégies clés

### Comprendre et maîtriser la lecture

Lorsque nous lisons un texte, qu'il soit dans notre propre langue ou dans une langue étrangère, notre approche est différente selon notre but. Parfois, nous lisons 'en diagonale' pour comprendre le sens général d'un texte, parfois nous 'scannons' à la recherche de détails spécifiques.

- Quand vous faites une **lecture globale**, vous déterminez le sens général d'un texte. Vous pouvez ainsi établir une liste des idées les plus importantes et un résumé du tout.

- Quand vous faites une **lecture sélective**, vous trouvez des détails précis.

- Une **lecture intensive** requiert toute votre attention pour identifier des détails lexicaux et grammaticaux encore plus pointus.

C'est l'ensemble de ces trois méthodes qui vous donne une compréhension complète et élaborée. Vous atteignez une compréhension plus profonde caractérisée par :

- **l'analyse et l'interprétation :** vous avez compris ce qui est impliqué par et suggéré dans le texte ; vous pouvez offrir des explications, clarifications et/ou une optique personnelle

- **l'esprit critique et l'évaluation :** vous avez soupesé les informations du texte et pouvez en tirer des conclusions.

### Comment améliorer vos compétences de lecture ?

#### Lire

Afin d'améliorer vos compétences pour la compréhension écrite, il faut que vous lisiez régulièrement en français et aussi souvent que vous en avez le temps et l'occasion.

- Accordez-vous des plages horaires spécifiques dans votre programme d'étude pour vous concentrer sur cette compétence.

- Si vous avez un téléphone portable, vous pouvez aussi modifier les réglages et changer la langue pour que le téléphone soit en français. Cela vous permettra d'être plus souvent en mode 'français' et votre cerveau s'habituera à fonctionner dans cette langue plus souvent.

- Faites preuve d'initiative et prolongez votre expérience de la lecture au-delà de la salle de classe en suivant les nouvelles françaises en ligne ou en lisant des articles sur des sujets qui vous intéressent. Il existe de nombreux magazines gratuits accessibles sur Internet et d'autres auxquels vous pouvez vous abonner, comme https://www.1jour1actu.com/

- Veillez à limiter la longueur et la complexité des textes que vous avez décidé de lire afin de construire sur vos bases et de renforcer un sentiment de progrès.

- Lisez des textes provenant de divers pays francophones pour découvrir du vocabulaire et des expressions idiomatiques spécifiques à ces pays.

- Variez le type de textes que vous lisez pour vous exposer à différents styles et registres et pour pratiquer vos techniques de décodage.

- Créez des listes de vocabulaire clé pour les connecteurs logiques, les mots qui articulent une phrase (pronoms, conjonctions, etc.), les négations, les expressions de temps, manière, cause, etc. Limitez vos listes à une douzaine de mots et consignez-les dans un carnet ou sur un site Internet vous permettant de vous entraîner avec la mémorisation du vocabulaire.

---

### ATL Approches de l'apprentissage

En lisant un éventail de textes :

- vous développez vos **compétences de pensée critique** car vous synthétisez, analysez et évaluez

- vous élargissez aussi vos **compétences de recherche** car vous approfondissez vos connaissances et vous êtes exposé(e) à différentes perspectives culturelles et linguistiques

- vous consolidez vos **compétences de communication** car vous êtes amené(e) à transmettre ce que vous avez compris, interprété et déduit

- vous augmentez vos **compétences d'autogestion** car la lecture est un domaine dans lequel il est relativement facile de se fixer des buts et d'évaluer sa propre progression sur les plans linguistique et culturel.

---

### ≫ Tip

- Read texts from a variety of French-speaking countries to familiarize yourself with specific vocabulary and expressions.

- Read **different types** of texts. This will also help you a lot with your writing.

- Create your own vocabulary lists for key words and keep testing yourself.

**Répéter**

Votre réussite à l'examen final repose sur des pratiques et techniques solidement ancrées dans votre routine d'apprentissage. Il est important d'établir celles-ci dès le début de votre préparation et de vous y tenir. La répétition joue un rôle clé dans la mémorisation profonde et durable du vocabulaire et des structures grammaticales dont vous aurez besoin pour vous sentir à l'aise avec toutes sortes de textes.

Familiarisez-vous avec le vocabulaire des thèmes étudiés en apprenant et en révisant régulièrement le vocabulaire de base spécifique à ces thèmes. Utilisez-le à l'écrit **et** à l'oral.

**Prendre de bonnes habitudes**

Apprenez à :

- identifier le type du texte et son organisation
- survoler un texte pour en extraire le sens général
- souligner les mots ou idées clés
- repérer les passages importants pour y trouver les informations précises qu'il vous faut extraire
- remarquer les temps utilisés, les négations, connecteurs et marqueurs de temps – ils constituent des indices essentiels à la compréhension détaillée d'un texte
- utiliser un dictionnaire lorsque vous n'êtes pas en situation d'examen ou en train de vous entraîner en conditions d'examen.

## Techniques et stratégies durant l'examen

### La compréhension conceptuelle

Posez-vous les questions suivantes lorsque vous avez fini de lire un texte :

- À qui s'adresse le texte et comment est-ce que je peux déterminer le destinataire ?
- Quel est le contexte ? Par rapport à quoi est-ce que le contenu du texte se situe ? Dans quelle situation se trouvent les protagonistes ?
- Qu'est-ce que l'auteur du texte cherche à faire ? Est-ce qu'il veut décrire, informer, persuader, offrir une évaluation ?
- Est-ce que j'ai appliqué mes techniques de 'détective' pour déchiffrer le texte ?
- Est-ce que je peux tirer mes propres conclusions grâce au contenu du texte ?

### Le déchiffrage

Comprendre un texte dans une langue étrangère est un peu comme mener une enquête. Tout comme un bon détective, vous devez :

- souligner le vocabulaire que vous connaissez
- repérer les mots qui vous rappellent des mots de votre propre langue et qui ont des chances de signifier la même chose
- identifier les connecteurs qui articulent le texte
- décortiquer des mots clés que vous ne connaissez pas mais dont vous pouvez deviner le sens en prenant le contexte en compte et en analysant leur composition : identifier le radical, le préfixe ou suffixe d'un mot peut vous aider à le comprendre.

**ATL Compétences sociales**

Entraînez-vous à déchiffrer un texte avec vos camarades de classe. En conjuguant votre compréhension et analyse d'un texte avec celles des autres, vous enrichirez votre approche.

À deux ou en groupe, vous pouvez :

- déterminer le sens général d'un texte
- débattre sur des détails spécifiques
- comparer et évaluer vos conclusions et les informations du texte sur lesquelles elles s'appuient.

**ATL Compétences de pensée**

Lorsque vous déchiffrez un texte, vous utilisez vos compétences de pensée car :

- vous faites preuve de créativité et d'imagination
- vous procédez à des transferts de connaissances linguistiques entre le français et votre propre langue
- vous décomposez les mots.

Le radical d'un mot est sa partie centrale et c'est lui qui contient le sens principal. Ce dernier peut ensuite être modifié par un préfixe ou un suffixe mais c'est à partir de lui que l'on peut deviner la signification d'un mot.

**Exemple :** Le mot 'port' (idée de 'soutien') donne 'porter', 'supporter' (des verbes), 'porteur' et 'insupportable' (des adjectifs), qui contiennent cette même idée. C'est pourquoi on dit qu'ils sont de la même famille.

De même avec : 'un chant', 'chanter', 'un chanteur', 'une chanson'.

Les préfixes et suffixes peuvent modifier le sens du radical. Familiarisez-vous avec les plus courants afin de pouvoir mieux déchiffrer les mots que vous ne connaissez pas.

| Préfixe | Sens | Exemple |
|---------|------|---------|
| ambi- | deux | **ambi**valent (qui a deux sens/un sens double) |
| an- | l'absence/la privation | **an**ormal (qui **n'est pas** dans la norme) |
| ante- | avant | **ante**diluvien (avant le déluge) |
| anti- | contre | **anti**choc (contre le choc) **anti**pathique (qui inspire des sentiments désagréables (qui vont **contre** vos sentiments)) |
| co/con- | avec | **co**llaboration (travail avec d'autres personnes/en équipe) |
| ex- | hors de/en dehors de (qui donne à un adjectif une valeur superlative ou intensive) | **ex**traordinaire (qui est en dehors de l'ordinaire) |
| omni- | tout | **omni**présent (présent partout) |
| pré- | devant/avant | **pré**histoire (devant l'histoire) |
| re- | à nouveau | **re**venir, **re**tourner (venir **une nouvelle fois**) |

| Suffixe | Sens | Exemple |
|---------|------|---------|
| -able | possibilité | mange**able** (qu'on **peut** manger) |
| -asse | péjoratif | la paper**asse** (les papiers/l'administration ennuyeuse qui doit être faite) |
| -ateur | objet/profession | réfrigér**ateur**, sén**ateur** |
| -ette | diminutif | une tabl**ette** (une petite table/un petit ordinateur portable) une fill**ette** (une petite fille) |
| -phage | qui mange | anthropo**phage** (qui mange les hommes) |

Regardez comment le mot 'prévoyant' peut être analysé afin d'en déduire sa signification :

| Mot | Préfixe | Mot de base | Suffixe | Définition finale |
|-----|---------|-------------|---------|-------------------|
| prévoyant (adjectif) | pré- (avant/devant) | voir | -ant (qui concerne une personne) | une personne qui prévoit/anticipe |

## Les questions-pièges

Ainsi qu'indiqué dans le chapitre 5, les questions qui testent votre compréhension du texte proposent des options incorrectes proches des options correctes mais légèrement différentes quand on les considère plus attentivement.

**Regardez cet exemple :**

> **SAMPLE PROMPT**
>
> **1.** Le frère de Dianké est …
>
> **A.** faible.
>
> **B.** obstiné.
>
> **C.** riche.
>
> **D.** bien en chair.

Lisez le texte :

> La série *Dianké* tourne autour du personnage du même nom, confronté dans sa lutte politique à un adversaire acharné, qui se donnera tous les moyens de l'affaiblir : Abbas, son propre frère.

Au premier abord, l'option A pourrait être choisie parce qu'elle se rapproche sémantiquement du verbe « affaiblir » dans le texte. Il en est de même de l'option D dans laquelle le mot « chair » se rapproche de l'adjectif « acharné ». Quant à l'option C, elle pourrait faire penser à l'expression 'avoir les moyens' qui veut effectivement dire être riche. Néanmoins, le verbe qui précède « les moyens » est 'donner' et non 'avoir'. Ces trois options sont en réalité incorrectes car elles ne définissent pas le frère de Dianké. Un seul adjectif le décrit dans le texte : « acharné », synonyme de « obstiné » (option B).

### Comment ne pas 'tomber dans le piège' ?

- Lisez attentivement les questions et soulignez les mots clés.
- Réfléchissez à ce qui vous est demandé : le synonyme d'un nom, un verbe ou un adjectif ? Une cause, une raison, une conséquence, une analyse ou une conclusion ?
- Ciblez bien le passage précis qui va vous donner votre réponse. Associez les mots clés du passage avec ceux qui vous sont donnés dans la question. Quelles sont les similarités ? Les différences ?
- Ne vous précipitez pas sur une réponse juste parce qu'elle contient un mot que vous avez vu dans le texte, même s'il est identique ou similaire.

## >> Assessment tip

**During the exam**

- Relax and concentrate.
- Read the questions carefully **before** you read the text.
- Pay attention to the visual clues and think about the context, the audience and the aim of the text.
- Recall your prior knowledge of the topic(s) (factual information and vocabulary).
- Focus on what is important in relation to the questions you have to answer.
- Look at the example that you have been given to illustrate the type of response. If you are unclear about the instructions, it will help you understand what you are expected to do.
- Use your deduction skills to decode unfamiliar key vocabulary, using context, and prior semantic and grammatical knowledge.
- Use all the techniques and strategies discussed in this chapter.
- Remember that the questions are in the order of the text. If you are finding it difficult to identify the relevant passage for a question, you can deduce where it is in relation to the passages that you have already used to answer other questions.
- Manage your time and allow enough to check your answers, especially the ones that you are unsure about.

## ATL Compétences d'autogestion

- Soyez bien organisé(e) et méthodique dans votre lecture et votre rédaction de réponses.
- Gérez votre temps de façon efficace et travaillez à un rythme constant et continu.
- Gardez un œil sur l'heure. Vous avez trois textes à lire : allouez un temps plus ou moins égal à chacun, tout en gardant une marge qui vous permettra de revenir sur les passages et questions qui vous auront peut-être posé problème. Ne survolez pas les deux premiers textes en pensant qu'il vous faut plus de temps pour le dernier.

## Réfléchissez

- Quelles sont les différentes façons de lire un texte ?
- Est-ce que j'ai bien compris les différentes approches que je dois adopter lors de la lecture d'un texte ?
- Est-ce que j'ai établi une liste de démarches pour développer mes compétences de lecture ?
- Est-ce que j'ai identifié les techniques et stratégies clés à suivre pour la compréhension écrite ?

## Les types de questions

Dans la partie compréhension écrite de l'épreuve 2, on vous proposera trois textes, chacun accompagné de différents types de questions de compréhension. Voici les différents types de questions qui pourront être utilisés :

- **Questions à choix multiple :** sélectionnez la réponse correcte dans le choix proposé
- **Choisissez les affirmations vraies :** dans la liste donnée, repérez les phrases qui reflètent le texte
- **Complétez le résumé du texte :** choix multiple
- **Complétez les blancs :** avec ou sans choix multiple

- **Vrai/faux et justification :** décidez si la phrase donnée est vraie ou fausse et étayez votre réponse avec une citation du texte
- **Questions :** répondez à une série de questions
- **À qui/quoi se réfèrent les mots suivants ? :** associez certains mots du texte avec les mots auxquels ils font référence dans le texte
- **Reliez le début et la fin des phrases :** trouvez la fin de chaque phrase dans le choix proposé
- **Finissez les phrases :** avec des mots du texte
- **Trouvez son titre à chaque paragraphe :** dans la liste proposée, sélectionnez le titre correct pour chaque paragraphe du texte
- **Trouvez les synonymes :** reliez les mots du texte à leur équivalent dans la liste proposée
- **Trouvez les synonymes :** trouvez dans le texte les mots ou expressions ayant la même signification que les mots ou expressions donnés dans la question
- **Définissez le type de texte/destinataire :** choix multiple

## Analyse de chaque type de question

Cette section examine les différents types de questions dans le contexte de cinq textes faisant chacun référence à un thème différent du programme.

Pour chaque type de question :

- lisez la description du type de question
- lisez les conseils qui vous sont proposés
- lisez les questions portant sur le texte proposé en exemple
- écrivez vos réponses sur une feuille
- comparez-les avec celles données en exemple
- Vérifiez les réponses dans le barème que vous trouverez sur le site suivant : www.oxfordsecondary.com/ib-prepared-support

Une démarche guidée vous est ensuite proposée pour un dernier texte afin de mettre en pratique les conseils que vous aurez lus pour certains types de question.

### Trouvez son titre à chaque paragraphe

Ce type d'exercice requiert de faire une lecture globale.

Les titres/sous-titres de chaque paragraphe dans le texte auront été retirés et vous devrez les retrouver dans la liste proposée. Vous aurez le choix entre plus de titres que de paragraphes. Les titres vous seront proposés dans le désordre et non dans l'ordre des paragraphes.

---

**>> Assessment tip**

**Find the correct title for each paragraph**

- Skim through each paragraph. You only need to understand the general gist.

- Beware of words that are the same or similar in the title and in the paragraph: they might be distractors.

- Make sure that the title you have chosen is a good introduction or an exact summary of its paragraph.

- When you have finished, ask yourself if the titles express the meaning of the text in a logical way.

- Write the letter of your response very clearly in the box. If you change your mind, cross out the letter you had written in the box, write your new response next to the box and circle it.

## Texte A

Devenir bénévole na... ✕

https://www.fondation-nicolas-hulot.org/devenir-benevole-nature/

### Devenir bénévole nature

Depuis 10 ans, la Fondation Nicolas Hulot pour la Nature et l'Homme encourage chacun de nous à s'engager pour notre planète. Mais de quelle façon ? En proposant à tous ceux qui le désirent de participer à des activités nature non loin de chez eux.

Sur sa plateforme jagispourlanature.org, la Fondation vous guide à travers une sélection d'activités aussi
5    divertissantes qu'utiles afin de conserver la biodiversité et de lutter contre son érosion.

[–1–]

Montrez-vous pro-actif. Il existe des gestes simples qui feront de vous un bon citoyen. Observer, aménager, protéger, découvrir, alerter ou ramasser, c'est se conduire de façon réfléchie et solidaire.

[–2–]

10   Sur jagispourlanature.org, les options sont multiples pour protéger son environnement selon ses goûts et compétences, et ce quelle que soit la saison. Il suffit de se connecter à la plateforme jagispourlanature.org, d'entrer sa géolocalisation ou son code postal pour trouver tout près de chez soi les prochaines activités imaginées par des associations de protection de l'environnement ayant besoin de vous ! Que vous aidiez à nettoyer un étang qui attire la faune sauvage pour boire ou se reproduire, que vous vous lanciez dans un reportage photographique des insectes
15   pollinisateurs, que vous ramassiez des détritus ou découvriez des espaces naturels sensibles, vous serez un bénévole nature clé … Découvrez des centaines d'exemples de sorties sur la plateforme jagispourlanature.org !

Les sirènes d'alarme se font entendre de toutes parts et nous sommes de plus en plus nombreux à vouloir agir. La plateforme jagispourlanature.org s'impose comme la plateforme de référence qui offre la possibilité de s'amuser tout en étant réellement utile.

[–3–]

20   • Un nouveau type de détente

• Des activités gratuites et originales avec sa famille ou ses amis

• La découverte de nouveaux lieux, autour de chez vous ou plus loin

• L'opportunité de mettre en commun des savoirs acquis et de nouvelles connaissances

• L'occasion de rencontrer d'autres gens qui partagent vos convictions

---

**1.** Associez les titres avec les paragraphes du texte. Écrivez la lettre correspondant à chaque bonne réponse dans la case appropriée.

[–1–] ☐

[–2–] ☐

[–3–] ☐

**A.** Les bénéfices ?

**B.** Pensez avant d'agir

**C.** Utilisez votre expertise

**D.** Des comportements responsables

**E.** Comment agir ?

**F.** Recrutez autour de vous

| Réponse correcte | Réponse de l'élève | Commentaires de l'examinateur |
|---|---|---|
| **1.** D | E | La liste des verbes dans le paragraphe 1 a été associée avec l'option E qui implique des **exemples d'action**. Les verbes de ce paragraphe ont été perçus comme des actions alors qu'en réalité ils définissent tout **ce qu'il faut faire pour se conduire en citoyen responsable**. Ils sont en effet énumérés juste après la phrase qui introduit l'idée de « bon citoyen » et illustrent donc cette idée. Quelle est donc l'option correcte ? |
| **2.** E | C | L'élève a arrêté sa lecture au mot « compétences », rapproché du mot « expertise » dans l'option C. Dans ce type d'exercice, il est important de lire le paragraphe **en entier** afin d'avoir une vue d'ensemble. Les titres proposés doivent **résumer exactement l'idée générale** exprimée dans le paragraphe. |
| **3.** A | A | L'élève a bien compris le sens général de ce dernier paragraphe : la liste énumère effectivement ce que les actions suggérées par la Fondation peuvent vous apporter, en d'autres termes les points positifs de la démarche citoyenne évoquée. |

### Répondez aux questions

Ce type d'exercice requiert vos capacités de synthèse et exige que vous soyez clair, concis et précis. On ne vous donne qu'une ou deux lignes pour écrire votre réponse. Tenez-vous en à ces lignes.

Copiez des mots du texte pour répondre, à moins qu'on vous demande de faire autrement. Ainsi, vous courrez moins de risque de faire des fautes. La réponse n'a pas forcément besoin d'être une phrase complète et peut aller directement au but en utilisant des termes clés ou en commençant par le connecteur exigé par le mot interrogatif de la question.

Il y aura parfois plusieurs réponses possibles pour une question. Lisez bien la question qui exigera clairement si vous devez fournir une seule réponse ou plusieurs. Si une question exige deux informations distinctes, écrivez-les bien sur deux lignes différentes. Les deux réponses sont généralement indiquées par A et B de toute façon.

### Texte A : première partie

## Devenir bénévole nature

Depuis 10 ans, la Fondation Nicolas Hulot pour la Nature et l'Homme encourage chacun de nous à s'engager pour notre planète. Mais de quelle façon ? En proposant à tous ceux qui le désirent de participer à des activités nature non loin de chez eux.

5    Sur sa plateforme jagispourlanature.org, la Fondation vous guide à travers une sélection d'activités aussi divertissantes qu'utiles afin de conserver la biodiversité et de lutter contre son érosion.

[–1–]

Montrez-vous pro-actif. Il existe des gestes simples qui feront de vous un bon citoyen. Observer, aménager, protéger, découvrir, alerter ou ramasser, c'est se conduire de façon réfléchie et solidaire.

**SAMPLE PAPER**

Répondez aux questions suivantes.

4. Quel est le but de la Fondation Hulot ?

   ..................................................................................................

5. Pourquoi les activités proposées sont-elles attirantes ? Donnez deux raisons.

   A. ...................................................................................

   B. ...................................................................................

6. Que devient-on en suivant les recommandations de la Fondation ?

   ..................................................................................................

| Réponse correcte | Réponse de l'élève | Commentaires de l'examinateur |
|---|---|---|
| 4. encourager chacun de nous à s'engager pour notre planète | devenir bénévole nature | La question n'a pas été lue d'assez près. Le titre, qui résume le sujet de la page web, a été confondu avec **le but de la Fondation**. Ce n'est pas cette dernière qui cherche à devenir bénévole nature. La Fondation vise à **encourager les gens** à devenir bénévoles nature. |
| 5. elles sont divertissantes ET elles sont utiles | aussi divertissantes qu'utiles | La question demande d'identifier **deux raisons différentes**. Cette réponse qui cite le texte tel quel ne montre pas que ce sont deux réponses différentes. Lorsqu'on vous demande deux informations distinctes dans une question, écrivez bien chaque réponse sur une ligne différente. |
| 6. un bon citoyen | un bon citoyen | L'idée clé de la question a été identifiée dans le verbe « devient ». Il est ensuite facile d'éliminer « pro-actif » puisque le verbe qui le précède est un impératif et donc un conseil ou une recommandation. Il est donc suggéré de 'devenir pro-actif' mais non qu'on **devient** pro-actif en suivant les recommandations qui suivent. |

## Trouvez les synonymes (choix multiple)

Pour ce type de question, vous devrez associer des mots/expressions du texte avec un synonyme/une définition à choisir dans une liste. Vous devrez lire le texte de près et non d'une manière globale.

Vous aurez plus de synonymes/définitions que de mots/expressions du texte. Les mots ou expressions du texte seront présentés sur la gauche dans l'ordre du texte. Les synonymes/définitions seront dans le désordre.

## Texte A : deuxième partie

● ● ●   Devenir bénévole na... ✕

← → ⌂   🔍 https://www.fondation-nicolas-hulot.org/devenir-benevole-nature/   ⋮

10  Sur jagispourlanature.org, les options sont multiples pour protéger son environnement selon ses goûts et compétences, et ce quelle que soit la saison. Il suffit de se connecter à la plateforme jagispourlanature.org, d'entrer sa géolocalisation ou son code postal pour trouver tout près de chez soi les prochaines activités imaginées par des associations de protection de l'environnement ayant besoin de vous ! Que vous aidiez à nettoyer un étang qui attire la faune sauvage pour boire ou se reproduire, que vous vous lanciez dans un reportage photographique des insectes
15  pollinisateurs, que vous ramassiez des détritus ou découvriez des espaces naturels sensibles, vous serez un bénévole nature clé … Découvrez des centaines d'exemples de sorties sur la plateforme jagispourlanature.org !

Les sirènes d'alarme se font entendre de toutes parts et nous sommes de plus en plus nombreux à vouloir agir. La plateforme jagispourlanature.org s'impose comme la plateforme de référence qui offre la possibilité de s'amuser tout en étant réellement utile.

---

### ≫ Assessment tip

- Pay attention to the line numbers directing you to the relevant part of the text. Do not lose time looking elsewhere in the text.

- In the text, circle the words/phrase that you need to match with a synonym.

- **Use the context** to understand the **exact meaning** of the word/phrase that you need to pair with its synonym.

- Identify the word class: is it a noun (masculine or feminine), a verb, an adjective, etc.?

- For each question there is a pair of possible answer options (one is a distractor). Identify those pairs. The distractor could have a similar meaning, be an antonym (opposite) or could have a very different meaning.

- Try out your chosen option in the text to check that it works, has a similar meaning to the original and doesn't dramatically change the overall meaning of the text.

---

Reliez chacun des mots ou expressions du texte figurant dans la colonne de gauche avec son équivalent dans la colonne de droite.

7. quelle que soit la saison (ligne 11) ☐
8. étang (ligne 13) ☐
9. sorties (ligne 16) ☐
10. sirènes d'alarme (ligne 17) ☐

A. petit lac
B. au bon moment de l'année
C. exercices
D. zoo
E. publicités
F. excursions
G. n'importe quand
H. avertissements

| Réponse correcte | Réponse de l'élève | Commentaires de l'examinateur |
|---|---|---|
| 7. G | B | Les mots « saison » et « année » ont été rapprochés par association d'idées. La structure grammaticale « quelle que » + subjonctif (*whatever* …) n'a pas été comprise. Rappelez-vous que vous serez non seulement testé(e) sur votre habileté à déchiffrer du vocabulaire mais aussi sur votre compréhension de structures grammaticales influençant le sens d'une phrase. Que cherche-t-on ici ? On cherche une expression de localisation dans le temps. |
| 8. A | A | L'élève a bien utilisé le contexte et repéré des termes non loin du mot « étang », termes qui éclairent son sens : « Que vous aidiez à nettoyer un étang qui attire la faune sauvage pour **boire** ou **se reproduire** ». Pourquoi l'option D (zoo) est-elle une réponse incorrecte ? On recherche un nom et il est donc logique d'identifier l'option D comme possible. Néanmoins, c'est une option incorrecte. Quel mot du texte pourrait conduire à la choisir ? |

➡

| Réponse correcte | Réponse de l'élève | Commentaires de l'examinateur |
|---|---|---|
| **9.** F | F | L'élève a identifié la même forme grammaticale dans l'option F et le mot du texte (un nom pluriel). Si on remplace le mot « sorties » du texte par « excursions », la phrase garde le même sens et illustre toujours bien ce qui précède dans le texte. C'est donc l'option correcte. |
| **10.** H | E | Le paragraphe « Les sirènes d'alarme se font entendre … » a mal été interprété et l'option E choisi à tort. Est-ce que vous pouvez identifier avec quels mots du texte les mots de l'option E ont été rapprochés ?<br><br>Seules les options C, E, F et H proposent des **noms pluriels** comme « sirène**s** ». Or, les mots du texte et de l'option correcte doivent avoir la même forme grammaticale. Le contexte vous aide aussi à identifier l'option H comme option correcte car ni des « exercices » ni des « sorties » ne se feraient **entendre**. |

## Questions à choix multiple

Pour chaque phrase donnée, vous aurez **quatre options** possibles qui transmettront des **informations similaires**. Il n'y a qu'**une** réponse correcte et trois des options sont des phrases incorrectes (référez-vous à la définition des questions-pièges à la page 69).

Vous devez mettre **une** lettre seulement dans la case. Écrivez cette lettre bien clairement. Si vous voulez corriger, assurez-vous de bien effacer ou barrer la réponse incorrecte et écrivez la réponse correcte à côté de la case. Entourez cette nouvelle réponse.

>> **Assessment tip**

**Multiple-choice questions**

- **Anticipate**: having read the instructions and looked at the visuals, title and subtitles, start thinking about the context, audience and aim of the text.

- Pay attention to key words such as negatives (*ne … que*, *ne … plus*) or restrictive words (*seulement*, *juste*, *sans*, *plus*, *moins*, etc.).

- Put **one clear answer** in each box.

## Texte B : première partie

### Ma Martinique

J'ai passé la soixantaine à présent et j'ai quitté ma Martinique natale depuis bientôt quarante ans. Pourtant, les souvenirs des vingt premières années de ma vie à Morne-rouge restent si proches et vifs dans ma mémoire qu'il me semble que c'était hier. Certains moments m'ont particulièrement marquée, comme lorsque mes parents m'ont offert mon deuxième bijou, à l'occasion de mon certificat et de l'obtention d'une bourse pour continuer mes études. Toutes les semaines, ma mère donnait une somme déterminée à l'avance à la personne s'occupant du sou-sou et quand c'était son tour, elle recevait la cotisation de tout le groupe, ce qui lui permettait d'acheter quelque chose coûtant les yeux de la tête ou bien de payer une réparation sur notre case. Je ne m'attendais pas à ce cadeau et j'en avais été bouleversée. J'ai toujours ce bracelet très simple auquel je tiens comme à la prunelle de mes yeux. C'est mon seul bijou de la Martinique, avec les petites boucles d'oreilles en or que j'ai portées dès l'âge de trois mois, quand on m'a percé les oreilles conformément à la coutume. Ma sœur aînée m'a longtemps jalousée pour ces joncs en or que mes parents n'avaient pu acheter pour elle à sa naissance. Pendant ses premières années, elle avait dû garder une flèche d'herbe pour empêcher que le trou ne se referme et elle m'en garde encore rancune !

En vous basant sur le premier paragraphe, choisissez la bonne réponse.

**1.** L'auteure …

    **A.** a 70 ans.

    **B.** est née en Martinique.

    **C.** habite en Martinique.

    **D.** va fêter ses 40 ans.

**2.** L'auteure …

    **A.** évoque de mauvais souvenirs de son adolescence.

    **B.** a vendu des bijoux autrefois.

    **C.** a reçu de l'argent pour poursuivre son éducation.

    **D.** a arrêté ses études au certificat.

**3.** Le système du sou-sou …

    **A.** est basé sur une seule donation.

    **B.** est un regroupement de ressources.

    **C.** permet de payer de petites factures.

    **D.** paye seulement le nécessaire.

**4.** La sœur aînée de l'auteure …

    **A.** a eu des joncs en or quand elle est née.

    **B.** n'a jamais envié sa sœur.

    **C.** collectionnait les flèches en or.

    **D.** en veut toujours à sa sœur pour les boucles d'oreilles.

| Réponse correcte | Réponse de l'élève | Commentaires de l'examinateur |
|---|---|---|
| **1.** B | B | Examinez attentivement le début de la phrase donnée pour réfléchir à l'idée générale de la phrase complète. De qui/quoi est-ce qu'on parle dans la phrase ? |
| | | Ici, le lien entre « est née » dans la question et « natale » dans le texte a bien été faite. |
| | | Pourquoi les autres options sont-elles incorrectes ? Soulignez les parties du texte auxquelles se réfèrent les autres options et comparez-les. |
| **2.** C | C | L'élève a tout d'abord choisi l'option A, ayant simplement repéré le mot « souvenirs » qui est aussi mentionné dans le texte. Cependant, rien dans le texte n'indique qu'il s'agit de **mauvais** souvenirs. L'option C, par contre, résume bien le texte : « l'obtention d'une bourse pour continuer mes études. » |
| | | Est-ce que vous pouvez comprendre pourquoi les options B et D sont incorrectes, bien qu'utilisant des mots du texte ? |

| Réponse correcte | Réponse de l'élève | Commentaires de l'examinateur |
|---|---|---|
| **3.** B | A | Le passage sur le sou-sou n'a pas été entièrement compris. L'élève a bien compris qu'on **donnait** de l'argent (« donation » a été rapproché de « ma mère **donnait** une somme »), mais non qu'on en **recevait** ensuite **plus** (« elle recevait la cotisation de tout le groupe »), afin de pouvoir acheter des choses de valeur/payer de grosses factures (« ce qui lui permettait d'acheter quelque chose coûtant les yeux de la tête ou bien de payer une réparation sur notre case »). |
| **4.** D | B | Le paragraphe concernant la sœur de l'auteure a bien été repéré mais l'élève s'est concentré(e) sur la phrase « Ma sœur aînée m'a longtemps jalousée », rapproché de « envié » dans l'option B. S'il est vrai que cet adjectif reflète des sentiments proches de la jalousie, la phrase complète n'exprime pas la réalité des sentiments de la sœur **dans la durée**. L'élève n'a pas compris l'expression utilisée à la fin du paragraphe ni fait le rapprochement entre « encore » et « toujours » (dans l'option D) : « elle m'en garde **encore** rancune ! » Quelle est l'option qui transmet cette même idée ? |

## Complétez le résumé du texte (choix multiple)

On vous proposera un texte à trous qui sera un résumé du passage en entier ou en partie. Vous devrez le compléter en utilisant les mots qui accompagneront le résumé.

Vous aurez le choix entre deux fois plus de mots que de trous. Les mots seront par ordre alphabétique.

## Texte B : deuxième partie

Je n'en ai pas moins gardé des tas de bons souvenirs de notre vie à Morne-Rouge, qui était une bonne vie, bien différente celle de mes propres enfants ici en métropole. Eux, ils n'ont pas connu la corvée d'eau tous les matins par exemple, pour remplir les réservoirs d'eau à la maison ni le balayage, la vaisselle et les poules et cochons à nourrir et tout ça avant de partir à l'école. Et quand on revenait, il y avait encore bien des tâches ménagères à accomplir. On ne faisait jamais nos devoirs avant le début de la soirée, alors qu'on avait déjà les yeux lourds de sommeil et juste avant de nous coucher vers 21h, il y avait encore le seau à caca à aller vider dans les bois derrière la case. Mes enfants n'en croient pas leurs oreilles quand je leur raconte ça. Ils ne m'envient pas cette vie qui leur paraît peu confortable mais ils aiment que nous ayons gardé certaines traditions de mon enfance, comme la petite lampe de la Vierge qui brillait dans la chambre commune sur son étagère spéciale et ce pendant toute la nuit.

SAMPLE PAPER

Trouvez les mots qui complètent le paragraphe suivant en vous appuyant sur le deuxième paragraphe.

> Les enfants de l'auteure ont [–5–] en France et [–6–] leur enfance n'a pas ressemblé à celle de leur mère. Ce qui les [–7–] toujours le plus, c'est le nombre de corvées auxquelles cette dernière était astreinte ainsi que le [–8–] de modernité. Ils sont [–9–] attachés à quelques coutumes de leur mère.

|  |  |  |
|---|---|---|
| aucunement | émigré | étonnamment |
| gêne     grandi | manque | néanmoins |
| par conséquent | surprend | système |

**5.** [–5–] ...........................................................................

**6.** [–6–] ...........................................................................

**7.** [–7–] ...........................................................................

**8.** [–8–] ...........................................................................

**9.** [–9–] ...........................................................................

| Réponse correcte | Réponse de l'élève | Commentaires de l'examinateur |
|---|---|---|
| **5.** grandi | émigré | Le type de mot pour le trou a bien été identifié (un participe passé, suggéré par l'auxiliaire 'avoir' juste avant) mais la phrase a été mal comprise dans son ensemble et par rapport au texte sur lequel elle est basée. Même si votre phrase marche sur le plan grammatical, ce n'est pas suffisant pour confirmer votre choix. Lisez bien la phrase complète pour vous assurer qu'elle exprime la même chose que le texte. |
| **6.** par conséquent | par conséquent | Le lien entre les deux parties de la phrase a bien été fait pour obtenir une phrase complète ayant du sens **et** reflétant le texte (le fait que les enfants ont eu une **enfance différente** de celle de leur mère parce qu'ils n'ont pas habité/grandi en Martinique). <br><br> Est-ce que vous pouvez identifier le 'mot-piège' de la liste ? |
| **7.** surprend | étonnamment | Cette phrase n'a pas été bien analysée sur le plan grammatical. Rappelez-vous que la base de toute phrase est sujet–verbe–complément. Cependant, le sujet n'est pas toujours placé juste avant le verbe, comme c'est le cas ici. Un article pluriel (« les ») tout seul juste avant le verbe ne peut pas être sujet du verbe et par conséquent expliquer une terminaison verbale en '-ent'. Le mot « étonnamment » ne peut pas être un verbe : la terminaison '-ment' indique généralement un **adverbe**. <br><br> Le sujet de la phrase est « ce qui » (un singulier qui exige donc un verbe conjugué à la troisième personne du singulier). Est-ce que vous pouvez identifier le verbe correct dans la liste ? Vous avez deux options possibles mais une seulement est correcte et synonyme de ce que dit le texte. Pour bien comprendre le texte, vous devrez comprendre une expression idiomatique. |

| Réponse correcte | Réponse de l'élève | Commentaires de l'examinateur |
|---|---|---|
| 8. manque | manque | Le trou est précédé d'un article masculin singulier (« le »). Les seuls choix possibles étaient donc les deux noms : « système » et « manque ». Pourquoi le mot « système » est-il incorrect ? Référez-vous au texte d'origine. |
| 9. néanmoins | aucunement | Le texte a été mal compris et la phrase insuffisamment analysée sur le plan grammatical. Le mot « aucunement » implique une absence et placé après un verbe, fait office de négation. Pour que la phrase soit correcte, il faudrait écrire : « Ils **ne** sont aucunement attachés aux coutumes de leur mère. » D'autre part, cette phrase contredit le texte puisque les enfants **sont réellement attachés** à certaines coutumes : « **ils aiment que nous ayons gardé** certaines traditions de mon enfance, comme la petite lampe de la Vierge ». |

## Vrai/faux et justification

Pour ce type de question, on vous présentera des phrases vraies et des phrases fausses. Les phrases suivent l'ordre du texte. Les phrases correspondent toutes à une information précise du texte.

Vous devrez identifier les phrases vraies et justifier votre réponse en citant une phrase appropriée du texte. Si la phrase est fausse, vous devrez trouver dans le texte des mots ou une phrase indiquant un message différent, voire contraire.

Soyez concis et précis lorsque vous citez le texte. Ne recopiez surtout pas tout un paragraphe.

## Texte C : première partie

# Se battre pour rêver

Tahitoa arbore un grand sourire : il vient d'ajouter une perle toute spéciale à la longue corde enroulée sur sa perfusion. Elle représente un koala et marque son séjour aux soins intensifs après une grosse opération. Son prénom a beau signifier « sans crainte », il n'était pas sans appréhension le matin du jour J. Cependant, les perles du cœur lui ont apporté courage et réconfort pour affronter les hauts et les bas d'un cancer contre lequel il se bat depuis près de six mois. Grâce à l'association Princesse Margot et à son nouveau programme Les Perles du Cœur, de nombreux enfants atteints de cancer se sentent mieux accompagnés dans leur maladie. Inventé aux USA à l'aube du nouveau millénaire, le programme a fait boule de

neige dans nombre de pays comme le Canada, la Suisse ou la Hollande, impliquant familles, bénévoles et personnel médical. Sponsorisé par une grande entreprise pharmaceutique, il vient d'être lancé à Paris, sur l'initiative d'Anne M, responsable du même programme à Sydney en Australie. Pour elle, il ne fait aucun doute que ces perles comptent énormément pour les enfants qui les reçoivent et contribuent à maintenir leur moral et celui de leurs parents.

>> **Assessment tip**

- Justify your choice with evidence from the text.

- You do not need to use quotation marks.

- Be selective when choosing your words in the text. Do not copy long sections of the text or words and phrases taken from different parts of the text.

- Do not write a justification based on your own deductions or thinking.

- You will only be awarded a mark for a question if you have ticked the correct box **and** justified your answer with the relevant part of the text.

Les affirmations suivantes sont soit vraies soit fausses. Cochez [✓] la bonne réponse et justifiez votre réponse par des mots du texte. Ces deux exigences doivent être respectées pour obtenir un point.

|  | | Vrai | Faux |
|---|---|---|---|
| **1.** Tahitoa est content. | | ☐ | ☐ |
| Justification : ................................................. | | | |
| **2.** Le prénom de Tahitoa reflète son comportement quand il a été opéré. | | ☐ | ☐ |
| Justification : ................................................. | | | |
| **3.** L'association Princesse Margot s'occupe d'enfants sortis d'une maladie grave. | | ☐ | ☐ |
| Justification : ................................................. | | | |
| **4.** Grâce aux perles, les enfants restent positifs. | | ☐ | ☐ |
| Justification : ................................................. | | | |

| Réponse correcte | Réponse de l'élève | Commentaires de l'examinateur |
|---|---|---|
| **1.** vrai : Tahitoa arbore un grand sourire | vrai : Tahitoa arbore un grand sourire | L'élève a repéré le mot clé (« sourire ») et en a déduit ce que ressentait Tahitoa. |
| **2.** faux : Son prénom a beau signifier « sans crainte », il n'était pas sans appréhension le matin du jour J | faux : Son prénom a beau | Le texte a été mal compris (« Son prénom a beau signifier 'sans crainte', il n'était pas sans appréhension le matin du jour J »). L'expression « avoir beau » + verbe à l'infinitif a été mal interprétée. De plus, l'élève n'a pas prêté attention aux négatifs indiquant que son prénom veut dire 'qui n'a pas peur' (« **sans crainte** ») et qu'il a eu peur le jour de son opération (« **n**'était **pas sans** appréhension »). |
| **3.** faux : Grâce à l'association Princesse Margot et à son nouveau programme Les Perles du Cœur, de nombreux enfants atteints de cancer se sentent mieux accompagnés dans leur maladie. | vrai : de nombreux enfants atteints de cancer | Bien que l'élève ait repéré l'information clé, il/elle a coché la mauvaise case. En effet, l'association ne s'occupe pas d'enfants **sortis** d'une maladie grave mais d'enfants « **atteints de cancer** », c'est-à-dire **toujours malades**. La phrase 3 est donc fausse. |
| **4.** vrai : ces perles … contribuent à maintenir leur moral | vrai : contribuent à maintenir leur moral | L'élève a bien compris que la phrase était vraie et l'a justifiée avec le passage correct. Le négatif qui confirme la certitude (« il ne fait aucun doute ») a été repéré ainsi que les verbe et adverbe indiquant l'importance des perles (« ces perles **comptent énormément** pour les enfants »). |

## À qui/quoi se réfèrent les mots/expressions suivants ?

On vous propose une phrase du texte dans laquelle un mot a été souligné. Vous devez identifier à qui/quoi le mot se réfère.

Les mots soulignés sont généralement des pronoms personnels (comme 'il', 'le', 'lui', 'les'), des pronoms relatifs (comme 'dont', 'qui', 'que'), des adjectifs possessifs (comme 'son', 'sa', 'leur'), des pronoms possessifs (comme 'le mien', 'les siens') ou des pronoms démonstratifs (comme 'celle-ci'). Mais vous pouvez également avoir des groupes de mots comme 'ces derniers', 'cette idée', etc.

Prêtez attention au contexte dans lequel se situe le mot souligné et rappelez-vous que l'information recherchée se trouve **avant**. Analysez le nom qui précède : est-ce qu'il est masculin ou féminin ? Singulier ou pluriel ? Est-ce qu'il fait référence à un seul mot ou bien à un groupe de mots ? Une fois que vous aurez établi ces faits, il vous sera beaucoup plus facile de repérer le ou les mots correct(s).

## Texte C : deuxième partie

Les perles sont comme les pages d'une histoire individuelle et chacune est là pour rappeler un évènement
5 marquant dans le parcours de la maladie. Par exemple, il y en a une en forme de tête sans cheveux pour parler d'un traitement chimio mais aussi
10 une autre en forme de biberon, pour marquer la naissance d'un petit frère ou d'une petite sœur. Deux fois par semaine, je fais une permanence à l'hôpital pour distribuer leurs 15 perles aux enfants. Ceux qui ne sont là que pour la journée peuvent aussi passer les prendre au service oncologie. Chaque enfant reçoit un 20 cahier d'ordonnances dans lequel il consigne les dates et évènements qui lui vaudront une perle. Comme ça, même si je ne suis pas là au bon 25 moment, on ne perd pas trace des perles auxquelles ils ont droit.

**SAMPLE PAPER**

À qui ou à quoi se réfèrent les mots soulignés ? Répondez en utilisant les mots tels qu'ils apparaissent dans le texte.

**5.** <u>chacune</u> est là pour rappeler un évènement marquant (lignes 3–5)

.......................................................

**6.** mais aussi <u>une autre</u> en forme de biberon (lignes 9–10)

.......................................................

**7.** <u>Ceux</u> qui ne sont là que pour la journée peuvent aussi passer les prendre au service oncologie (lignes 16–19)

.......................................................

**8.** Chaque enfant reçoit un cahier d'ordonnances dans <u>lequel</u> il consigne les dates … (lignes 20–22)

.......................................................

**9.** il consigne les dates et évènements qui <u>lui</u> vaudront une perle (lignes 22–24)

.......................................................

> **» Assessment tip**
>
> - The underlined word always refers to either a word or a group of words **just before** it or sometimes **after** it.
> - Think about the category that the underlined word refers to. Are you looking for a masculine or feminine noun? Singular or plural?
> - Read the text that is **just before** very carefully to understand the general gist.
> - Once you have identified the word from the text, read the text again, replacing the underlined word with the word you have linked it to: does the text make sense?

| Réponse correcte | Réponse de l'élève | Commentaires de l'examinateur |
|---|---|---|
| 5. une perle | une histoire individuelle | L'élève a bien remarqué que le mot « chacune » était féminin mais a mal compris la **phrase entière**. Vous devez prendre le sens de la phrase entière en compte. Parfois, le mot auquel il est fait référence ne se trouve **pas juste avant le mot souligné** mais plus haut dans la même phrase, ou même la phrase précédente. Ici, « chacune » est sujet du verbe qui suit et fait sans doute référence à un autre mot féminin lui aussi sujet d'un verbe dans la même phrase. Est-ce que vous pouvez l'identifier ? |
| 6. une perle | une perle | Quel **type de mot** a-t-on dans la question (« une autre ») ? Quels sont les mots du même type un peu avant dans la même phrase ? Comment le contexte peut-il vous aider à déterminer le sens de « une autre » ? |
| 7. les enfants | les enfants | L'élève a bien analysé « ceux » (masculin pluriel) et l'a associé avec le nom masculin pluriel qui finit la phrase juste avant. |
| 8. un cahier (d'ordonnances) | enfant | Bien que le genre du mot « lequel » (masculin singulier) ait été identifié, ce à quoi il se réfère n'a pas été compris. En analysant la phrase sur le plan grammatical, on peut voir que le « il » qui suit est sujet du verbe suivant (« consigne ») et fait référence à « chaque enfant ». « Lequel » ne peut donc pas être sujet du verbe « consigne » et surtout signifier la même chose que « il », d'autant plus qu'il est précédé d'une préposition, ce qui implique qu'il sert de complément dans la phrase, tout comme le groupe de mots qui précède « dans ». |
| 9. il (chaque enfant) | il | Le pronom « lui » a été correctement associé avec le seul pronom masculin présent dans la phrase peu avant. |

## Assessment tip

- Your full sentence must make grammatical sense **and** convey the same message as the text.

- The **words** that you have taken from the text **must not be changed**.

- Do not add your own words, explanation or interpretation.

**Finissez les phrases avec les mots du texte**

On vous propose une série de phrases formulées autrement que le texte et à **compléter avec des mots du texte**. La phrase complète doit transmettre le même message que le texte et être correcte sur le plan grammatical.

## Texte C : troisième partie

Réunir des fonds n'est pas une mince affaire et les grosses entreprises ne répondent pas toujours aux sollicitations. Depuis son arrivée à Paris, Anne a fait des pieds et des mains pour trouver sponsors et fournisseurs afin de mettre en place un projet qui lui tenait à cœur et qu'elle a concrétisé et singularisé surtout grâce à l'association d'artisans perliers de France. Ceux-ci ont accepté de lui faire régulièrement de généreuses donations de perles en verre magnifiques et spécialement conçues sous ses directives. Sa préférée reste celle en forme de papillon car elle symbolise la fin du traitement. L'envol que l'on souhaite à chacun de ces enfants.

En vous basant sur le dernier paragraphe, finissez les phrases avec des mots du texte.

**10.** La détermination d'Anne à réaliser le projet est révélée par le fait qu'elle …

.........................................................................................................

**11.** L'aide financière principale est venue des …

.........................................................................................................

**12.** Pour marquer le début d'une nouvelle vie, la dernière perle reçue par les enfants est …

.........................................................................................................

| Réponse correcte | Réponse de l'élève | Commentaires de l'examinateur |
|---|---|---|
| **10.** a fait des pieds et des mains | réunir des fonds | Le début de phrase proposé indique qu'il faut trouver un fait ou **une action**. Le dernier mot est un pronom personnel **sujet** qui exige donc d'être suivi d'un verbe **conjugué**. En quoi la réponse de l'élève est-elle incorrecte ? Est-ce qu'elle est incorrecte au niveau de la signification ? Sur le plan grammatical ? Ou bien des deux ? Est-ce que vous pouvez identifier, plus loin dans le texte, un autre verbe se référant à Anne et reflétant sa détermination ? |
| **11.** artisans perliers (de France) | sponsors et fournisseurs | Bien que la réponse ait tenu compte de la structure grammaticale (l'article « des » exige un nom pluriel) et du sens général, un indice important dans le début de la phrase n'a pas été remarqué : « l'aide financière **principale** ». Certes, les sponsors et fournisseurs ont aidé Anne financièrement mais le projet a été concrétisé et singularisé **surtout** grâce à l'association d'artisans perliers de France. |
| **12.** en forme de papillon | en forme de papillon | La signification de la phrase complète a bien été comprise et le mot clé du texte identifié. Remarquez que le mot du texte a été recopié tel qu'il apparaît dans le texte et **sans article** devant. Rappelez-vous que vous ne devez en aucun cas changer le texte : « un papillon » serait une réponse incorrecte. |

### Reliez le début et la fin des phrases

Il faut vous concentrer à la fois sur la signification finale de votre phrase et sur sa construction grammaticale. Votre phrase doit **exprimer la même chose que le texte** mais doit également **être correcte dans sa structure**.

Il y aura deux fois plus de fins que de débuts. Le début des phrases apparaîtra dans l'ordre du texte mais les fins de phrases seront dans le désordre.

### Texte D : première partie

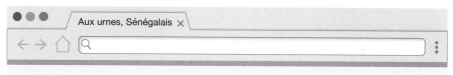

**Culture**
22 juillet 2021
Sandrine Perrier

### Aux urnes, Sénégalais !

RFI lance Dianké, un nouveau feuilleton radiophonique qui va faire parler de lui.

L'ONG Raes, en partenariat avec RFI (Radio France Internationale), sort pour la radio une série que tout Dakar suit déjà avec avidité. Projet à 150.000 euros, soutenu par l'Agence française de développement, Dianké est le premier podcast du genre créé pour l'Afrique de l'Ouest. Il s'agit d'un feuilleton radiophonique de douze épisodes de vingt minutes chacun, racontant l'Afrique au féminin et projetant les jeunes au premier plan d'un récit bien ancré dans le XXIième siècle. On remet les stéréotypes de genre en question mais on ne rejette pas les coutumes, c'est subtil et c'est un coup de maître.

La comédienne Aida Sock pendant l'enregistrement du podcast Dianké
Photo Boubacar Toure Mandamory

En vous basant sur le premier paragraphe, reliez chaque début de phrase à la fin correspondante.

1. L'ONG Raes vient de finir … ☐

2. Dianké est une … ☐

3. Dianké parle … ☐

4. Dianké est considéré comme … ☐

A. de l'Afrique de l'Ouest.

B. des femmes africaines.

C. une collecte de fonds.

D. une réussite exceptionnelle.

E. un travail de collaboration avec RFI.

F. production caritative.

G. série pour la radio.

H. une somme de clichés.

| Réponse correcte | Réponse de l'élève | Commentaires de l'examinateur |
|---|---|---|
| 1. E | F | Le début de phrase proposé indique qu'on cherche **quelque chose**. De plus, le dernier mot est un verbe, ce qui laisse à penser qu'on doit le faire suivre d'un complément, probablement un nom. L'option F « production caritative » est bien un nom mais … Regardez la phrase de l'élève une fois qu'elle est complète : « L'ONG Raes vient de finir production caritative. » Qu'est-ce qui ne va pas ? |
| 2. G | G | L'élève a bien repéré que le début de la phrase se terminait avec un article exigeant un nom féminin **et** l'information correcte. Rappelez-vous aussi que les débuts de phrase **suivent l'ordre du texte**. Ce qu'est « Dianké » apparaît donc dans le texte **avant ce qui en a été dit**. Ce raisonnement vous permet d'éliminer les options D et H. |
| 3. B | A | La phrase grammaticale complète est correcte puisque le verbe « parle » est bien suivi de sa postposition « de » (« **de** l'Afrique de l'Ouest ») mais le texte a été mal compris. Ne vous contentez pas de lire seulement la phrase où vous avez remarqué un des mots utilisé dans le début de la phrase donnée. Lisez toute la phrase ainsi que celles autour. |
| 4. D | D | L'élève a bien identifié la phrase faisant la critique de « Dianké » et repéré l'expression équivalente à « une réussite exceptionnelle » (« un coup de maître »). Il/Elle n'est pas tombé(e) dans le piège tendu par l'option H. Est-ce que vous pouvez trouver le mot du texte qui aurait pu conduire à choisir l'option incorrecte H ? |

## Choisissez les affirmation vraies

Vous devrez identifier les phrases vraies dans une série de phrases vraies et fausses. Les phrases suivent l'ordre du texte.

Chaque phrase fera référence à une information précise du texte mais la moitié des phrases seront incorrectes.

Vous pouvez inscrire les lettres pour les phrases dans l'ordre de votre choix. Écrivez clairement une lettre seulement dans chaque case. Si vous changez d'avis, barrez bien votre réponse. Inscrivez la nouvelle lettre à côté de la case et entourez-la.

>> **Assessment tip**

- You may find it helpful to cross out the statements that you have not selected.

- Choose the correct statements based on **what the text says**, rather than on your knowledge of the topic.

- Do not select a statement that is only partially true.

## Texte D : deuxième partie

Aïda Sock incarne avec brio Dianké, une jeune femme indépendante de la classe moyenne, confrontée en même temps au licenciement que lui a valu son refus de consentir à la corruption et à la mort d'un père n'ayant jamais fait partie de sa vie mais qui l'a ajoutée à son testament. La réplique lui est donnée par un casting de choix : Adama Diop (Lam Solo) ou encore Mentor Ba, Joséphine Zambo ou Massaer Diop. Pas de disparités dans la qualité. Celle-ci est au rendez-vous dans cette fiction radiophonique enregistrée en français mais qui sera bientôt adaptée dans plusieurs langues africaines comme le haoussa, le mandenkan et le fulfulde.

**SAMPLE PAPER**

Choisissez les **quatre** affirmations vraies selon le deuxième paragraphe. [4 points]

**A.** L'actrice Aïda Sock joue admirablement.

**B.** L'actrice Aïda Sock appartient à la bourgeoisie africaine.

**C.** Dianké est sans emploi.

**D.** Dianké était proche de son père.

**E.** Tous les acteurs jouent bien.

**F.** On a choisi des acteurs de qualité variable.

**G.** Dianké est déjà diffusé dans plusieurs langues.

**H.** On ne peut suivre Dianké qu'en français pour l'instant.

| Réponse correcte | Réponse de l'élève | Commentaires de l'examinateur |
|---|---|---|
| A | B | L'option B a été rapprochée d'une partie du texte qui reflète la même idée : « une jeune femme indépendante de la classe moyenne ». Cependant, l'élève a confondu **qui** était de la classe moyenne/bourgeoisie. L'option B mentionne l'actrice, alors que le texte parle de Dianké (le personnage/rôle). L'expression « avec brio » n'a pas été comprise et rapprochée de l'option A qui en est une définition. |
| C | C | Le mot clé dans l'option C est « sans emploi ». Il a été correctement associé au mot « licenciement » dans le texte. Pourquoi l'option D est-elle incorrecte et quels sont les mots du texte qui confirment qu'elle est incorrecte ? |
| E | E | Les options E et F se rapportent toutes deux aux acteurs et vont donc de pair. Le passage concernant les acteurs a été repéré : « La réplique lui est donnée par un casting de choix : Adama Diop (Lam Solo) ou encore Mentor Ba, Joséphine Zambo ou Massaer Diop. Pas de disparités dans la qualité. » Est-ce que vous pouvez identifier les mots clés qui confirment l'option E ? Quel est le mot de l'option F que l'on retrouve dans le texte et quelle importance a l'adjectif qui l'accompagne ? |
| H | G | L'élève n'a prêté attention qu'à **la liste de langues** mentionnées dans le texte et ignoré l'expression de temps dans l'option H (« pour l'instant »). Il/Elle a donc raté dans le texte le détail important apporté par l'adverbe « bientôt » et le verbe « être adapté » au futur (« enregistrée en français mais qui sera bientôt adaptée … »). |

**Trouvez les synonymes : quel mot/quelle expression du texte veut dire … ?**

- Ce type d'exercice consiste à trouver un mot ou une expression dans le texte ayant **la même signification et la même forme grammaticale** que le mot ou l'expression qui vous est donné(e) dans la question.

- La première étape de cette approche consiste à identifier les indices nécessaires à ce travail de déduction et ceux-ci seront légèrement différents suivant que vous cherchez un mot ou une expression.

## Texte D : troisième partie

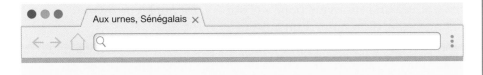
Aux urnes, Sénégalais ✕

Conformément à la tradition du conte africain, chaque épisode commence avec la même introduction. Certes, c'est accrocheur mais quel est donc le fil directeur qui captive les auditeurs ? Il est en tout cas déroulé par Dianké qui, après avoir perdu son emploi, poste une vidéo suscitant une réaction d'énorme sympathie auprès des jeunes. Il s'ensuit un bouleversement qui va la projeter sur la scène politique et la confronter à un adversaire acharné, qui se donnera tous les moyens de l'affaiblir : son propre frère, grand charmeur qui mène tout le monde par le bout du nez et qui ne reculera devant rien pour ébranler sa sœur. Mais Dianké n'a pas froid aux yeux et on ne peut s'empêcher de l'admirer. C'est une personnalité intègre et entière dont le bagou emmène toutes les générations derrière elle. Mais va-t-elle vraiment réussir à remporter les élections ?

**SAMPLE PAPER**

Dans le troisième paragraphe, trouvez les mots ou expressions qui signifient :

6. assurément

   ........................................................................

7. qui cause

   ........................................................................

8. obstiné

   ........................................................................

9. n'a peur de rien

   ........................................................................

10. la facilité de parole

    ........................................................................

**Assessment tip**

- Only scan the lines that you have been referred to in order to find a similar word or expression. Do not lose time looking elsewhere.

- Make sure that you have understood words in their **context**.

- Make sure that you have understood adjectives well. Where they are **placed** in a sentence (before or after their noun) can radically alter their meaning.

- If the question states that you need to find **a** word, do not provide **several**.

| Réponse correcte | Réponse de l'élève | Commentaires de l'examinateur |
|---|---|---|
| **6.** certes | certes | « Assurément » : à quel type de mot avez-vous affaire ? Un verbe, un adjectif, un adverbe ? <br><br> Les mots que vous cherchez sont dans l'ordre dans lequel ils apparaissent dans le texte. Ce premier mot va donc se trouver au **début** du passage. <br><br> Si vous ne connaissez pas le sens du mot qui vous est donné, décortiquez-le pour trouver sa racine et pensez à un mot lui ressemblant dans votre langue. Ici, l'idée de certitude a été identifiée et donc rapprochée du mot correct. |
| **7.** suscitant | une réaction | Le mot choisi complète le groupe verbal de la question 7 (« qui cause ») mais n'en est pas un synonyme. Est-ce que vous pouvez identifier un verbe exprimant la même idée ? |
| **8.** acharné | charmeur | Vous devez trouver un synonyme pour « obstiné ». De quel type de mot s'agit-il ? D'un verbe, d'un nom, d'un adjectif ? <br><br> L'élève a compris que c'était un adjectif mais n'a pas choisi le bon. Il y a deux adjectifs masculins se rapportant au frère de Dianké dans cette portion du texte. En observant le mot « obstiné » de plus près, vous pouvez peut-être en déduire son sens en le rapprochant de votre propre langue et donc en déduire qu'il n'a rien à voir avec « charmeur ». |
| **9.** n'a pas froid aux yeux | ne reculera devant rien | L'élève a bien identifié dans le texte un groupe de mots qui comporte un verbe (« reculera ») mais n'a pas tenu compte de sa forme grammaticale (il est **conjugué au futur**). Le mot « rien » dans le texte et dans la question a sans doute joué dans le choix de l'élève. Néanmoins, la réponse est également incorrecte sur le plan linguistique car 'reculer' n'est pas tout à fait synonyme de 'ne pas avoir peur'. Est-ce que vous pouvez repérer l'expression qui transmet un message similaire ? |
| **10.** le bagou | le bagou | Le mot correct du texte a été repéré. « La facilité de parole » est la dernière expression pour laquelle il faut trouver un synonyme. Celle-ci va donc se situer vers la fin du passage. Il s'agit d'un groupe de nom qui sera donc soit sujet soit complément d'un verbe dans une phrase du texte. Les noms qui pourraient être remplacés par « la facilité de parole » vers la fin du texte ne sont pas nombreux. Le mot « bagou » est le seul qui peut être remplacé avec « la facilité de parole » car on conserve une structure qui a du sens et on ne change pas la signification de la phrase. |

**>> Assessment tip**

- Look at the word on either side of the gap and think about the **type of word** that is therefore required.

- Cross the words off the list as you use them.

- If you are unsure about a gap, leave it and go back to it once you have completed the other gaps.

- Make sure that your completed sentence reflects what the text says **and** is grammatically correct.

### Complétez les blancs (choix multiple)

Certains mots clés ont été retirés du texte et vous devez les retrouver dans la liste qui vous est proposée. On vous donnera le double de mots nécessaires, dans l'ordre alphabétique. Les mots qui manquent appartiendront à diverses catégories grammaticales et pourront donc être des connecteurs, des pronoms, des verbes, etc.

### Texte D : quatrième partie

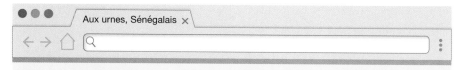
Aux urnes, Sénégalais ×

Le but est de présenter une fiction réaliste [–11–] puisse susciter le débat sur l'émancipation des femmes, la participation citoyenne et la corruption. [–12–] RFI, la série cherche ainsi à montrer où se placent les femmes en Afrique [–13–], à décrire leurs aspirations et à inspirer la nouvelle génération [–14–] faisant naître des vocations et des projets. Un pari qui, décidément, pourrait [–15–] être gagné.

Complétez le paragraphe 4 du texte avec des mots de la liste suivante :

|  | actuellement | après | bien |
| en | en fait | par | peut-être |
|  | qui | que | selon |

**11.** [–11–] .................................................................

**12.** [–12–] .................................................................

**13.** [–13–] .................................................................

**14.** [–14–] .................................................................

**15.** [–15–] .................................................................

| Réponse correcte | Réponse de l'élève | Commentaires de l'examinateur |
| --- | --- | --- |
| **11.** qui | que | Le trou est suivi d'un verbe conjugué, ce qui implique d'utiliser un sujet. La liste n'en propose pas mais offre deux pronoms relatifs permettant de lier les deux parties d'une phrase. L'élève a confondu la fonction grammaticale de 'que' et 'qui' : '**que**' est toujours **complément** dans une phrase et donc généralement suivi d'un mot faisant office de sujet au verbe qui suit tandis que '**qui**' est toujours **sujet d'un verbe** et donc généralement immédiatement suivi d'un verbe. |
| **12.** selon | selon | La préposition correcte a été identifiée. Si vous n'êtes pas sûr(e) de votre réponse, revenez-y plus tard, après avoir complété les autres blancs. Essayez alors les différentes options qui vous restent une par une, éliminez celles qui ne marchent pas sur le plan grammatical mais aussi celles qui changent le sens du texte. |
| **13.** actuellement | en fait | Bien que l'expression « en fait » soit possible sur le plan linguistique, elle n'exprime pas bien ce dont parle Dianké. Il ne s'agit pas de parler de la situation réelle des Africaines mais de **leur situation actuelle**. Ceci est suggéré par les informations qui suivent mais on y fait aussi allusion plus haut dans le texte. L'adverbe « actuellement » peut prêter à confusion car il rappelle le mot anglais *actually* (*in fact*, proche de 'en fait'). C'est un faux ami ayant le sens de 'maintenant'. |
| **14.** en | en | Le participe présent qui suit le blanc a été identifié et l'élève a pensé à la structure grammaticale 'en' + verbe finissant par '-ant'. Cette structure exprime un moyen/une manière mais l'élève n'est pas 'tombé(e) dans le piège' du mot « par », souvent utilisé pour exprimer un moyen/une manière mais avec un **nom**. |
| **15.** bien | peut-être | L'adverbe « peut-être » est un choix grammatical possible pour ce blanc mais le reste de la phrase indique une certitude plutôt qu'une incertitude : « Un pari qui, **décidément**, pourrait … ». |

## Démarche guidée

Dans cette section, nous vous proposons de vous entraîner à différents types de questions sur un passage tiré de *Métaphysique des Tubes* d'Amélie Nothomb. Bien que les textes littéraires ne se trouvent qu'au niveau supérieur, vous pouvez tenter de répondre à ces questions pour vous entraîner, même si vous ne vous préparez qu'au niveau moyen. Lisez l'extrait qui suit. Aidez-vous des conseils ci-dessus et des suggestions accompagnant les questions.

**Texte E**

Maman m'expliqua avec douceur que, de toute façon, un jour, je quitterais Nishio-san[1].

– Ton père ne sera pas éternellement en poste au Japon. Dans un an, ou deux ans, ou trois ans, nous partirons. Et Nishio-san ne partira pas avec nous. À ce
5    moment, il faudra bien que tu la quittes.

L'univers s'effondra sous mes pieds. Je venais d'apprendre tant d'abominations à la fois que je ne pouvais même pas en assimiler une seule. Ma mère n'avait pas l'air de se rendre compte qu'elle m'annonçait l'Apocalypse.

Je mis du temps à pouvoir articuler un son.

10    – Nous n'allons pas toujours rester ici ?

– Non, ton père sera en poste ailleurs.

– Où?

– On ne le sait pas.

– Quand?

15    – On ne le sait pas non plus.

– Non, moi je ne pars pas. Je ne peux pas partir.

– Tu ne veux plus vivre avec nous ?

– Si. Mais vous aussi, vous devez rester.

– Nous n'avons pas le droit.

20    – Pourquoi ?

– Ton père est diplomate. C'est son métier.

– Et alors ?

– Il doit obéir à la Belgique.

– Elle est loin, la Belgique. Elle ne pourra pas le punir s'il désobéit.

25    Ma mère rit. Je pleurai de plus belle.

– C'est une blague, ce que tu m'as dit. On ne va pas partir !

– Ce n'est pas une blague. Nous partirons un jour.

– Je ne peux pas partir ! Je dois vivre ici ! C'est mon pays ! C'est ma maison !

– Ce n'est pas ton pays !

30    – C'est mon pays ! Je meurs si je pars !

Je secouai la tête comme une folle. J'étais dans la mer, j'avais perdu pied, l'eau m'avalait, je me débattais, je cherchais un appui, il n'y avait plus de sol nulle part, le monde ne voulait plus de moi.

– Mais non, tu ne mourras pas.

35    En effet : je mourais déjà. Je venais d'apprendre cette nouvelle horrible que tout humain apprend un jour ou l'autre : ce que tu aimes, tu vas le perdre. « Ce qui t'a été donné te sera repris » : c'est ainsi que je me formulai le désastre qui allait être le leitmotiv de mon enfance, de mon adolescence et des péripéties subséquentes. « Ce qui t'a été donné te sera repris » : ta vie entière sera rythmée
40    par le deuil. Deuil du pays bien-aimé, de la montagne, des fleurs, de la maison, de Nishio-san et de la langue que tu lui parles. Et ce ne sera jamais que le premier deuil d'une série dont tu n'imagines pas la longueur. Deuil au sens fort, car tu ne récupéreras rien, car tu ne retrouveras rien : on essaiera de te

45 berner comme Dieu berne Job en lui « rendant » une autre femme, une autre demeure et d'autres enfants. Hélas, tu ne seras pas assez bête pour être dupe.

– Qu'est-ce que j'ai fait de mal? sanglotai-je.

– Rien. Ce n'est pas à cause de toi. C'est comme ça.

[1] Nishio-san est la gouvernante d'Amélie, l'auteure du livre dont le passage est tiré.

## Questions à choix multiple (lignes 1–5)

SAMPLE PAPER

Choisissez la bonne réponse.

1. La mère d'Amélie lui fait part …

   A. d'une réalité prochaine.

   B. de ses liens de parenté.

   C. de leur situation familiale.

   D. de ses rêves.

| Question | Suggestions |
|---|---|
| 1. La mère d'Amélie lui fait part … | • Soulignez les <u>mots clés</u> : « je quitterais », « ne sera pas éternellement en poste », « nous partirons ».<br>• Prêtez attention aux temps des verbes utilisés dans le texte et dans les options.<br>• Identifiez les **mots-pièges** et ne vous laissez pas distraire par eux : « Maman », « Ton père », « la gouvernante ». |

> **Maman** m'expliqua avec douceur que, de toute façon, un jour, <u>je quitterais</u> Nishio-san[1].
>
> – **Ton père** <u>ne sera pas éternellement en poste</u> au Japon. Dans un an, ou deux ans, ou trois ans, <u>nous partirons</u>. Et Nishio-san ne partira pas avec nous. À ce moment, il faudra bien que tu la quittes.
>
> [1] Nishio-san est **la gouvernante** d'Amélie, l'auteure du livre dont le passage est tiré.

• Quelle option allez-vous choisir maintenant ?

## Trouvez les synonymes

SAMPLE PAPER

Trouvez dans les lignes 6–15 les mots ou expressions qui signifient :

2. s'est désintégré brusquement

   ......................................................................

3. une catastrophe

   ......................................................................

4. il travaillera

   ......................................................................

| Question | Suggestions |
|---|---|
| 2–4. | • Vous devez trouver un synonyme aux mots qui vous sont proposés.<br>　– Quel type de mot avez-vous dans la question ?<br>　– Un nom (masculin/féminin) ?<br>　– Un verbe (à l'infinitif/conjugué/à quel temps ?) ?<br>　– Un adjectif (masculin/féminin/singulier/pluriel) ? |
| 2. s'est désintégré brusquement | • **Que veut dire** le groupe verbal dans la question ?<br>• Rappelez-vous que les mots donnés **suivent l'ordre du texte**. Celui-ci va donc se trouver **au début** du passage.<br>• Quel mot du texte allez-vous choisir ? |
| 3. une catastrophe | • Vous devez trouver un synonyme à « catastrophe ».<br>• De quel type de mot s'agit-il ?<br>• À quel mot de **votre propre langue** le mot vous fait-il penser ?<br>• Quels sont les mots **du même sens** dans le passage ?<br>• Quel mot du texte allez-vous choisir maintenant ? |
| 4. il travaillera | • Vous devez trouver une phrase synonyme à « il travaillera ».<br>• Pouvez-vous trouver un groupe verbal similaire dans le texte ?<br>• Notez bien le temps du verbe ; il faudra en trouver un au même temps.<br>• Si vous en avez trouvé un, est-ce que la phrase garde **le même sens** quand vous le substituez avec « il travaillera » ? |

## Vrai/faux et justification

SAMPLE PAPER

Les affirmations suivantes, basées sur les lignes 16–25, sont soit vraies, soit fausses. Cochez [✓] la bonne réponse et justifiez votre réponse par des mots du texte. Ces **deux** exigences doivent être respectées pour obtenir un point.

|  | Vrai | Faux |
|---|---|---|
| **5.** Amélie préfère vivre avec Nishio-san seulement.<br>Justification : ............................................. | ☐ | ☐ |
| **6.** Le père d'Amélie peut faire ce qu'il veut.<br>Justification : ............................................. | ☐ | ☐ |
| **7.** Amélie ne parvient pas à maîtriser ses larmes.<br>Justification : ............................................. | ☐ | ☐ |

| Question | Suggestions |
|---|---|
| 5–7. | • Soulignez les <u>mots clés</u> de la question.<br>• Identifiez la/les phrase(s) du passage qui se rapporte(nt) à la question.<br>• Ne vous arrêtez pas aux mots qui sont les mêmes dans le texte et dans la question. Lisez bien **tout** le passage approprié.<br>• Quel est le **sens exact** de la phrase qui vous est donnée ?<br>• **Ciblez** les mots pour votre justification. |
| 5. Amélie <u>préfère vivre avec Nishio-san seulement</u>. | • Prenez en compte ce que vous avez déjà lu dans le texte. Par exemple, que sait-on de Nishio-san jusqu'à présent ?<br>• Pourquoi la question « Tu ne veux **plus vivre avec nous** ? » peut-elle présenter un piège ?<br>• Quelle est votre réponse maintenant ? |

| Question | Suggestions |
|---|---|
| **6.** Le <u>père</u> d'Amélie <u>peut faire ce qu'il veut</u>. | • Quelle est votre réponse maintenant ? |
| **7.** Amélie <u>ne</u> parvient <u>pas</u> à <u>maîtriser</u> ses <u>larmes</u>. | • Avez-vous prêté attention à une négation/un adverbe/une expression de temps dans la question ?<br>• Rappelez-vous que le texte et la question peuvent exprimer la même chose **même si la structure grammaticale est différente**.<br>• Pouvez-vous trouver une expression similaire dans le texte ?<br>• Quelle est votre réponse maintenant ? |

## Répondez aux questions

Répondez aux questions suivantes en vous basant sur les lignes 26–39.

**8.** Pourquoi est-ce que l'idée de quitter le Japon révolte Amélie ?

..................................................................................................

**9.** Parmi les quatre affirmations suivantes, laquelle **n'est pas** correcte ?

    **A.** Amélie a le sentiment de devenir folle.

    **B.** Amélie a l'impression de se noyer.    ☐

    **C.** Amélie croit tomber.

    **D.** Amélie se sent rejetée par la planète entière.

**10.** Qu'est-ce qu'Amélie apprend en parlant avec sa mère ?

..................................................................................................

| Question | Suggestions |
|---|---|
| **8.** <u>Pourquoi</u> est-ce que l'idée de quitter le Japon révolte Amélie ? | • On vous demande **une raison**. Par conséquent, par quel mot allez-vous commencer votre réponse ?<br>• Quels sont les autres <u>mots clés</u> de la question ?<br>• Pourquoi « elle doit vivre au Japon » serait une réponse fausse ? |
| **9.** Parmi les quatre affirmations suivantes, laquelle **n'est pas** correcte ? | • Lisez toujours les instructions de près. On vous demande d'identifier la phrase qui **n'est pas correcte**.<br>• Rappelez-vous que les affirmations données suivent l'ordre du texte et qu'en plus, c'est la **deuxième** des trois questions qui vous sont posées. La réponse devrait donc se trouver vers le **milieu** du passage. |
| **10.** Qu'est-ce qu'Amélie <u>apprend</u> en parlant avec sa mère? | • On vous demande de trouver **quelque chose**.<br>• C'est la **dernière** des trois questions qui vous sont posées. La réponse devrait donc se trouver vers la **fin** du passage.<br>• Rappelez-vous que pour répondre, vous pouvez utiliser les mots du texte ou même le citer. Si vous le citez, veillez bien à cibler les mots clés et à ne pas écrire une citation trop longue. |

**Finissez les phrases**

`SAMPLE PAPER`

En vous appuyant sur les lignes 39–47, finissez les phrases suivantes avec des mots du texte.

**11.** Toute sa vie, Amélie va devoir vivre …

.........................................................................................

**12.** Quand elle sera adulte, Amélie verra que tout le monde complotera pour la …

.........................................................................................

**13.** La mère d'Amélie sait que l'intelligence de sa fille l'empêchera d'…

.........................................................................................

**14.** Amélie ne comprend pas qu'elle n'a rien …

.........................................................................................

| Question | Suggestions |
|---|---|
| **11–14.** | • Quel type de mot avez-vous à la fin de la phrase donnée ?<br>• Une fois que vous avez complété la phrase avec **les mots exacts** du texte, est-ce que la **phrase complète** est correcte sur le plan grammatical **et** exprime **la même chose** que le texte ? |
| **11.** Toute sa vie, Amélie va devoir vivre … | • Analysez la phrase : avez-vous besoin d'un complément, d'un sujet, d'une phrase relative ? |
| **12.** tout le monde complotera pour la … | • Quel type de mot avez-vous à la fin de la phrase donnée ? Est-ce qu'il s'agit de l'article « la » ou du complément d'objet « la » ? Quelle va être la conséquence de la conclusion à cette question ?<br>• Quel pronom peut exprimer l'idée de « tout le monde » ? Ceci pourrait vous aider à situer la phrase clé. |
| **13.** l'intelligence de sa fille l'empêchera d'… | • Qu'est-ce que l'apostrophe du dernier mot « d' » implique ?<br>• Quelle est la catégorie et fonction de ce « d' »/« de » ? Est-ce qu'il va avec le verbe qui le précède ? Si c'est le cas, quelle est la conséquence grammaticale ?<br>• Vous avez déjà répondu à deux questions pour ce passage. Par conséquent, **où** dans le passage allez-vous trouver les mots de votre réponse ? |
| **14.** Amélie ne comprend pas qu'elle n'a rien … | • Que suggèrent les trois derniers mots qui finissent la phrase donnée : le verbe 'avoir' à la forme négative ?<br>• À quelle structure grammaticale/à quel temps avez-vous affaire ? Repérez cette même structure/ce même temps vers la **fin** du texte. |

## Reflections on chapter 6

Think about the following questions:

- Do you understand the different ways you read and how that can help your reading approach?
- Do you have a better idea of what you can do to improve your reading skills?
- Can you apply some of the suggestions to answering questions in Paper 2?
- Do you have a good understanding of the examination format for the reading component?
- Do you know what is expected of you in the examination and how you can best answer the different types of questions?
- What are you going to do next to integrate what you have learned in this chapter into your learning routine?
- Where can you find past papers to practise this part of the examination?

# 7 ÉVALUATION INTERNE – ORAL INDIVIDUEL (NIVEAU MOYEN)

## The aims of this chapter

The oral component assesses your ability to:

- communicate clearly and effectively in a range of contexts and for a variety of purposes
- understand and use language appropriate to a range of interpersonal and/or intercultural contexts and audiences
- understand and use language to express and respond to a range of ideas with fluency and accuracy
- identify, organize and present ideas on a range of topics
- describe, analyse and reflect upon an image.

In this chapter, you will look at:

- ✔ how to choose an appropriate image and theme for the oral
- ✔ how to prepare an effective presentation
- ✔ how to participate in a lively, thoughtful discussion about your chosen theme, and a conversation about what you have studied
- ✔ how to develop your views on a range of topics studied in class
- ✔ how to learn from others, with practical examples for all the above.

## COMMENT RÉUSSIR À L'ORAL INDIVIDUEL (NIVEAU MOYEN) ?

### Questions à considérer :

- Que savez-vous déjà de l'évaluation orale individuelle au niveau moyen ?
- Quelles techniques et stratégies utiles avez-vous déjà appris sur la présentation d'une image dans une situation d'examen ?
- Comment jugez-vous votre niveau de français parlé ?
- Qu'espérez-vous apprendre pour améliorer votre français parlé?

### En quoi consiste l'examen oral individuel ?

L'examen oral individuel compte pour 25% des notes de votre score final.

Cette épreuve est une composante intégrale, obligatoire et importante, à bien préparer avant l'examen, **peu importe votre niveau linguistique au début de vos études dans ce programme**. Un oral bien préparé réussira toujours mieux qu'un oral fait à l'improviste, sans préparations.

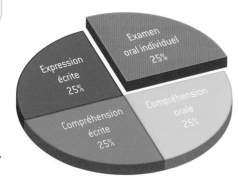

Le schéma suivant montre les différentes étapes de l'oral individuel et souligne l'importance du temps de préparation.

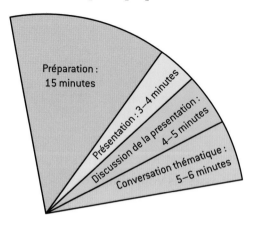

Les différentes étapes de l'oral individuel se répartissent de la façon suivante :

| | **En quoi cela consiste** | **Remarques** |
|---|---|---|
| **Préparation**<br><br>**15 minutes** | Votre professeur vous donnera **deux** images, chacune associée à un thème du programme : Identités, Expériences, Ingéniosité humaine, Organisation sociale, Partage de la planète. Chaque image sera accompagnée d'une indication du thème.<br><br>Vous choisirez **une** de ces deux images.<br><br>Choisissez l'image sur laquelle vous avez le plus à dire.<br><br>Vous pouvez prendre des notes sur une feuille blanche qu'on vous donnera : maximum **10 points puce**. | Pendant la période de préparation :<br><br>• vous serez surveillé<br><br>• vous n'avez pas le droit d'utiliser d'autre matériel (dictionnaire, livre, notes, etc.). |
| **Partie 1 : Présentation**<br><br>**3–4 minutes** | Votre présentation peut être organisée en plusieurs parties :<br><br>• Une description de l'image (maximum 30 secondes)<br><br>• Les liens entre l'image, le thème global et peut-être un ou deux sous-thème(s) (environ trois minutes) :<br><br>  – Commentez le contenu visuel et le thème global, ou les sous-thèmes.<br><br>  – Reliez vos analyses à l'expérience d'une communauté francophone.<br><br>  – Donnez des exemples concrets.<br><br>• Une conclusion (maximum 30 secondes) :<br><br>  – Résumez vos opinions personnelles sur le sujet.<br><br>  – Évaluez vos observations interculturelles. | L'objectif de cette partie est de montrer vos compétences **d'organisation d'une présentation** sur un sujet étudié en classe.<br><br>• Utilisez vos notes, mais ne lisez pas de texte rédigé.<br><br>• Faites des références explicites à l'image.<br><br>• Associez votre présentation à l'expérience d'une communauté francophone.<br><br>• Normalement on ne vous interrompra pas.<br><br>• On vous interrompra après quatre minutes. Avant cette fin, assurez-vous de présenter les idées essentielles à développer en discussion. |
| **Partie 2 : Discussion sur la présentation**<br><br>**4–5 minutes** | Votre professeur engagera une discussion sur le thème illustré par l'image.<br><br>Vous pourrez :<br><br>• entrer dans les détails du thème global ou de ses sous-thèmes<br><br>• interpréter et évaluer les idées présentées<br><br>• y associer vos expériences personnelles<br><br>• montrer votre compréhension interculturelle, surtout en commentant l'expérience francophone. | L'objectif de cette partie est de montrer vos **compétences interactives** dans une **discussion plus approfondie** de certains aspects de votre présentation.<br><br>• On vous posera des questions pour approfondir la discussion du thème.<br><br>• Après un maximum de cinq minutes, on annoncera la fin de cette discussion : « Nous allons maintenant passer à la troisième partie », ou une indication similaire. |
| **Partie 3 : Conversation générale**<br><br>**5–6 minutes** | Votre professeur engagera une conversation sur un ou plusieurs des sous-thèmes étudiés en classe.<br><br>Vous pourrez :<br><br>• montrer votre compréhension d'une culture francophone ou d'une variété de ces cultures<br><br>• associer vos idées à vos études du programme du diplôme<br><br>• montrer votre compréhension interculturelle en faisant des comparaisons avec d'autres cultures<br><br>• préciser vos opinions personnelles sur les sujets abordés. | L'objectif de cette partie est aussi de montrer vos **compétences interactives** dans une **conversation authentique sur un thème que vous n'aurez pas préparé spécifiquement pour cet oral**.<br><br>• Votre professeur échangera des idées avec vous, pour vous laisser vous exprimer librement.<br><br>• À la fin de cette partie, votre professeur annoncera la fin de l'examen.<br><br>• Remettez l'image et toutes vos notes à votre professeur. |

**Remarque :** tout l'examen sera enregistré pour une normalisation des notes du professeur. Les notes attribuées par le professeur sont confidentielles et ne sont pas définitives.

## Comment puis-je bien me préparer pour cet examen ?

Pour le programme de Langue B, il y a cinq thèmes généraux : d'importance personnelle, locale, nationale et mondiale. Les thèmes et une variété de sous-thèmes étudiés en classe sont reliés à l'expérience de certaines communautés francophones (en Afrique, en Amérique, en Asie, en Europe, dans l'Océan Pacifique), résumés ici.

| Thème | Sujets recommandés optionnels |
|---|---|
| Identités | Styles de vie, Santé et bien-être, Convictions et valeurs, Sous-cultures, Langue et identité |
| Expériences | Activités de loisirs, Vacances et voyages, Récits de vie, Rites de passage, Coutumes et traditions, Migration |
| Ingéniosité humaine | Divertissements, Expressions artistiques, Communications et médias, Technologie, Innovation scientifique |
| Organisation sociale | Relations sociales, Communauté, Engagement social, Éducation, Monde du travail, Ordre public |
| Partage de la planète | Environnement, Droits de l'homme, Paix et conflits, Égalité, Mondialisation, Éthique, Environnements urbains et ruraux |

## Partie 1 : présentation

Dans la première partie de l'examen on vous donnera **deux** images, chacune intitulée par un thème à présenter et à discuter. Les images sont toutes les deux associées à vos études. Vous choisissez l'image et le thème que vous préférez.

### Comment faire un bon choix d'image ?

Voici cinq images avec des titres : un par thème général du programme. Quelle image préférez-vous ? Réfléchissez aux raisons de votre choix.

A.

Thème : Identités

B. 10 000 TOP EXPERIENCES, PARTOUT DANS LE MONDE

Thème : Expériences

C.
Thème : Ingéniosité humaine

D.

*En Marche sur nos libert*
Thème : Organisation sociale

E.

Thème : Partage de la planète

> **» Tip**
>
> Practise speaking French as often and for as long as possible. Speak up in class, and don't worry about any mistakes you might make. It is much more important to participate spontaneously and keep going with what you have to say.
>
> Once you're in flow, don't hesitate too often and don't hold off speaking until you are sure that what you have to say is correctly expressed. If you do this too much, you may miss the appropriate moment to have your contributions heard.
>
> Frequent practice increases confidence and helps your spoken French sound more natural, which will help you gain higher marks.

> **ATL Compétences de pensée**
>
> Si possible, comparez et discutez vos choix avec, entre autres, des camarades qui étudient le programme. Vous trouverez des explications au cours de ce chapitre confirmant dans quelle mesure vos choix sont appropriés et pourquoi.

ATL

## Compétences de pensée

Approfondissez votre réflexion par des justifications explicites de votre choix.

Ne choisissez pas forcément un sujet que vous préférez au premier coup d'œil, avant de préparer vos idées de présentation, et sans penser à la deuxième alternative proposée.

Comme dans le tableau ci-contre, il y a de nombreux facteurs à prendre en considération et à évaluer pour faire un bon choix.

## >> Assessment tip

Your choice of image is likely to be a compromise between what you feel you can describe well, and what you can potentially develop as a perceptive analysis of the image.

This compromise will include assessing how effectively you can present your opinions on the theme and link your analysis to the experience of at least one French-speaking community, as well as drawing conclusions which may suggest some ways for solving problems.

The details you mention and the conclusions you draw will prompt ideas for discussion in the second part of the oral exam.

Considérez les aspects ci-dessous qui peuvent influencer votre choix et notez les raisons qui justifient vos réponses. Ensuite, modifiez votre choix d'image si vous voulez.

| | Oui | Non |
|---|---|---|
| • J'ai plein d'idées à présenter, parce que nous avons beaucoup étudié ce thème en classe. | | |
| • L'image est riche en détails à décrire. | | |
| • Il faut interpréter la signification de cette image parce que son message visuel n'est pas évident. | | |
| • Cette image est provocatrice : je suis passionnément pour (ou contre) son message. | | |
| • Je peux facilement relier mes idées avec mes connaissances d'une communauté francophone. | | |
| • Il s'agit d'une image qui me concerne, ou me perturbe, très personnellement. | | |
| • J'ai déjà fait cette présentation avec une image similaire. | | |
| • Le message de cette image nécessite une argumentation logique, étayée par des exemples précis. | | |
| • J'ai trop de choses à dire pour me limiter à quatre minutes de présentation. | | |
| • Ma présentation sera très simple. J'arriverai aux trois minutes minimum avant de commencer la discussion. | | |
| • J'ai tout le vocabulaire nécessaire pour présenter cette image. | | |
| • En classe, on adore débattre ce thème. Nous entamons toujours des discussions animées ! | | |
| • J'ai fait beaucoup de recherches précises sur l'impact de ce thème sur une communauté francophone. | | |

Notez dans le tableau ci-dessous les éléments importants d'une bonne présentation et considérez comment vous pouvez les intégrer dans l'organisation de vos idées.

| Je peux développer ... | Très facilement | Assez facilement | Avec difficulté | Impossible à faire |
|---|---|---|---|---|
| une description riche en vocabulaire adapté au thème et varié | | | | |
| une interprétation cohérente de la signification de l'image | | | | |
| des opinions justifiées sur le thème de l'image | | | | |
| des liens assez détaillés entre la situation illustrée et son impact sur une communauté francophone | | | | |
| une argumentation organisée de façon logique qui saurait convaincre mon public | | | | |
| des exemples détaillés qui étayent mes opinions et renforcent mon argument | | | | |
| une conclusion qui suggère des questions précises à discuter (et pour lesquelles, j'aurai préparé quelques arguments) | | | | |
| suffisament d'idées pour présenter mon introduction, mes arguments et ma conclusion, sans longues hésitations ou interruptions de la part de mon professeur | | | | |

Si, en majorité, vos réponses ne sont pas positives, changez votre choix d'image et de thème. Analysez votre nouvelle préférence de la même manière et demandez-vous si les images illustrées ici répondent au genre de questions ci-dessous :

### Image A : Identités

- Y a-t-il assez de détails visuels à décrire en utilisant un vocabulaire et des expressions variés, idiomatiques, parfois sophistiqués et bien adaptés au thème ?
- Peut-on faire un lien cohérent et naturel entre ce thème et son impact sur une communauté francophone ?
- Quels aspects de ce thème peut-on discuter en plus de profondeur ?

### Image B : Expériences

- Cette image est riche en sous-thèmes et détails. Y en-a-t-il trop pour une présentation d'un maximum de quatre minutes ? Si oui, que choisir et comment justifier un choix particulier qui ignore d'autres éléments importants de l'image ?
- Puis-je indiquer d'autres sujets à discuter par la suite ?
- Dans ma présentation, puis-je associer mon expérience personnelle avec le monde francophone ?

### Image C : Ingéniosité humaine

- Il faut présenter une interprétation de cette image. Ai-je bien compris la situation et sa signification pour les personnes concernées ?
- Ai-je assez de connaissances précises pour associer le thème à l'expérience d'une communauté francophone ?
- Ai-je pris position ou développé une opinion claire et justifiable sur la situation illustrée ?

### Image D : Organisation sociale

- Ai-je clairement compris ce qui se passe dans cette image ?
- Suis-je capable d'expliquer, entre autres : le message de ces manifestants ; leur comportement ; leur port de masques ; seulement certains aspects (et dans ce cas, puis-je facilement en discuter d'autres, si on les mentionne) ?
- Puis-je représenter le pour et le contre de cette manifestation, ou d'une manifestation similaire, de façon convaincante ?

### Image E : Partage de la planète

- Cette image est très simple et précise. Ai-je le vocabulaire nécessaire pour présenter tout son contenu ?
- S'agit-il d'un problème qui me passionne vraiment et dont je veux parler ?
- Puis-je commenter ce thème et proposer quelques solutions pour convaincre mon public de la force de mes arguments ?

## Comment ma présentation sera-t-elle évaluée ?

La présentation sera évaluée avec le critère A et le critère B1.

**Attention !** Les critères proposés dans ce chapitre ont été décomposés en sous-critères pour vous aider à vous focaliser sur chaque aspect à maîtriser. Ces aspects contribuent à la qualité globale de votre performance. Vous trouverez les critères originaux dans le *Guide de Langue B*.

## ATL Compétences de pensée et d'autogestion

Réfléchissez à ces descriptions linguistiques, ce critère étant le plus important pour l'attribution de points : la réussite sous les autres critères dépend de votre performance sous le critère A.

Identifiez les sous-critères (à gauche du tableau) pour lesquels votre performance n'est pas au moins acceptable : c'est-à dire, au moins **5 points**. Ce sont les domaines sur lesquels vous devriez vous concentrer pour améliorer la qualité de votre expression orale en français.

## Critère A : langue

À noter que ce critère sera appliqué sur tout l'enregistrement de votre examen oral, sur les trois parties qui le compose. Sa valeur est le **double** des autres critères.

Dans le tableau ci-dessous, notez bien les éléments essentiels recherchés par l'examinateur, et la progression d'un niveau à l'autre.

| Sous-critères | 1–3 points | 4–6 points | 7–9 points | 10–12 points |
|---|---|---|---|---|
| Vocabulaire et expressions | Très simples, parfois avec quelques erreurs | Appropriés, avec quelques termes spécifiques aux thèmes traités | Variés et nuancés. Spécifiquement adaptés aux sujets traités | Adaptés aux sujets de l'épreuve, variés, idiomatiques et parfois sophistiqués |
| Structures grammaticales | Élémentaires et souvent répétitives, parfois influencées par une autre langue | Quelques phrases complexes (au moins deux idées combinées en une seule phrase). Quelques erreurs qui rendent la compréhension difficile | Phrases complexes avec une variété de structures. La langue est toujours compréhensible | Phrases complexes avec une grande variété de structures. La langue est toujours très facile à comprendre |
| Occurrence et importance des fautes de grammaire | Il y a des erreurs fréquentes de grammaire élémentaire qui gênent la communication | Quelques erreurs qui rendent la compréhension parfois difficile | Facile à comprendre, même s'il y a quelques erreurs passagères | Toujours facile à comprendre, sans erreurs importantes |
| Prononciation et énonciation | Parfois difficiles à comprendre parce qu'elles sont influencées par une autre langue | Globalement claires et faciles à comprendre | Claires ; les erreurs ne déforment pas le sens | Claires, avec une prononciation authentique même s'il reste des traces d'une autre langue |
| Débit de l'expression | Parfois avec silences qui perturbent la fluidité de l'expression | Assez fluide ; les hésitations ne perturbent pas l'écoute | Fluide : les hésitations sont celles d'un échange naturel | Fluide : les hésitations sont celles d'un échange naturel |
| Intonation | Monotone et parfois influencée par une autre langue ou la récitation d'un texte. Peut gêner la compréhension | Assez naturelle et variée, pas toujours sur le même ton | Variée de façon naturelle. Donne envie à l'auditeur d'écouter | Vivace et animée. Renforce l'attention de l'auditeur |

## >> Tip

Ensure that your spoken French is clear and easy to understand but don't struggle to sound exactly like a native speaker. Concentrate instead on preparing well in areas in which you know you are strong:

- Develop your range of thematic vocabulary and idiomatic expressions by revising language notes on texts you have studied.
- Eliminate any grammatical errors that you often make by improving your knowledge of the relevant grammar.
- Eliminate mispronunciations resulting from how words are written in French. Remember, for example, that certain letters and combinations of letters may not be pronounced at all in spoken French, such as the **-ent** ending of verbs in the third person plural, or the final **-s**, or **-x** ending of many nouns in the plural.
- Avoid reading out written texts and concentrate instead on practising spontaneous, unscripted speaking.
- Consciously vary your intonation for a more natural delivery.
- Practise, practise, practise! This will help you hesitate less as you become more confident and certain of what you want to say.

Ask your teacher for further advice on where you could best concentrate your efforts.

## Critère B1 : message (stimulus visuel)

Ce critère s'applique seulement sur le contenu de votre présentation. Dans le tableau ci-dessous, notez bien les éléments essentiels recherchés par l'examinateur, et la progression d'un niveau à l'autre.

| Sous-critères | 1–2 points | 3–4 points | 5–6 points |
|---|---|---|---|
| Description de l'image | Certains éléments qui manquent limitent la cohérence d'une description simple | Se limite à ce qu'on peut voir, ou comprendre directement | Présente une variété d'aspects visuels, avec des descriptions nuancées |
| Interprétation de l'image | Absente, ou très banale | Cohérente, mais sans complexité ou nuances | Bien nuancée et parfois sophistiquée, avec des analyses du contenu |
| Analyses du thème de l'image | Absentes ou très simples<br>Peut-être banales et sans justifications | Claires et cohérentes, même si peu développées ou sophistiquées | Toujours cohérentes et parfois perspicaces, justifiées de façon sophistiquée |
| Opinions personnelles sur le thème | Absentes, ou plutôt des généralités ou lieux communs<br>Globalement peu convaincantes | Claires et appropriées, même si peu développées ou nuancées | Toujours pertinentes et parfois perspicaces, clairement justifiées<br>Opinions convaincantes |
| Références à au moins une culture francophone | Sans références aucunes | Référence très simple, mais pertinente | Références claires, pertinentes, et informées d'une façon qui renforce les affirmations |

**Attention !** Les présentations sans références à au moins **une** culture francophone sont limitées à un maximum de 3 points pour tout ce critère.

## Quelques astuces pour la présentation orale

### Action

- Considérez les images à la page 123 et le critère B1.
- Choisissez l'image que vous préférez et préparez une présentation formelle.
- Alternativement, choisissez une autre image sur un des thèmes du programme.
- Considérez tous les éléments nécessaires pour une présentation efficace :
  - le sujet de la présentation
  - un vocabulaire varié pour décrire l'image
  - des exemples concrets tirés de vos connaissances d'une communauté francophone
  - des interprétations de la signification des éléments visuels de l'image (concentrez-vous sur les aspects du thème que l'image vous suggère)
  - des références à vos connaissances du thème, ou de la situation précise illustrée dans l'image
  - quelques opinions pertinentes et personnelles
  - des exemples qui étayent ces opinions et justifieront vos prises de position dans la discussion qui suivra.
- Organisez vos idées en un maximum de **dix** points puce (comme aide-mémoire si vous oubliez momentanément ce que vous vouliez dire). Ces points puce doivent être courts : quelques mots seulement, pas de phrases complètes.
- Organisez vos notes pour créer une présentation cohérente par sa structure et la logique de ses arguments. Des idées notées en points puce permettent une réorganisation facile de votre argumentation, si nécessaire.

**>> Assessment tip**

- Show what you know. Use the vocabulary and language structures that you have accumulated about the overall themes, and the particular sub-themes that you have studied.

- Use your notes but **do not read out aloud from them**, perhaps with the exception of any quotations you may wish to use. Intonation often changes when reading aloud, and pronunciation errors can also occur if you focus too closely on written words.

- Speak clearly and loudly, and address your teacher.

- Avoid purposeless movements, especially with your hands, when you're feeling under stress, as this can create background noise in the recording of the exam, which can distract the examiner and affect your result.

- If you get stuck, don't panic. Take a deeper breath, look at your notes and start again. If you can, state out loud what the problem is (*Un moment s'il vous plaît, j'ai oublié ce que je voulais dire. Je suis un peu perdu(e)*). This comes over to your listener as honest and natural.

- If you've prepared more than you need for your presentation, keep back some good ideas for the more detailed, deeper follow-up discussion. This can form material for the second part of the oral exam.

### Structurer une présentation

Une organisation classique se divise en sept parties :

1. **Annonce du thème** :

   « Aujourd'hui, je vais vous parler de … »

2. **Description** concrète de l'image :

   « Voici une image de … »

   « Dans cette image, on voit … »

3. **Interprétation** des éléments visuels de l'image :

   « Cette image me suggère que … »

   « On peut imaginer que … »

   « On peut comprendre que … »

4. **Comparaisons** avec votre expérience ou vos connaissances personnelles, et surtout associées à une communauté francophone :

   « Chez les Québécois/les Sénégalais/les Suisses (ou autres communautés de votre choix),  … »

   « En Côte d'Ivoire/en France, j'ai appris/je sais/il me semble que … »

5. **Évaluation** personnelle de ces comparaisons :

   « Ceci est très similaire à …/très différent de ce que je pense, parce que … »

   « J'en ai fait l'expérience, car … »

6. **Opinions** sur le thème, avec résumé de quelques perspectives différentes à son sujet :

   « Voilà pourquoi je suis pour/contre l'idée de … »

7. **Conclusion** avec résumé de la problématique du thème. Ceci vous permettra de proposer un sujet qui vous intéresse pour la discussion qui s'ensuivra :

   « Voilà pourquoi je trouve ce thème important et je voudrais le discuter maintenant avec vous. »

---

**ATL**

### Compétences communicatives et sociales

Afin d'évaluer votre performance de manière plus objective, pratiquez devant un public prêt à vous informer de leur opinion.

Pour mieux comprendre toutes les dimensions de l'activité, et vous comporter convenablement avec tout auditeur qui vous accorde son temps et son attention, c'est une bonne idée de pratiquer avec un(e) camarade de classe qui prépare le même examen, et avec qui vous pouvez échanger les rôles de présentateur et d'auditeur.

Enregistrez-vous et appliquez les critères A et B1. Notez ce que vous pouvez améliorer.

---

**Remarque :** avec cette structure vous n'aurez que 30 secondes en moyenne pour chaque partie d'une présentation cohérente et complète. Après l'annonce du thème, vous aurez le temps d'exprimer vos idées en quelques phrases seulement.

Bien entendu, ce modèle n'est pas le seul possible pour la préparation d'une excellente présentation. Avec cet exercice, vous comprendrez que vous ne pouvez pas tout dire dans une présentation structurée de cette façon ! Une, deux ou trois idées par section rempliront facilement le minimum des trois minutes nécessaires. Présenter plus d'idées court le risque qu'on vous interrompe après un maximum de quatre minutes pour commencer la discussion de la deuxième partie de l'examen.

## Partie 2 : discussion sur la présentation

Dans cette partie, votre professeur va engager une discussion sur votre présentation. Cette partie dure de quatre à cinq minutes.

Les objectifs de cette partie sont :

- de montrer vos compétences dans des échanges authentiques
- d'explorer vos connaissances plus approfondies du thème et vos opinions, et de formuler des conclusions pertinentes, de façon spontanée, d'après votre choix de présentation (critère B2)
- de valoriser votre compréhension des questions et interventions du professeur, votre engagement personnel dans l'activité, ainsi que la qualité et la quantité des échanges entre votre professeur et vous (critère C).

Votre professeur peut vous poser quelques questions ouvertes et peut vous demander :

- de clarifier ou de développer certains aspects de votre présentation
- de donner votre opinion sur la problématique discutée
- de faire des comparaisons avec votre propre expérience interculturelle.

### Comment cette discussion sera-t-elle évaluée ?

La discussion sera évaluée avec le critère A (voir page 126) et les critères B2 et C (voir ci-dessous).

**Attention !** Les critères qui vous sont proposés dans ce chapitre ont été décomposés en sous-critères pour vous aider à vous focaliser sur chaque aspect que vous devez apprendre à maîtriser. Vous trouverez les critères originaux dans le *Guide de Langue B*.

### Critère B2 : message (conversation)

Dans le tableau ci-dessous, notez bien les éléments essentiels recherchés par l'examinateur, et la progression d'un niveau à l'autre.

> **» Assessment tip**
>
> **Comment puis-je bien préparer cette discussion ?**
>
> Vous aurez déjà pensé à quelques bonnes idées en préparant votre présentation. Si vous en avez trop, vous pourrez les discuter dans cette partie, et en plus de détails.

| Sous-critères | 1–2 points | 3–4 points | 5–6 points |
|---|---|---|---|
| Pertinence des réponses | Quelques réponses logiques, rarement développées | Réponses cohérentes bien que parfois brèves | Réponses toujours pertinentes et cohérentes, parfois perspicaces |
| Justifications des réponses | Réponses pas ou peu étayées par des exemples ou développées par des idées supplémentaires | Réponses parfois étayées par des exemples ou développées par des idées supplémentaires | Réponses élaborées et étayées par des exemples ou développées par des idées supplémentaires |
| Cohérence des opinions et arguments avancés | L'enseignant maintient la cohérence globale de la conversation | Opinions et arguments logiques, mais peu développés | Opinions et arguments convaincants, souvent nuancés par des détails supplémentaires, ou la reconnaissance d'autres opinions |
| Tentatives d'impliquer l'enseignant dans la conversation | Pas ou peu évidentes<br><br>C'est l'enseignant qui dirige toute la conversation en posant des questions | Parfois évidentes<br><br>L'élève réagit par une prise de position ou l'apport d'informations qui font réagir l'enseignant | Évidentes, appropriées et naturelles<br><br>L'élève réagit par des prises de position et des informations qui stimulent l'échange avec l'enseignant |
| Étendue des sujets de conversation | Limitée et simple<br><br>Peu de variété dans les idées présentées | Adéquate, avec des idées qui réfèrent à au moins **deux** thèmes du programme | Variété d'idées, d'opinions et d'arguments, souvent développés par des idées qui réfèrent à au moins **deux** thèmes distincts du programme |

**Critère C : compétences interactives (communication)**

Dans ce tableau, notez les éléments essentiels de l'évaluation, et la progression d'un niveau à l'autre.

| Sous-critères | 1–2 points | 3–4 points | 5–6 points |
|---|---|---|---|
| Compréhension des questions et interventions | Plusieurs questions doivent être répétées<br><br>Absences de réponses, ou réponses qui ne sont pas cohérentes | Très peu de reformulations par l'enseignant sont nécessaires<br><br>Réponses globalement cohérentes | Aucune répétition n'est nécessaire de la part de l'enseignant<br><br>Réponses toujours cohérentes et qui montrent parfois des nuances dans la compréhension |
| Spontanéité des réponses aux questions et interventions | Conversation ponctuée par des silences, ou des hésitations excessives qui perturbent l'évolution de la conversation | Réponses immédiates, bien que parfois hésitantes, mais qui ne perturbent pas l'évolution de la conversation | Réponses naturelles, qui parfois peuvent couper court les questions ou interventions de l'enseignant, par anticipation cohérente<br><br>Les contributions spontanées soutiennent l'évolution naturelle de la conversation |
| Persévérance de l'élève | Évolution inégale de la conversation, maintenue pour la plupart par l'enseignant qui doit poser de nombreuses questions<br><br>L'élève s'arrête parfois | Évolution assez équilibrée de la conversation, parfois soutenue par l'initiative de l'élève<br><br>L'élève tente de répondre aux questions plus exigeantes | Évolution naturelle et bien équilibrée de la conversation, maintenue par l'initiative de l'élève, sans efforts évidents, même face aux questions plus exigeantes |
| Apport personnel de l'élève à la conversation | Réponses pas ou peu développées par des informations supplémentaires<br><br>On dépend des initiatives de l'enseignant | Réponses parfois développées à l'initiative de l'élève, par des informations supplémentaires | Réponses élaborées, développées par des informations supplémentaires, librement offertes à l'initiative de l'élève |

## Implications pour la préparation de la discussion

Une discussion de cinq minutes consistera, en moyenne, d'une demi-douzaine de questions ou interventions de la part de votre professeur. Souvenez-vous que c'est vous qui passez l'examen, alors exprimez-vous le plus possible. N'oubliez pas que :

- le terrain ne sera pas inconnu : cette discussion portera sur l'image et le thème que vous avez présentés
- pendant votre présentation, vous pouvez suggérer des pistes à explorer, en mentionnant les thèmes qui vous intéressent le plus, ou certaines idées déjà préparées, mais pas présentées.

Si vous avez bien réfléchi aux thèmes étudiés, cette discussion sera facile.

## Comment préparer une discussion approfondie sur un thème ?

Il vous faut de bons exemples qui étayeront une argumentation convaincante.

Pour l'évaluation sous les critères B2 et C, vous pouvez suivre cette règle d'or : **trois** exemples différents par leur variété de perspective ou de sujet, peuvent chacun s'adresser aux trois aspects fondamentaux du programme. C'est-à-dire :

- **Expériences :** trouvez un aspect de votre expérience personnelle comme exemple ; vous pouvez présenter une de vos activités de Créativité, Action, Service (**CAS**).

- **Sensibilité internationale :** trouvez un exemple appuyé par des détails concrets, qui se réfère à une communauté francophone ; expliquez en quoi cela consiste et comment cet exemple renforce votre argument.

- **Compréhension conceptuelle et liens avec la Théorie de la Connaissance (TdlC) :** identifiez et présentez un aspect générique de la discussion.

  Faites un lien cohérent entre vos exemples et l'importance du thème, ou de plusieurs thèmes étudiés, selon la perspective de la TdlC. Pensez par exemple, à un cours de langue pour immigrés qui ne maîtrisent pas le français comme activité du programme de CAS. Discutez par exemple l'impact d'apprendre une autre langue sur votre perception et votre compréhension du monde. Donnez deux opinions contrastées pour faire preuve de votre **sensibilité internationale** : votre opinion personnelle et la perspective d'une communauté francophone.

  À travers des perspectives variées, vous enrichirez une discussion sur **la perception du monde et de votre façon de penser**.

### Action

Revenez à votre choix précédent de thème et d'image.

Voici quelques questions par thème pour vous aider dans votre recherche et votre réflexion.

### Présentation A : Identités

- **Expériences personnelles :** Avez-vous fait du théâtre (peut-être pour le CAS) ? Comment avez-vous pratiqué ce genre de jeu de rôles, en classe ou ailleurs ? Quel était son impact sur votre personnalité ?

- **Sensibilité internationale :** Présentez des exemples concrets de la façon dont vos études en français ont ajouté d'autres qualités à votre personnalité et vous ont sensibilisé(e) à au moins un aspect de la Francophonie.

- **Compréhension conceptuelle et TdlC :** On dit que maîtriser une autre langue signifie adopter une autre personnalité. Est-ce vrai pour vous ? Vous exprimer dans une autre langue change-t-il votre façon de voir et de comprendre le monde extérieur ou votre perspective et vos relations avec les autres personnes ?

### Présentation B : Expériences

- **Expériences personnelles :** Quelles images de cette mosaïque ressemblent à une activité que vous avez personnellement pratiquée ? Racontez ce qui s'est passé et ce que vous avez ressenti et appris. Y a-t-il un lien à exploiter avec vos activités de CAS ?

- **Sensibilité internationale :** Le titre annonce que ces expériences sont possibles « partout dans le monde ». Est-ce vrai selon vous ? Donnez un exemple (si possible, d'une région francophone) qui étaye ou contredit cette affirmation. Expliquez votre raisonnement.

- **Compréhension conceptuelle et TdlC :** Y a-t-il des avantages ou des inconvénients dans cette façon de découvrir le monde ? Montrez et discutez votre compréhension et appréciation de deux perspectives différentes : pour et contre.

**Assessment tip**

Give examples to back up your opinions. Two or three examples can make your argument more convincing and you don't need to develop the examples in as much detail as if you only give one. If you have plenty of examples prepared, a simple list could well be enough to make your argument convincing.

**Tip**

For your presentation, find the three clearest and most useful examples for justifying your opinions and arguments.

Develop these examples in some detail (descriptive, narrative and analytical) for presenting and extending in the subsequent discussion.

### Présentation C : Ingéniosité humaine

- **Expériences personnelles :** Avez-vous déjà profité d'une invention, d'une technique ou d'un produit de l'ingéniosité humaine ? Décrivez brièvement en quoi cela consiste et expliquez pourquoi c'est important. Quel est son effet sur votre vie personnelle ?

- **Sensibilité internationale :** Le partage des découvertes de l'ingéniosité humaine dans un monde plus équitable est important. Connaissez-vous un exemple de partage (ou de difficulté de partage) à décrire et commenter en quelques détails ? (Y a-t-il peut-être un lien avec vos initiatives de CAS ?)

- **Compréhension conceptuelle et TdlC :** Les produits de l'ingéniosité humaine sont souvent réglés et rémunérés par des droits d'auteur (pour minimiser le plagiat, pour des raisons financières, ou autres). Quelle est votre opinion et quels sont vos arguments face à la tension entre des questions de propriété artistique ou intellectuelle et de partage équitable avec autrui ?

### Présentation D : Organisation sociale

- **Expériences personnelles :** Pensez à une manifestation publique que vous avez observée ou vue dans un reportage dans les médias. Avez-vous déjà participé en personne à une manifestation ? Que pensez-vous de la fiabilité des reportages médiatisés de certaines manifestations ? Résumez votre perspective personnelle et votre expérience, en expliquant la cause et l'objectif de la manifestation choisie, et ce que vous avez ressenti et appris. Y a-t-il un lien avec vos activités de CAS ?

- **Sensibilité internationale :** Les messages des pancartes annoncent une manifestation pour des « libertés », et font appel à la solidarité entre tous. Quelle est votre perspective sur les différences internationales, voire mondiales, qu'on cherche à résoudre ainsi ? Donnez au moins un exemple (si possible, d'une initiative d'une communauté francophone) qui étaye ou contredit un droit à la liberté. Expliquez votre raisonnement.

- **Compréhension conceptuelle et TdlC :** « Liberté, Égalité, Fraternité » est la devise de la République française. Quelle est votre perspective sur ces valeurs républicaines comme valeurs universelles ? Présentez et évaluez quelques arguments nuancés qui démontrent des perspectives différentes : pour des valeurs universelles applicables à tous, ou pour le respect des choix individuels et des valeurs culturelles diverses.

### Présentation E : Partage de la planète

- **Expériences personnelles :** Y a-t-il un aspect négatif de votre environnement qui a un impact personnel sur vous ? Faites-vous quelque chose pour améliorer la qualité de cet environnement ? Présentez votre opinion et résumez votre action, ou manque d'action, en justifiant votre perspective. Y a-t-il un lien avec vos activités de CAS ?

- **Sensibilité internationale :** « Sauver la planète » est un message qui fait appel à des actions à l'échelle mondiale. Êtes-vous optimiste ou plutôt pessimiste quant à la solidarité internationale nécessaire pour confronter les défis de l'environnement ? Donnez au moins un exemple (si possible, d'une action que vous avez recherchée et qui implique une communauté francophone) qui montre ce qui est possible, ou qui démontre les difficultés de la situation.

- **Compréhension conceptuelle et TdlC :** Quand on discute les grandes questions de l'environnement, très souvent on met en cause des questions de responsabilité. Quels sont les différends importants dans ce débat ? Donnez votre opinion et justifiez votre point de vue face aux critiques qu'on pourrait vous adresser.

## Partie 3 : conversation générale

### En quoi consiste la conversation générale?

Dans cette partie, on engagera une discussion sur un ou plusieurs des autres thèmes étudiés en classe, et vous aborderez des aspects pas encore discutés. Par exemple, si votre présentation se portait sur l'environnement, votre professeur ne choisira pas de continuer une discussion sur le sous-thème du Partage de la planète.

Votre professeur choisira toujours un thème déjà préparé au cours du programme. Vous pouvez donc préparer vos idées pour la conversation.

Au cours de la conversation, votre professeur peut vous poser quelques questions ouvertes, en vous demandant encore une fois de :

- clarifier ou développer certains aspects que vous aurez mentionnés
- poursuivre dans la discussion d'idées intéressantes
- faire des comparaisons avec votre propre expérience interculturelle, et si possible avec l'expérience d'une communauté francophone.

L'objectif de cette partie de l'examen est de montrer vos compétences en conversation naturelle et d'explorer au moins un autre thème, ou sous-thème, étudié.

### Comment cette conversation sera-t-elle évaluée ?

Les critères A, B2 et C s'appliquent aux parties 2 et 3. Tous les conseils donnés à la page 126 pour le critère A et aux pages 129–130 pour les critères B2 et C s'appliquent donc ici aussi.

### Comment puis-je me préparer ?

Une discussion d'un maximum de six minutes consistera, en moyenne, d'une demi-douzaine de questions ou interventions de la part de votre professeur. N'oubliez pas que c'est vous qui passez l'examen, alors exprimez-vous toujours le plus possible. Rappelez-vous que :

- comme pour la partie 2, le terrain ne sera pas inconnu, même si moins prévisible
- vous pouvez suggérer des pistes à explorer, en mentionnant par exemple certains aspects qui vous intéressent surtout. Si vous avez bien réfléchi aux thèmes étudiés, la discussion sera facile. Considérez :
  - les textes et discussions que vous avez eus en classe
  - les recherches que vous avez effectuées sur les thèmes et les sous-thèmes
  - votre expérience personnelle
  - votre sensibilité internationale : comparez les différentes opinions dans des cultures différentes et surtout dans des communautés francophones que vous connaissez bien
  - la Théorie de la Connaissance, CAS, vos recherches pour votre Mémoire.

---

**ATL Compétences d'autogestion**

Comme pour la partie 1, pratiquez ce type de discussion avec un(e) camarade, enregistrez-vous et appliquez les critères.

**Bon courage dans votre préparation !**

---

**>> Assessment tip**

If you run out of things to say on any single theme in this last part of the oral exam, or if the conversation is not proceeding smoothly, your teacher may introduce another theme or sub-theme to help you to keep going in a continuous flow. This may ensure your fulfilment of the required minimum of **five** minutes of general conversation.

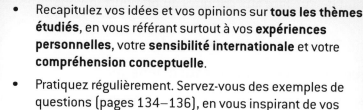

**Comment préparer une conversation plus spontanée ?**

Voici quelques suggestions :

- Recapitulez vos idées et vos opinions sur **tous les thèmes étudiés**, en vous référant surtout à vos **expériences personnelles**, votre **sensibilité internationale** et votre **compréhension conceptuelle**.

- Pratiquez régulièrement. Servez-vous des exemples de questions (pages 134–136), en vous inspirant de vos réponses.

- Étayez vos idées, opinions et arguments par des exemples pour mieux soutenir et développer cette conversation.

- De vive-voix, discutez d'autres thèmes de façon spontanée.

- Enregistrez vos productions orales.

- Dans un rôle d'intervieweur, préparez d'avance une demi-douzaine de questions sur chaque thème.

- Discutez l'importance de ces thèmes avec votre partenaire.

### ATL — Compétences d'autogestion

Comme pour les parties précédentes, pratiquez ce type de discussion avec un(e) camarade, enregistrez-vous et appliquez les critères.

## Thèmes et sous-thèmes pour la conversation

Les thèmes au programme et les options ou sujets recommandés comme optionnels sont indiqués dans le tableau à la page 123.

Si en classe vous avez étudié des chansons, des films, des textes littéraires ou d'autres types de textes, vous pouvez vous référer à quelques exemples pertinents pour enrichir votre conversation. Vous trouverez beaucoup d'exemples de questions dans les échantillons d'épreuves à la fin du chapitre.

À la suite, nous vous proposons des exemples de questions pour chaque thème ainsi que des pistes que vous pouvez explorer au niveau de vos expériences personnelles, votre sensibilité internationale, votre compréhension conceptuelle et la Théorie de la Connaissance. Ces pistes vous permettront d'approfondir votre réflexion lors de votre préparation à l'examen.

### Identités

- **Expériences personnelles :** Quels sont les aspects les plus importants de votre identité personnelle ? Sont-ils inchangeables d'après votre expérience ? Avez-vous un trait de personnalité que vous avez réussi à changer ? Comment étiez-vous **avant** et **après** ce changement ? Les habitudes qui vous caractérisent posent-elles parfois problème ? (Vous pouvez penser, par exemple, à vos habitudes de travail.)

- **Sensibilité internationale :** Il y a des gens qui s'identifient simultanément par plusieurs catégories : un(e) Québécois(e) est également canadien(ne) ; un(e) Breton(ne) est aussi français(e) et européen(ne) ; on peut être Diola, Africain(e) et Belge, etc. Peut-on avoir une identité authentiquement internationale, selon vous ? Si, oui, y a-t-il des limites ? Comment peut-on les identifier ? Si non, expliquez votre point de vue, en l'étayant par des exemples.

« Le nationalisme n'est pas la même chose que le racisme. » Qu'en pensez-vous ?

- **Compréhension conceptuelle et TdlC :** « Je pense, donc je suis » pensait Descartes au 17ᵉ siècle. Croyez-vous que votre personnalité est formée par ce que vous pensez ? Ou pensez-vous qu'une personnalité humaine est formée par le contact avec le monde extérieur et les autres personnes ? Votre identité est-elle une étiquette collée sur vous par d'autres, ou par un état (par exemple, par votre passeport) ?

## Expériences

- **Expériences personnelles :** Que faites-vous pour vos activités de CAS ? Qu'avez-vous recherché pour la rédaction de votre Mémoire ? Qu'est-ce que le Diplôme du Baccalauréat international vous a apporté en expériences personnelles ? Comment évaluez-vous ces expériences ?

- **Sensibilité internationale :** Votre préparation du Diplôme du Baccalauréat international vous a sensibilisé(e) et poussé(e) à devenir meilleur(e) citoyen(ne) du monde de quelle façon ? Comment évaluez-vous l'importance et l'utilité d'une citoyenneté mondiale ?

- **Compréhension conceptuelle et TdlC :** En devenant citoyen(ne) du monde, y a-t-il des avantages ou des inconvénients pour vous ? Comment peut-on réaliser concrètement les valeurs universelles les plus importantes pour vous ? Comment peut-on combattre l'érosion de certaines valeurs culturelles traditionnelles ? Discutez votre point de vue personnel avec une appréciation, nuancée si possible, d'une perspective différente, typique d'autres personnes.

## Ingéniosité humaine

- **Expériences personnelles :** Parmi les sous-thèmes étudiés en classe, lequel vous intéresse le plus sur le plan personnel ? Faites-vous quelque chose de créatif pour le CAS qui vous permet de vous exprimer mieux ? Présentez un exemple de ce que vous avez fait de créatif.

- **Sensibilité internationale :** Certaines personnes croient que la seule expression authentiquement artistique, communicative ou inventive est toujours inspirée par des valeurs universelles. Les productions musicales, artistiques et techniques, et les innovations scientifiques, ne dépendent pas d'un seul contexte culturel spécifique, mais sont importantes pour tous, n'importe où et n'importe quand. Qu'en pensez-vous ? Choisissez des exemples qui contrastent au moins deux productions de l'ingéniosité humaine.

- **Compréhension conceptuelle et TdlC :** Les produits de l'ingéniosité humaine (artistiques, scientifiques, techniques ou autres) peuvent nous aider à mieux comprendre le monde et les gens qui l'habitent. Trouvez des exemples. Que pensez-vous des propositions comme « L'art pour l'art », la recherche scientifique uniquement pour l'extension des connaissances humaines, ou le développement technique tout simplement parce que cela nous est possible sans prendre en considération les conséquences éventuelles ?

## Organisation sociale

- **Expériences personnelles :** Aimez-vous être seul(e) ? Pourriez-vous vivre longtemps sans contacts sociaux, enfermé(e) dans votre chambre, ou même isolé(e) sur une île déserte, par exemple ? Vous engagez-vous dans votre milieu social ? Si oui, expliquez ce que vous faites et pourquoi vous le faites. S'agit-il d'une action de service social de votre programme de CAS ?

- **Sensibilité internationale :** Avez-vous déjà des contacts et des échanges avec des Francophones ? Si oui, quel est le contexte et en quoi consistent vos échanges ? Si non, quels sont les obstacles qui rendent des contacts de ce genre difficiles pour vous ?

- **Compréhension conceptuelle et TdlC :** « L'homme est un animal social, par sa nature. » Êtes-vous d'accord ? Considérez l'importance de nos relations sociales dans notre vie, l'importance de la solitude et l'indépendance de la société humaine qui nous entoure.

## Partage de la planète

- **Expériences personnelles :** Face aux grandes questions mondiales d'aujourd'hui, qu'est-ce qui vous préoccupe le plus : les problèmes politiques, économiques, sociaux ou environnementaux, entre autres ? Pour protéger et mieux partager notre planète, que devons-nous faire ? Faites-vous quelque chose à cet égard, peut-être pour le CAS ?

- **Sensibilité internationale :** Les institutions internationales comme les Nations Unies doivent trouver des solutions aux problèmes de notre planète, par des négociations qui évitent le recours à la guerre. Êtes-vous optimiste ou plutôt pessimiste, quant à la solidarité nécessaire pour réaliser des programmes internationaux efficaces ? Présentez au moins un exemple qui montre ce qui est possible, ou qui démontre les difficultés d'actions internationales.

- **Compréhension conceptuelle et TdlC :** Pour mener une vie indépendante, nous sommes tous responsables de notre propre comportement. Jusqu'à quel point, d'après vous, doit-on essayer d'influencer le comportement des autres ? Que feriez-vous face à des différends d'opinion, des disputes, des agressions, par exemple ? Si vous préférez ne jamais vous impliquer dans des disputes, que faites-vous quand on vous critique ou qu'on vous agresse ?

**Remarque :** le *Guide de Langue B* donne des exemples de questions plus spécifiques dans la section 'Sujets recommandés'. Vous pouvez demander à votre professeur de partager ces exemples avec vous, pour vous aider à préparer l'examen.

Bon courage dans vos exercices de pratique et bonne chance à l'examen !

>> **Assessment tip**

- Don't ignore anything studied in class. Any topic could be chosen for the conversation in the third part of the oral!

- In particular, revise the special vocabulary associated with each theme. Using this effectively will improve your mark under **criterion A**.

- Refresh your memory of ideas and opinions on everything studied. Detailed and supporting examples, especially referring to French-speaking communities, can improve your mark under **criterion B2**.

- Offer relevant examples from personal experience. These are usually effective for further discussion, relying less on specific revision and more on what you already know well.

## Analyse d'échantillons d'oraux au niveau moyen

Maintenant vous allez pouvoir évaluer des enregistrements de candidats accompagnés de notes et de commentaires pour votre réflexion.

Pour chaque candidat(e), écoutez l'enregistrement que vous trouverez sur www.oxfordsecondary.com/ib-prepared-support.

- **Échantillons A, B, D :** Écoutez la présentation (partie 1).
  - Comparez la présentation avec ce que vous auriez dit ou préparé.
  - Appliquez les critères pour attribuer une note au critère B1.
  - Comparez avec les notes et les commentaires de l'examinateur.
- **Échantillons B, D :** Écoutez la discussion (partie 2).
  - Qu'auriez-vous répondu aux questions de l'enseignant ?
  - Attribuez une note aux critères B2 et C.
- **Échantillon C :** Écoutez la conversation (partie 3).
  - Qu'auriez-vous répondu aux questions de l'enseignant ?
  - Attribuez une note aux critères B2 et C.
- Comparez avec les notes et les commentaires de l'examinateur.
- Attribuez une note au critère A et comparez avec les notes et les commentaires de l'examinateur.

**Remarque :** les commentaires de l'examinateur incluent des citations des candidats. Le but de ces citations est d'illustrer les commentaires. Ce ne sont pas des modèles à suivre.

Pour les temps exacts des citations des candidats, voir : www.oxfordsecondary.com/ib-prepared-support

## Échantillon A

### Thème : Partage de la planète

(Partie 1 : environ 4'10")

### Quelques pistes de réflexion

Si vous aviez à présenter ce thème, voici quelques suggestions pour vous aider à trouver et à organiser des idées :

- L'image suggère un autre thème pertinent : Expériences (sous-thème : Migrations). En abordant **au moins deux** thèmes, ou sous-thèmes, au cours de l'épreuve, vous remplirez le critère B2.
- Associez vos arguments au contexte **d'au moins un pays ou une communauté francophone**. L'image ne montre aucun lien visuel avec l'expérience d'une communauté francophone quelconque. Il faudra en présenter un, aussi naturellement que possible par : quelques commentaires pertinents sur des statistiques ou des références à l'opinion de ceux affectés par les migrations clandestines, entre autres.

- Définissez la migration et les raisons principales qui la motivent. Sont-elles plutôt économiques, sociales ou politiques ? S'agit-il de réfugiés d'un statut incertain, voire illégal ? Si oui, pourquoi la clandestinité est-elle illégale et quelles sont les risques encourus ?

- Pourquoi s'agit-il d'un sujet parfois vivement débattu avec différents points de vue ? Présentez et évaluez deux perspectives contrastées sur ces déplacements : celle des émigrants avec leurs choix de voyage et de pays de destination ; et celle de certains citoyens des pays qui les attirent. Racontez des exemples d'histoires personnelles de migration dans le cadre du thème Expériences.

- Pour réfléchir davantage, reconsidérez les critères de choix efficace d'image (pages 124–125).

## Critère A : langue

| Sous-critères | 1–3 points | 4–6 points | 7–9 points | 10–12 points |
|---|---|---|---|---|
| Vocabulaire et expressions | Appropriés, variés avec des termes adaptés aux sujets, quelques tournures idiomatiques et sophistiquées.<br><br>Exemples : « une embarcation de fortune » ; « l'accord des demandes d'asile » ; « un autre thème se dégage de cette image ». | | | |
| Structures grammaticales | Appropriées, assez variées, assez souvent complexes et parfois sophistiquées.<br><br>Exemples : « ils ont l'air désespéré et effrayé » ; « en abordant le sujet de la migration » ; « Cependant, malgré l'accord des demandes » ; « la majorité vit dans la misère en raison de la surpopulation des … ». | | | |
| Occurrence et importance des fautes de grammaire | Globalement, très peu de fautes dans les structures de base. Les fautes sont passagères et majoritairement ne sont que mineures, même si l'élève se corrige et introduit une erreur par la suite.<br><br>Exemples : « [La] France accueille plus de migrants que tous les autres pays d'Europe » ; « je remarque un autre thème [qui] se dégage de cette image … » ; « il y a, … il y ait [sic] beaucoup de façons d'aider des migrants ». | | | |
| Prononciation et énonciation | Énonciation claire, mais prononciation influencée par l'anglais, ce qui parfois déforme l'expression et peut attirer l'attention aux déformations, aux dépens du message.<br><br>Exemples : « couler » ; « personnes » ; « accueil » ; « accueille » ; « défis » ; « mettre une fin à » ; « des façons d'aider des migrants ». | | | |
| Débit de l'expression | Adéquat, mais souvent hésitant et entrecoupé de façon peu naturelle. Le manque de fluidité globale nécessite parfois un effort d'écoute plus concentré. | | | |
| Intonation de l'expression | Claire et appropriée quoique parfois monotone, sans être très naturelle ou vivace. | | | |
| Commentaire général | **La maîtrise de la langue est efficace et généralement correcte.**<br><br>Bonne expression, souvent correcte et parfois sophistiquée. Pourtant, le résultat est limité par les erreurs de prononciation et le manque de naturel dans la production. | | | |

## Critère B1 : message (présentation)

| Sous-critères | 1–2 points | 3–4 points | 5–6 points |
|---|---|---|---|
| Description de l'image | Mise en contexte simple mais appropriée. Description assez variée par la mention du surchargement de l'embarcation au premier plan, du navire à l'arrière-plan, et de l'état des vagues. Pourtant, il n'y a ni comparaisons contrastées et significatives entre les deux bateaux, ni description des passagers sur la barque gonflable. | | |
| Interprétation de l'image | Variée et cohérente, reliée au thème de l'égalité mais globalement peu détaillée, à l'exception de l'association aux émotions des passagers du gonflable. L'élève mentionne le thème Expériences, sans le développer. | | |
| Analyses et opinions sur le thème | L'élève analyse certains des droits de l'homme. Pourtant, elle n'explique ni la signification, ni l'importance de la clandestinité, ni la découverte par les autorités représentées dans l'image. Les mobiles génériques d'entreprendre ce voyage sont présentés de façon vraisemblable. Opinions personnelles claires, cohérentes et parfois étayées par des exemples appropriés. | | |
| Références pertinentes | Référence à la migration dans un contexte français, étayée par quelques statistiques et comparaisons générales avec l'Europe, et un survol de la politique d'asile et des conditions de détention dans les camps de réception des réfugiés. | | |

| Sous-critères | 1–2 points | 3–4 points | 5–6 points |
|---|---|---|---|
| Commentaire général | **La présentation est constamment adaptée au stimulus et elle s'appuie sur des détails explicites et implicites.**<br><br>La présentation est clairement structurée : description visuelle ; interprétation de l'image ; analyses du thème principal et lien établi avec la France ; informations complémentaires (lectures pertinentes) ; présentation d'opinions personnelles ; liens avec un deuxième thème ; conclusions. L'argumentation est cohérente. Pourtant, l'ensemble reste assez générique et repose sur quelques lieux communs des migrations internationales. La perspective française est peu analysée pour son importance. Le manque de ce genre de précisions limite l'évaluation à 5 points. | | |

## Échantillon B

**Thème : Partage de la planète**

(Partie 1 : environ 3'40" ; Partie 2 : environ 6'00")

### Quelques pistes de réflexion

Si vous aviez à présenter ce thème, voici quelques suggestions pour vous aider à trouver et à organiser des idées :

- Une association à d'autres thèmes est possible : Identités (avec ses sous-thèmes : Styles de vie, Santé et bien-être) ; Expériences (sous-thème : Vacances) ; Organisation sociale (sous-thèmes : Communauté et Engagement social). En abordant **au moins deux** thèmes, ou sous-thèmes, au cours de l'épreuve vous remplirez le critère B2.

- Ne limitez-vous pas à l'analyse de la pollution sur cette plage. Considérez plus le thème principal : comment peut-on associer cette image aux questions de **partage de la planète** ? Reliez vos arguments au contexte **d'au moins un pays ou une communauté de langue française**. L'image ne fait aucune référence visuelle à une communauté francophone quelconque. Il faudra en intégrer une aussi naturellement que possible, par des observations sur quelques statistiques pertinentes ou des références à l'opinion publique sur les déchets dans la nature, etc.

- Précisez quelques formes différentes de pollution, abordez les dangers de leur permanence et expliquez pourquoi, selon vous, certaines personnes se comportent de façon irresponsable dans leurs rapports avec l'environnement. Par exemple, on peut contraster les matériaux biodégradables et non-biodégradables visibles dans cette image : les bouteilles en plastique et la barre de métal, dangereux pour la santé. Est-il question de négligences pures et simples, d'un manque d'installations pour collecter et recycler les déchets, de détritus apporté d'autres lieux par la marée haute, etc. ? Si oui, commentez certaines implications culturelles, économiques, politiques, sociales, ou internationales.

- Étayez vos arguments par des exemples : les défis importants à confronter ; quelques statistiques importantes que vous connaissez ; des explications géographiques, écologiques et scientifiques ; des observations personnelles.

- Pourquoi s'agit-il parfois de contestations entre différents pays ? Évaluez plusieurs aspects de ces questions : la part de responsabilité citoyenne, gouvernementale et internationale ; le recyclage ou la biodégradabilité des déchets ; la responsabilité des producteurs de matériaux qui constituent ces détritus.

- Adoptez une perspective propre à la TdlC. Associez sous d'autres thèmes un témoignage personnel de vacances, votre engagement social ou communautaire de CAS, la santé, etc.

- Pour réfléchir davantage, reconsidérez les critères de choix efficace d'image (pages 124–125).

## Critère A : langue

| Sous-critères | 1–3 points | 4–6 points | 7–9 points | 10–12 points |
|---|---|---|---|---|
| Vocabulaire et expressions | Choix appropriés avec termes adaptés aux sujets. Peu de tournures idiomatiques. La qualité de l'expression reste globalement égale.<br><br>Exemples :<br><br>**En présentation :** « ce qui saute aux yeux » ; « c'est un mélange entre … » ; « les micro-plastiques montent dans la chaîne alimentaire » ; « un problème hexagonal ».<br><br>**En discussion :** « les pays en voie de développement » ; « les transports en commun » ; « panneaux solaires » ; « appareils électroniques ». | | | |
| Structures grammaticales | Appropriées, parfois variées et complexes.<br><br>Deux exemples appropriés, quoiqu'en partie maladroits : « c'est mauvais pour l'environnement parce que ça détruit l'environnement qu'on voit sur cette photo » ; « En conclusion, il faut qu'on fasse des changements pour l'environnement et surtout des changements maintenant, pas dans dix années ». | | | |
| Occurrence et importance des fautes de grammaire | Beaucoup de fautes, parfois systématiques, mais qui majoritairement ne perturbent pas le message. Fautes fréquentes de genres, d'accords et d'utilisation correcte de prépositions élémentaires.<br><br>Exemples :<br><br>- **Fautes de genre :** « **cette** coin » ; « c'est **tout** la plage » ; « **la** message de **ce** photo » ; « **le** consommation » ; « **ma** futur » ; « **du** nourriture vite ».<br><br>- **Fautes de conjugaison, de voix et de temps des verbes :** « nous **mange(nt)** » ; « tous les pays **polluaient** » pour « polluent » ; « nous **sensibilisez** » ; « quand on **sorte** d'une chambre » ; « nous **économise(nt)** l'électricité » ; « je ne **boive** pas beaucoup d'alcool ».<br><br>- **Fautes de syntaxe :** « et ça aussi aide du, euh, du pas polluer beaucoup » ; « l'énergie du vent, c'est très bien pour utiliser » ; « je **leur entends** » pour « l'éteins ».<br><br>- **Confusion avec des structures au subjonctif :** « il faut que plusieurs pays **fait** » ; « je ne pense pas que **c'est** le cas aux États-Unis ».<br><br>(On accepte des tournures typiquement informelles, telles que : « il [n'] y a aucune personne sur la plage ».) | | | |
| Prononciation et énonciation | Énonciation claire. Prononciation globalement appropriée, malgré quelques difficultés passagères. Par exemple, la mauvaise prononciation due à l'influence de l'anglais : « l'environnement » ; « éteindre » , « les plan[tes] » . | | | |
| Débit de l'expression | Assez naturel et fluide, mais parfois un peu lent. Ne nécessite aucun effort de concentration à l'écoute. | | | |
| Intonation de l'expression | Claire et appropriée, avec modulations authentiques. | | | |
| Commentaire général | **La maîtrise de la langue est partiellement efficace.**<br><br>Langue globalement facile à comprendre, mais le résultat global est limité à 6 points par les fautes fréquentes de genres élémentaires et de grammaire, surtout dans les tournures plus complexes. La qualité de l'expression est renforcée par la bonne compréhension et la volonté de participer de façon naturelle, malgré quelques mots et idées suggérés par le professeur. | | | |

## Critère B1 : message (présentation)

| Sous-critères | 1—2 points | 3—4 points | 5—6 points |
|---|---|---|---|
| Description de l'image | Mise en contexte et description simples, en partie contrastées entre les détritus au premier plan et l'absence de gens à l'arrière-plan. Pourtant, les différents types de déchets, la verdure végétale visible, l'impact de la marée, ou d'autres aspects propices pour l'analyse ne sont pas mentionnés. | | |
| Interprétation de l'image | Interprétation élémentaire de certains éléments visuels. | | |
| Analyses et opinions sur le thème | Informations pertinentes et claires, étayées par quelques exemples simples. L'élève mentionne les effets de la pollution sur les tortues sans expliquer leur ingestion de microplastiques ou contextualiser le problème dans une zone particulièrement sensible à ce danger. L'opinion personnelle est cohérente et valable mais peu développée (par exemple : « le vrai problème est la pollution de la mer », avec mention de son importance mondiale mais sans explications ultérieures). L'élève se réfère à la chaîne alimentaire et en tire quelques conclusions simples et cohérentes. Sans explications, elles sont associées à l'urgence de trouver des solutions aux problèmes. | | |
| Références pertinentes | Une seule référence simple au contexte français : l'interdiction des sacs en plastique pour les achats au supermarché. | | |
| Commentaire général | **La présentation est généralement adaptée au stimulus.**<br><br>Argumentation clairement structurée : annonce du thème ; description visuelle ; interprétation de l'image ; analyses ; quelques informations complémentaires ; un lien avec la situation en France ; quelques opinions personnelles ; conclusions. La présentation est cohérente. Pourtant, les idées sont des lieux communs sur les déchets dans la nature. Une analyse de la situation reste en esquisse. Ce manque d'approfondissement limite l'évaluation à 4 points. | | |

## Critère B2 : message (discussion)

| Sous-critères | 1—2 points | 3—4 points | 5—6 points |
|---|---|---|---|
| Pertinence des réponses | Sans exceptions, des réponses cohérentes avec quelques développements, quoique souvent génériques. | | |
| Justifications des réponses | Réponses assez élaborées, parfois étayées par des exemples génériques ou développées par des idées supplémentaires. | | |
| Cohérence des opinions et des arguments avancés | Argumentation cohérente, étayée par quelques prises de position mais souvent simples. L'élève aurait pu mentionner des habitudes de consommation et commenter l'efficacité de la politique française d'interdiction des sacs en plastique au lieu d'avoir recours à des exemples américains. | | |
| Tentatives d'impliquer le professeur dans la conversation | Pas explicitement évidentes. Le professeur dirige la plupart de la conversation par sa pose de questions et ses interventions. Assez souvent, l'élève reprend son expression pour formuler une réponse. Une discussion des problèmes de développement aurait pu mieux convaincre sous cette perspective. | | |
| Étendue de la conversation | Réponses développées sous plusieurs perspectives, parfois personnellement précisées. Par exemple : opinions sur l'écologie dans une perspective politique française, européenne, américaine ; le développement mondial, avec référence aux Accords de Paris ; activités de CAS ; pratiques de recyclage, de prendre des bains et de conserver l'électricité. L'étendue des sujets est vaste mais les idées sont peu approfondies. | | |
| Commentaire général | **Les réponses du candidat sont généralement adaptées aux questions.**<br><br>Idées pertinentes et parfois élaborées en quelques détails, si plus souvent de façon générique, sans analyses ou commentaires. Une argumentation simple est justifiée par des opinions personnelles raisonnables. Le tout est structurellement renforcé par quelques connecteurs logiques appropriés mais peu variés. Le manque d'approfondissement des réponses limite l'évaluation à 4 points. | | |

## Critère C : compétences interactives (communication)

| Sous-critères | 1—2 points | 3—4 points | 5—6 points |
|---|---|---|---|
| Compréhension des questions et interventions | Tout est compris, même les interventions à l'improviste du professeur. Certaines questions sont implicitement complexes : les réponses simples sont appropriées pourtant. Par exemple : les questions sur les attitudes dans des pays en voie de développement ; l'élection du Président américain en 2020. À noter : le mélange de différents types de questions et interventions ne perturbe pas la compréhension. | | |
| Spontanéité des réponses aux questions et interventions | Réponses spontanées, mais irrégulièrement hésitantes. Ces hésitations ne perturbent pas le déroulement fluide de la discussion. | | |

| Sous-critères | 1–2 points | 3–4 points | 5–6 points |
|---|---|---|---|
| Persévérance de l'élève | Des échanges équilibrés, même si peu dirigés par l'élève. L'interaction est authentique et variée. | | |
| Apport personnel de l'élève à la conversation | Réponses développées par des idées personnelles supplémentaires mais simples. Exemples : opinions sur l'écologie ; activités de CAS ; pratiques de recyclage. | | |
| Commentaire général | **La compréhension est systématiquement bonne et l'interaction est systématiquement soutenue.**<br><br>Échanges authentiques et cohérents qui indiquent une excellente compréhension des questions et des interventions du professeur. L'élève aurait pu prendre plus d'initiatives au lieu d'attendre chaque question. Ce manque limite l'évaluation à 5 points. | | |

## Échantillon C : conversation générale

### Thème : Ingéniosité humaine

Écoutez la conversation et analysez les échanges échantillonnés dans le tableau. Puis évaluez les échanges sous les critères B2 et C :

- D'abord, écoutez toute la conversation sans l'arrêter pour former quelques impressions et premières notions de sa valeur.
- Ensuite, réécoutez quelques échanges particuliers.
- Puis, analysez quelques échanges sous les critères B2 et C.

En vous concentrant sur la qualité des idées, de l'argumentation et des exemples d'échanges entre la candidate et son professeur, attribuez le numéro de l'exemple mieux valorisé par le critère B2 ou C. Notez qu'un seul exemple peut illustrer plusieurs qualités, à évaluer simultanément. À la fin, vous aurez plusieurs numéros dans chaque case. Pour vous aider, quelques analyses de citations sont indiquées en couleurs.

Prêtez attention aux éléments suivants :

- le niveau de compréhension des questions et des interventions du professeur : s'agit-il d'une compréhension partielle/globale/exacte et de nuances/d'aspects implicites ?
- la spontanéité des réponses
- la pertinence des idées et leur développement au moyen d'exemples ou d'idées plus précis
- la justification des affirmations avancées
- la cohérence de la suite d'échanges
- la persévérance de la candidate et sa contribution personnelle à la conversation
- le naturel des interactions pour soutenir le déroulement de la conversation.

**Légende :**

Erreurs linguistiques (soulignées)

Les interventions du professeur

| Critère B2 :<br><br>message (conversation générale) | | Critère C :<br><br>compétences interactives | |
|---|---|---|---|
| Pertinence des réponses | 1, 2, 3, 4, 5 | Compréhension des questions et interventions | 1, 2, 3, 4, 5 |
| Justifications des réponses | 1, 3 | Spontanéité des réponses aux questions et interventions | 2, 3, 4, 5 |
| Cohérence des opinions et arguments avancés | 1 | Persévérance et participation active | 1 |
| Tentatives d'impliquer le professeur dans la conversation | | Apport personnel en contributions | 1, 2, 4, 5 |
| Étendue de la conversation | 1 | | |

Après avoir terminé cet exercice, choisissez le meilleur exemple pour chaque qualité catégorisée dans votre liste. Résumez votre jugement sur les qualités de cet échantillon sous les critères B2 et C.

**Échantillon C : cinq exemples d'échanges**

1. Euh, moi, personnellement, je utilise mon ordinateur tous les jours [Oui], à mon école, [Oui] parce que c'est la moyenne de … apprendre, et …, moi, je pense qu'euh, c'est très bien de apprendre avec mon ordinateur [Oui]
5      et j'ai revu … révisé bien avec mon ordinateur [Ouais] et je utilise mon portable tous les jours pour parler avec ma … famille, qui habite en d'autres pays, donc c'est très important pour moi, d'avoir un portable, pour être connectée avec ma famille.

10 2. Non, j'ai pas une tablette, mais mes amis a dit que une tablette est, euh, bien pour eux, mais personnellement, je … ne l'utilise pas.

3. Oui, il y a des conséquences avec l'Internet, euh, personne … [ne] peut, euh, avoir tes informations personnelles
15      [Oui] et … beaucoup de gens a cyberintimidation sur les réseaux sociaux, et les choses comme ça.

4. Euh, oui, mes amis a déjà, eum, été victimes de cyberintimidation, mais moi, personnellement, j'ai pas été un victime de ça.

20 5. Non, c'était … anonyme. [C'était anonyme ? Ah, d'accord.] Oui.

Puis exercez-vous en évaluant le reste de la conversation.

Pour vous exercer davantage, à réaliser idéalement avec un(e) partenaire ou en groupe, voici un jugement à comparer avec le vôtre.

**Critère B2 : message (conversation)**

| Sous-critères | 1–2 points | 3–4 points | 5–6 points | Comment améliorer cette performance : quelques pistes de réflexion |
|---|---|---|---|---|
| Pertinence et justifications des réponses | 3–4 points : **Les réponses du candidat sont généralement adaptées aux questions.**<br><br>4 points : Toutes les réponses sont pertinentes, mais elles restent peu développées et les idées sont superficielles. | | | • Quel nombre d'exemples analysés et commentés pour bien étayer les idées présentées serait idéal ? |
| Cohérence des opinions et arguments avancés | Les opinions sont génériques (par exemple, la fiabilité de Wikipédia, Twitter et la cyberintimidation). | | | • Comment pourrait-on préciser quelques mesures contre la cyberintimidation ? |
| Tentatives d'impliquer l'enseignant dans la conversation | Les tentatives d'intéresser le professeur ne sont qu'implicites, mais la compréhension de ses interventions, par des « Oui » qui lui donnent raison, sont naturels. | | | • En pratique, comment peut-on limiter l'accès à Internet aux enfants ? |
| Étendue de la conversation | L'étendue de la conversation est appropriée, ce qui renforce l'évaluation à 4 points. | | | • Quelles informations ou opinions pourrait-on discuter pour intéresser le professeur davantage ? |
| Commentaire général | 4 points : **Les évaluations ci-dessus sont majoritairement de 4 points, sans équivoques.** | | | |

## Critère C : compétences interactives (communication)

| Sous-critères | 1–2 points | 3–4 points | 5–6 points | Comment améliorer cette performance : quelques pistes de réflexion |
|---|---|---|---|---|
| Compréhension des questions et interventions | 5–6 points : **La compréhension est systématiquement bonne et l'interaction est systématiquement soutenue.** | | | D'après vous :<br><br>• Les échanges sont-ils trop hésitants ?<br><br>• L'apport personnel de la candidate est-il suffisant pour soutenir ces échanges ?<br><br>Si non, devrait-elle poser des questions au professeur ?<br><br>Réfléchissez à quelques interventions possibles appropriées. |
| Spontanéité des réponses aux questions et interventions | Les échanges sont spontanés et naturels, quoique parfois hésitants. Une participation active, régulièrement soutenue, est évidente. | | | |
| Persévérance de l'élève | La candidate persévère face aux questions ou aux interventions plus exigeantes. Ses réponses et ses propres interventions le démontrent. | | | |
| Apport personnel de l'élève à la conversation | Plutôt 5 points, par manque de développement de l'apport personnel. | | | |
| Commentaire général | 5–6 points : **La compréhension est systématiquement bonne et l'interaction est systématiquement soutenue.** | | | |

## Échantillon D

### Thème : Organisation sociale

(Partie 1 : environ 4′00″ ; Partie 2 : environ 5′30″ ; Partie 3 : environ 5′30″)

Considérez cette image et le thème de l'**Organisation sociale**. Dans le tableau qui suit, vous trouverez quelques pistes de réflexion sur son potentiel en présentation dans un examen oral. Indiquez votre jugement dans le tableau. Réfléchissez et répondez oui ou non à ces questions pendant votre écoute.

| Section de l'épreuve | Quelques questions à prendre en considération | Mon jugement | |
|---|---|---|---|
| | | OUI | NON |
| **Qualité de la présentation** | • Y a-t-il une description de l'image ? | | |
| | • Est-elle riche en détails pertinents, reliés au thème ? | | |
| | • Y a-t-il quelques interprétations ou analyses cohérentes de cette image ? | | |
| | • Y a-t-il des références appropriées à une communauté francophone ? | | |
| | • Sont-elles assez détaillées pour soutenir l'argument avancé ? | | |
| | • L'élève exprime-t-il des opinions personnelles ? | | |
| | • Sont-elles justifiées de façon convaincante ? | | |
| | • La présentation est-elle organisée de façon claire et logique ? | | |

| Section de l'épreuve | Quelques questions à prendre en considération | Mon jugement | |
|---|---|---|---|
| | | OUI | NON |
| Qualité du message dans tous les échanges | • Est-ce que l'élève comprend bien toutes les questions et interventions du professeur ? | | |
| | • Des répétitions de la part du professeur sont-elles parfois nécessaires ? | | |
| | • Les réponses sont-elles spontanées et pertinentes ? | | |
| | • Sont-elles appuyées par des idées personnelles ? | | |
| | • Ces idées sont-elles développées par quelques détails ? | | |
| | • Y a-t-il une argumentation logique ? | | |
| | • Les idées exprimées sont-elles banales et générales ? | | |
| | • Les échanges sont-ils intéressants ? | | |
| Qualité de la deuxième partie | • Les réponses de l'élève approfondissent-elles les idées de façon cohérente ? | | |
| | • Les idées exprimées restent-elles banales ? | | |
| Qualité de la troisième partie | • Aborde-t-on au moins un sujet du programme différent de celui de la deuxième partie ? | | |
| Qualités globales de la performance | • L'expression est-elle plutôt égale sur toute la durée de l'épreuve ? | | |
| | • Les points faibles prédominent-ils ? | | |
| | • Le débit de la production est-il fluide ? | | |
| | • Les hésitations perturbent-elles souvent l'écoute ? | | |
| | • La prononciation et l'intonation renforcent-elles la communication ? | | |
| | • Les termes et expressions utilisés sont-ils appropriés ? | | |
| | • Sont-ils variés ? | | |
| | • Les erreurs perturbent-elles la communication de façon systématique ? | | |

Recopiez ce tableau pour enregistrer vos notes et commentaires :

| Critères | Mon évaluation en points | Un exemple qui étaye mon jugement | Mes commentaires |
|---|---|---|---|
| Critère A | | | |
| Critère B1 | | | |
| Critère B2 | | | |
| Critère C | | | |
| Cumul des points accordés | ____ points / 30 | | |

Servez-vous du tableau pour évaluer d'autres exemples similaires.

## Critère A : langue

| Sous-critères | 1–3 points | 4–6 points | 7–9 points | 10–12 points |
|---|---|---|---|---|
| Vocabulaire et expressions | L'élève utilise une variété de termes et d'expressions idiomatiques appropriés aux sujets abordés malgré quelques anglicisations. L'expression est égale sur toute la durée de l'épreuve et l'énonciation est claire. | | | |
| Structures grammaticales | La maîtrise de la langue est efficace et généralement correcte. | | | |
| Occurrence et importance des fautes de grammaire | Les erreurs grammaticales sont assez fréquentes mais ne sont systématiques que dans des structures qui nécessitent l'utilisation du subjonctif. Elles n'entravent pas la clarté ou la signification de la communication. Les aspects erronés limitent le score à la bande verte des critères. | | | |
| Prononciation et énonciation | La prononciation est globalement correcte. | | | |
| Débit de l'expression | Le débit de la production est globalement assez fluide avec des hésitations assez fréquentes mais souvent passagères. | | | |
| Intonation de l'expression | L'intonation renforce une expression assez naturelle. | | | |
| Commentaire général | **La présentation est constamment adaptée au stimulus et elle s'appuie sur des détails explicites et implicites.** **Évaluation en points : 8 / 12** | | | |

145

## Critère B1 : message (présentation)

| Sous-critères | 1–2 points | 3–4 points | 5–6 points |
|---|---|---|---|
| Description de l'image | Description contextualisée et claire mais incomplète de l'image. Assez superficielle par son association au thème annoncé. | | |
| Interprétation de l'image | Les explications et interprétations sont pertinentes. | | |
| Analyses et opinions sur le thème | Les analyses et commentaires sont logiques. Les opinions personnelles sont claires et cohérentes et elles sont justifiées par des exemples de façon convaincante. La présentation est organisée de façon claire et logique. | | |
| Références pertinentes | Les références à la situation spécifique en France sont appropriées et détaillées et elles soutiennent l'argument avancé. | | |
| Commentaire général | **Les réponses du candidat sont systématiquement adaptées aux questions et sont assez développées.** Quelques aspects évidents manquent à la présentation : la signification de l'étiquette de prix ; l'association avec la révolution de 1830, dépeinte par Delacroix, est pertinente mais trop sommaire ; le lien avec le sous-thème d'Identités (manifestations) est établi, mais pas analysé dans son contexte culturel comparatif. Ce manque de développement en un peu plus de détails limite le score à 5 points. **Évaluation en points : 5 / 6** | | |

## Critère B2 : message (discussion)

| Sous-critères | 1–2 points | 3–4 points | 5–6 points |
|---|---|---|---|
| Pertinence des réponses | Les réponses sont pour la plupart pertinentes et cernent assez bien l'essentiel des questions. | | |
| Justifications des réponses | Les réponses de l'élève sont appuyées par des idées personnelles ou complémentaires. | | |
| Cohérence des opinions et arguments avancés | Les idées sont efficacement développées en détail, l'argumentation est cohérente et les réponses approfondissent les idées de façon logique. L'élève partage ses idées et ses opinions dans des échanges authentiquement convaincants. | | |
| Tentatives d'impliquer l'enseignant dans la conversation | On comprend toutes les questions et interventions du professeur, dont certaines sont assez exigeantes. La spontanéité des réponses, malgré des hésitations fréquentes, est globalement assez naturelle. Les interactions sont authentiques. L'élève soutient le déroulement de la conversation par un certain apport personnel. | | |
| Étendue de la conversation | L'étendue des sujets abordés est vaste mais quelques réponses dans la discussion des manifestations des gilets jaunes restent assez génériques ou détournent cette discussion vers des questions liées à l'environnement au lieu de la mondialisation proposée par le professeur, ce qui limite le score à 5 points. | | |
| Commentaire général | **La compréhension est systématiquement bonne et l'interaction est systématiquement soutenue.** **Évaluation en points : 5 / 6** | | |

## Critère C : compétences interactives (communication)

| Sous-critères | 1–2 points | 3–4 points | 5–6 points |
|---|---|---|---|
| Compréhension des questions et interventions | Malgré le détournement de la discussion suivant la première question du professeur, évalué sous le critère B2, la compréhension des questions et interventions est pertinente. | | |
| Spontanéité des réponses aux questions et interventions | Les échanges entre l'élève et le professeur sont authentiques. | | |
| Apport personnel de l'élève à la conversation | L'élève soutient le déroulement de la discussion par un apport personnel efficace. | | |
| Commentaire général | **Évaluation en points : 6 / 6** | | |
| **Cumul des points accordés : 24 / 30** | | | |

---

### Reflections on chapter 7

Ask yourself the following questions:

- Do you have a good understanding of the examination format for the oral component?
- Have you understood the different criteria and what the examiner will be looking for?
- Do you have a better idea of what you can do to improve your speaking skills?
- What advice do you still need to implement to succeed better in the oral examination?
- How can you practise this part of the examination?

# ÉVALUATION INTERNE – ORAL INDIVIDUEL (NIVEAU SUPÉRIEUR)

## The aims of this chapter

The oral component assesses your ability to:

- communicate clearly and effectively in a range of contexts and for a variety of purposes
- understand and use language appropriate to a range of interpersonal and/or intercultural contexts and audiences
- understand and use language to express and respond to a range of ideas with fluency and accuracy
- identify, organize and present ideas on a range of topics
- understand, analyse and reflect upon a literary text.

In this chapter, you will look at:

- ✔ how to examine a literature extract
- ✔ how to organize your ideas and plan your presentation
- ✔ how to prepare for the two discussions
- ✔ how to prepare for the individual oral.

# COMMENT RÉUSSIR À L'ORAL INDIVIDUEL (NIVEAU SUPÉRIEUR) ?

### Questions à considérer :

- Que savez-vous déjà de l'évaluation orale individuelle au niveau supérieur ?
- Que savez-vous déjà de la présentation et de la discussion d'un texte littéraire ?
- Comment jugez-vous votre niveau de français parlé ?
- Qu'espérez-vous apprendre pour améliorer votre français parlé?

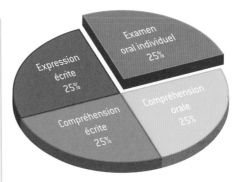

### En quoi consiste l'examen oral individuel ?

L'examen oral individuel compte pour 25% des notes de votre score final.

Cette épreuve est une composante intégrale, obligatoire et importante, à bien préparer avant l'examen, **peu importe votre niveau linguistique au début de vos études dans ce programme**. Un oral bien préparé réussira toujours mieux qu'un oral fait à l'improviste, sans préparations.

Le schéma ci-contre montre les différentes étapes de l'oral individuel et souligne l'importance du temps de préparation.

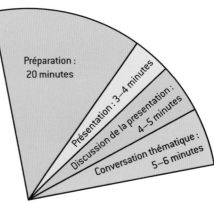

Les différentes étapes de l'oral individuel se répartissent de la façon suivante :

| | En quoi cela consiste | Remarques |
|---|---|---|
| **Préparation**<br>**20 minutes** | Votre professeur vous donnera **deux** extraits, chacun tiré de l'une des deux œuvres littéraires étudiées pendant le cours. (Une œuvre peut être un roman, une pièce de théâtre, un recueil de nouvelles ou de poèmes.)<br><br>Vous choisirez **un** des extraits.<br><br>Choisissez l'extrait sur lequel vous avez le plus à dire.<br><br>Vous pouvez prendre des notes sur une feuille blanche que le surveillant ou le professeur vous donnera : maximum **10 points puce**. Vous pouvez aussi écrire sur le texte (soulignez les passages que vous voulez citer, par exemple). | Pendant la période de préparation :<br><br>• vous serez surveillé<br><br>• vous n'avez pas le droit d'utiliser d'autre matériel (dictionnaire, livre, notes, etc.). |
| **Partie 1 : Présentation**<br>**3–4 minutes** | Votre présentation se fera en plusieurs parties :<br><br>• Une introduction (maximum 30 secondes) :<br>  – Situez l'extrait dans le contexte de l'œuvre.<br>  – Présentez le thème principal de cet extrait.<br>• Une description et explication du contenu de l'extrait (environ trois minutes) :<br>  – Qu'apprend-on de la situation dans l'extrait ?<br>  – Qu'apprend-on sur les personnages dans l'extrait ?<br>  – Qu'apprend-on sur les thèmes et les idées développées dans l'extrait ?<br>• Une conclusion (maximum 30 secondes) :<br>  – Quelle est l'importance de l'extrait ?<br>  – Comment cet extrait nous aide-t-il à comprendre le reste de l'œuvre ? | L'objectif de cette partie est de montrer que vous êtes capable de faire une **présentation organisée** sur un texte que vous connaissez.<br><br>• Utilisez vos notes mais ne lisez pas une présentation rédigée.<br><br>• Faites des références au texte (il est donc important de souligner les parties du texte que vous voulez citer).<br><br>• Normalement votre professeur ne vous interrompra pas.<br><br>• Votre professeur devra vous interrompre après quatre minutes. Assurez-vous de dire les idées essentielles que vous voulez développer. |
| **Partie 2 : Discussion sur la présentation**<br>**4–5 minutes** | Votre professeur engagera une discussion sur le contenu de l'extrait que vous avez présenté.<br><br>Vous pourrez :<br><br>• entrer dans les détails de l'extrait<br><br>• développer les idées que vous avez présentées dans la première partie<br><br>• montrer votre compréhension interculturelle en comparant avec d'autres cultures<br><br>• formuler votre interprétation, vos opinions personnelles sur les personnages, les évènements, les thèmes abordés. | L'objectif de cette partie est de montrer vos **compétences interactives** dans une **conversation authentique**.<br><br>• Votre professeur vous posera des questions ouvertes et vous pourrez vous exprimer librement.<br><br>• À la fin de cette partie, votre professeur dira quelque chose comme : « Nous allons maintenant passer à la troisième partie ». |
| **Partie 3 : Conversation générale**<br>**5–6 minutes** | Votre professeur engagera une conversation sur un ou plusieurs thèmes prescrits au programme (Identités, Expériences, Ingéniosité humaine, Organisation sociale, Partage de la planète). Cette discussion portera sur des sous-thèmes étudiés en classe.<br><br>Vous pourrez :<br><br>• montrer votre compréhension de la culture (ou des cultures) francophone(s)<br><br>• faire référence à ce que vous avez étudié en classe ou au cours de vos études du diplôme<br><br>• montrer votre compréhension interculturelle en comparant avec d'autres cultures<br><br>• formuler vos opinions personnelles sur les thèmes abordés. | L'objectif de cette partie est aussi de montrer vos **compétences interactives** dans une **conversation authentique**.<br><br>• Votre professeur vous posera des questions ouvertes et vous pourrez vous exprimer librement.<br><br>• À la fin de cette partie, votre professeur annoncera la fin de l'examen.<br><br>• Vous devrez remettre l'extrait et toutes vos notes au professeur. |

**Remarque :** tout l'examen sera enregistré pour une normalisation des notes du professeur. Les notes attribuées par le professeur sont confidentielles et ne sont pas définitives.

## Comment puis-je bien me préparer pour cet examen ?

Tout d'abord et de façon générale, pratiquez la langue parlée au maximum, et surtout par une participation orale active en classe ! Plus de pratique veut dire moins de stress et plus de naturel quand vous vous exprimez en français—et le naturel de votre production va vous faire gagner des points à l'examen oral !

Ensuite, rappelez-vous que cet examen évalue le contenu que vous avez étudié en classe, c'est-à-dire les œuvres littéraires et les thèmes avec leurs options (ou sujets recommandés optionnels). Ces œuvres et ces options ont été sélectionnées par votre professeur. Les extraits et les questions seront aussi sélectionnés par votre professeur. Il est donc important de bien étudier ce contenu et d'y faire référence lors de cet examen oral.

## Partie 1 : présentation

### Étude littéraire au niveau supérieur

Pendant votre cours vous allez étudier **deux** œuvres littéraires écrites à l'origine en français. Ce seront des romans, des nouvelles, des pièces de théâtre ou des poèmes. L'étude de ces œuvres vous permettra de :

- mieux comprendre la culture d'un ou de plusieurs pays francophones
- développer votre sensibilité internationale en comparant votre culture avec des cultures différentes
- développer un vocabulaire et une langue plus riches
- établir des liens entre la littérature et les thèmes
- développer des compétences d'interprétation.

Dans la classe de niveau supérieur vous lirez des textes écrits dans une langue riche, parfois imagée. Vous serez confronté aux réflexions d'auteurs provenant de cultures diverses. Vous aborderez les quatre principes fondamentaux que sont le conflit, le thème, l'intrigue et les personnages.

**Remarque :** la critique littéraire ne fait pas partie des objectifs du programme de Français B.

Dans ce chapitre nous allons étudier une nouvelle *La Vérité* de l'auteure franco-libanaise Andrée Chedid. Nous allons aborder ces quatre principes fondamentaux et comment les utiliser dans la présentation et la discussion de l'examen oral. Vous pourrez ensuite transférer ce que vous avez appris aux œuvres littéraires que vous étudiez dans votre classe de Français B.

### Principes fondamentaux de l'étude littéraire

Ces principes s'appliquent essentiellement aux récits (roman, nouvelle) et aux pièces de théâtre. Ils s'appliqueront moins facilement à la poésie.

#### Le conflit

Il s'agit de tout obstacle qui se mettra en travers de la route d'un personnage et l'empêche d'atteindre son but. Il existe six types de conflits énumérés dans le tableau à la page suivante.

> **» Assessment tip**
>
> - Ensure you know which part of the programme you need to prepare.
> - Prepare your literary texts thoroughly, taking notes throughout the course.
> - Master the different themes and optional recommended topics studied in class. Take notes and develop appropriate vocabulary. Research the different themes.
> - Practise a lot.

| Types de conflits | Description |
|---|---|
| Personnage contre personnage | Le conflit le plus courant dans les histoires, il peut exister dans tous les types de relations. |
| Personnage contre l'autorité | L'autorité est à prendre au sens large. Il peut s'agir d'un conflit avec l'autorité d'une personne, d'un gouvernement, d'une institution corrompue, etc. |
| Personnage contre lui-même | Ce conflit peut être entre les besoins du personnage et sa morale, son devoir et sa peur ou ses désirs et son honneur. Ce type de conflit peut créer plus d'empathie pour le personnage si celui-ci est en proie à un conflit interne. |
| Personnage contre la nature | Dans ce type de conflit, la nature signifie notre environnement ou un élément de cet environnement. L'opposition entre la personne et la nature ou l'environnement est particulièrement fréquente dans les histoires de survie. |
| Personnage contre le surnaturel | Ce conflit est une caractéristique commune de la littérature fantastique mais peut être considéré comme une sous-catégorie du conflit contre la nature. Le héros a l'occasion de faire face à sa propre nature. |
| Personnage contre la technologie | La personne contre la technologie est une caractéristique commune du genre de la science-fiction. C'est un excellent moyen de se poser des questions sur les bienfaits et la moralité de cette technologie. |

## L'intrigue

Une bonne compréhension de l'intrigue vous permettra de mieux situer l'extrait dans le contexte de l'œuvre. Une intrigue suit ce qu'on appelle un schéma narratif qui comprend cinq étapes.

| Étapes principales du schéma narratif | Les éléments qui composent chacune des étapes |
|---|---|
| 1. La situation initiale (qui ?, où ?, quand ?, quoi ?) | Le personnage vit une situation normale où tout est en équilibre.<br><br>La situation initiale comprend normalement : **la description du héros** (aspect physique, peut-être un trait de caractère), **le lieu** et **le temps**, et **l'action principale** qui occupe le héros avant que sa vie soit perturbée. |
| 2. L'élément perturbateur | Un évènement ou un personnage vient perturber la situation d'équilibre et introduit le conflit. Le personnage principal cherche à retrouver une situation d'équilibre. |
| 3. Le déroulement | Cette étape présente une montée de la tension avec les diverses péripéties (actions, évènements, aventures, etc.) qui permettent aux personnages de progresser. Le déroulement comprend les pensées, les paroles et les actions des différents personnages en réaction à l'élément perturbateur ainsi que les efforts qu'ils font pour résoudre le problème. |
| 4. Le dénouement | Il s'agit du moment où le personnage (ou les personnages) réussit ou échoue sa mission. |
| 5. La situation finale | C'est le moment où l'équilibre est rétabli. Le personnage (ou les personnages) a retrouvé sa situation initiale ou vit une nouvelle situation. |

## Les personnages

Dans les récits, les personnages nous font vivre les évènements. C'est à travers leurs émotions, leurs actions, leurs caractéristiques, etc. que nous pouvons suivre le fil de l'histoire. Les aspects des personnages que nous pouvons étudier sont :

- leur apparence
- leur environnement, leur habitat et leurs possessions
- leur attitude
- leurs pensées et sentiments
- ce qu'ils disent
- ce que pensent et ce que font les autres personnages face à eux.

Il faudra différencier entre le ou les personnages principaux, les personnages secondaires et les personnages figurants. De plus, il est nécessaire d'analyser le rôle des personnages afin de comprendre les rapports entre eux.

### Les thèmes

Le thème d'un texte est l'idée principale, ayant une certaine portée universelle ou spécifiquement culturelle, à partir de laquelle est construite l'intrigue d'une histoire. Les thèmes sont parfois explicites, mais plus souvent abordés de manière implicite. Ils sont développés dans l'ensemble d'un texte ou dans une de ses parties.

On retrouve généralement, dans le texte littéraire, un ensemble de thèmes, liés ou non. Certains sont plus importants que d'autres. Dans certaines parties, des thèmes secondaires peuvent être développés.

Les thèmes traités dans un roman ou une nouvelle sont souvent abordés par les personnages. On les retrouve dans leurs discours, leurs actions, leurs réflexions, leurs valeurs, leurs choix, etc.

Comment dégager des thèmes dans une histoire ?

- Étudiez les champs lexicaux pour identifier le vocabulaire récurrent.
- Trouvez les grands enjeux de l'histoire et les défis que les personnages relèvent.
- Questionnez-vous sur le message principal du récit, sur les raisons qui ont mené à son écriture.
- Tentez de relier l'œuvre avec les thèmes au programme.
- Comparez ces thèmes sous différentes perspectives culturelles (celle de l'auteur, la vôtre, d'autres cultures que vous connaissez, etc.).

## Analyse et présentation d'un texte littéraire

- Lisez la nouvelle *La Vérité* de l'auteure franco-libanaise Andrée Chedid. Ce récit a été divisé en trois sections d'environ 300 mots chacune, c'est-à-dire la longueur d'un extrait de l'examen oral du niveau supérieur (attention, parce que cette nouvelle est courte, le début du troisième extrait reprend la fin du deuxième). Lisez-la d'abord en entier.
- Attention : le jour de l'examen, vous aurez seulement le texte. Il n'y aura pas de notes explicatives.
- Pour chaque extrait, considérez les questions suivantes :

  1. Où se situe cet extrait ? Considérez le schéma narratif.
  2. Qu'apprend-on sur les différents personnages ? Basez-vous sur des informations précises dans le texte.
  3. Quelle est la relation entre les personnages ?
  4. Quels types de conflits pouvez-vous identifier ?
  5. Quels thèmes apparaissent dans cet extrait ? Considérez les thèmes au programme : Identités (Croyances et valeurs), Expériences (Coutumes et traditions), Organisation sociale (Relations sociales).

> **›› Assessment tip**
>
> Identify the main and subsidiary themes in the works you study in your French B course:
>
> - Think about the themes studied in your French B class (Identities, Experiences, Human ingenuity, Social organization, Sharing the planet). Are the themes presented explicitly or implicitly? Are they presented through the characters' words, actions, values, choices, etc.?
> - Select key words that best represent the themes in the works.
> - What is the author's position regarding the various themes?
> - What is your opinion? Why do you hold this view?
> - Consider the perspective of different cultures.

*La Vérité* **d'Andrée Chedid**

**Extrait 1**

Liza me saisit la main, m'attire hors de la pièce où la famille, réunie quelques jours avant Noël, discute des prochaines festivités.

– Viens, maman, il faut que je te parle. Viens !

Je la suis, perplexe. Elle claque la porte derrière nous, m'entraîne vers
5  l'obscur boyau du couloir. Là, elle m'immobilise, dos au mur, lâche ma main.

– Attends-moi, ne bouge pas … j'allume !

Elle court jusqu'à l'interrupteur situé près de la seconde porte, close elle aussi.

– J'allume, répète-t-elle d'une voix décidée.

Au plafond, une lumière au néon – crue, inflexible – éclabousse les murs et m'inonde des pieds à la tête.

10  – Tu me diras la vérité ?

– De quoi parles-tu, Liza ?

– Promets de me dire toute la vérité.

Captive de cette froide lumière, plongée dans la droiture de son regard, tout m'incite à répondre :

– C'est promis.

15  – Toute la vérité, promis ?

– Promis.

Où donc m'entraîne-t-elle ? L'instant est grave. Le serment solennel. Je ne reculerai pas.

Liza s'agrippe à mes deux poignets. Elle ne me quitte plus du regard.

– Maman, est-ce qu'il existe, le Père Noël ?

20  Abrupte, inattendue, la question me démonte. Liza m'encercle la taille de ses bras.

Rejetant le buste en arrière, elle me livre tout son visage ouvert, confiant.

– Ce n'est pas difficile, tu me réponds : oui ou non.

J'hésite. Elle martèle la question une deuxième, une troisième, une quatrième fois. J'hésite encore.
Ai-je le droit de détruire ce rêve, de démanteler le plaisir de la famille qui a établi tout un rituel
25  autour du fabuleux personnage, de démolir les espoirs de Tim, son petit frère ?

– Réponds, maman : est-ce qu'il existe, le Père Noël ?

Tiraillée entre le désir de répliquer sans équivoque à son brûlant appel, et celui de sauvegarder une plaisante et chaleureuse légende, je me penche et l'attire dans mes bras.

**Extrait 2**

– À l'école, mes amis m'ont juré que c'étaient les parents qui avaient inventé ça … Avant de les croire, j'ai dit que je te demanderais d'abord.

Elle fit une pause, avant d'insister :

– Oui ou non, maman : est-ce qu'il existe, ce Père Noël ?

5  Je me sentais inconfortable, stupidement engluée dans le mensonge, tributaire d'une comédie sociale à laquelle Liza ne voulait plus participer. Son regard me bravait, me scrutait ; je n'avais pas le droit de me dérober. Je me penchai et la serrai contre moi, comme si nous étions sur le point de traverser, ensemble, un périlleux obstacle avant d'affronter l'évidence.

Elle se dégagea, recula de quelques pas et, m'affrontant de nouveau :

10  – Alors, il existe ?

Ma réponse s'abattit comme un couperet :

– Non.

**ATL Compétences de recherche et de pensée**

Faites une recherche sur le Père Noël. Quelle est son origine ? Quelles sont ses caractéristiques ? Que représente-t-il dans l'imaginaire de l'enfant ?

Selon les pédagogues et les psychologues faut-il que les enfants croient au Père Noël ? Qu'en pensez-vous ?

Le Père Noël existe-t-il dans votre culture ? Si oui, quel rôle joue-t-il ? Si non, existe-t-il d'autres personnages fictifs qui jouent un rôle similaire dans les croyances populaires ?

Au même moment, il me sembla entendre, au fond d'un silence opaque, la chute d'un oiseau.

15 Je repris mon souffle. Toujours de face, Liza s'éloigna encore. Une brume grisâtre enveloppait ses traits. Elle me fixait d'un air étrange, elle avait pris de l'âge en quelques secondes. Y avait-il de la gratitude ou un reproche dans ses yeux ?

– Je le savais ! … Je le savais, dit-elle en me tournant le dos.

20 Parvenue au bout du couloir, elle se retourna et me lança :

– Je savais que c'était un mensonge !

Puis elle disparut derrière un claquement de porte.

L'après-midi, je retrouvai Liza en sanglots, à plat ventre, affalée sur son lit. Je voulus m'approcher. Elle me repoussa :

25 – Laisse-moi. Je pleure seule. Je n'ai besoin de personne.

L'agitation qui précède les fêtes s'empare des rues, remue les esprits, étoile arbres et vitrines. De ce côté du monde, les images frétillent. Une gaieté, parfois contrainte, anime les visages. Noël est proche. De plus en plus proche.

30 J'ai averti la famille :

– Liza ne croit plus au Père Noël.

– Déjà ? À son âge ? Mais tu aurais dû la persuader du contraire …

**Extrait 3**

L'après-midi, je retrouvai Liza en sanglots, à plat ventre, affalée sur son lit. Je voulus m'approcher. Elle me repoussa :

– Laisse-moi. Je pleure seule. Je n'ai besoin de personne.

L'agitation qui précède les fêtes s'empare des rues, remue les esprits, étoile arbres et vitrines. De
5 ce côté du monde, les images frétillent. Une gaieté, parfois contrainte, anime les visages. Noël est proche. De plus en plus proche.

J'ai averti la famille :

– Liza ne croit plus au Père Noël.

– Déjà ? À son âge ? Mais tu aurais dû la persuader du contraire …

10 – Je ne pouvais pas la tromper. Elle a exigé la vérité. Ils ricanent, s'étonnent de ma naïveté.

– La vérité ! ! !

La veille du grand jour, peu avant minuit, je m'approche à pas de loup de la chambre des enfants.

Assise au bord du lit de son petit frère qui a trois ans, Liza murmure :

– Il faut que tu dormes, Tim, sinon le Père Noël ne viendra pas.

15 – Tu l'as vu ?

– Il ne se montre jamais. Mais il existe !

Elle se mit ensuite à le décrire : robe et capuche écarlates, larges bottes noires, barbe blanche, hotte remplie à ras bord. Rien ne manquait au personnage. Liza savourait ses propres paroles. Tim la fixait, émerveillé.

20 La fable s'était remise en marche, le conte reprenait souffle. Liza inventait des images, des parcours, des pays.

Jusqu'au vertige, ses mots amorçaient d'autres mots. Liza racontait les enfants de l'Univers, comme eux en attente, en cette unique nuit.

Le ciel se constellait. La chambre s'élevait, lentement, dans l'espace.

25 Je reculai sur la pointe des pieds tandis que Tim et Liza s'endormaient, souriants, dans les bras l'un de l'autre.

## Comment ma présentation sera-t-elle évaluée ?

La présentation sera évaluée avec le critère A et le critère B1.

**Attention !** Les critères qui vous sont proposés dans ce chapitre ont été décomposés en sous-critères pour vous aider à vous focaliser sur chaque aspect que vous devez apprendre à maîtriser. Chaque aspect contribue à la qualité globale de votre performance. Vous trouverez les critères originaux dans le *Guide de Langue B*.

### Critère A : langue

À noter que ce critère sera appliqué sur tout l'enregistrement de votre examen oral, sur les trois parties qui le compose. Sa valeur est le **double** des autres critères.

Dans le tableau ci-dessous, notez bien les éléments essentiels recherchés par l'examinateur, et la progression d'un niveau à l'autre.

| Sous-critères | 1–3 points | 4–6 points | 7–9 points | 10–12 points |
|---|---|---|---|---|
| Vocabulaire et expressions | Très simples avec quelques erreurs | Généralement adaptés et variés avec quelques termes spécifiques aux sujets traités | Variés et idiomatiques<br><br>Spécifiquement adaptés aux sujets traités | Variés, idiomatiques, précis et nuancés<br><br>Particulièrement adaptés aux sujets traités |
| Structures grammaticales | Quelques phrases complexes (au moins deux idées combinées en une seule phrase) | Phrases parfois complexes avec une certaine variété de structures<br><br>Quelques erreurs qui rendent la compréhension difficile | Phrases complexes avec une variété de structures<br><br>La langue est toujours compréhensible | Phrases complexes avec une grande variété de structures qui nuancent les idées<br><br>La langue est toujours très facile à comprendre |
| Occurrence et importance des fautes de grammaire | Il y a des erreurs fréquentes de grammaire élémentaire qui gênent la communication | Quelques erreurs qui rendent la compréhension difficile | Facile à comprendre, même s'il y a quelques erreurs passagères | Toujours facile à comprendre, sans erreurs importantes |
| Prononciation et énonciation | Parfois difficiles à comprendre car influencées par une autre langue | Globalement claires et faciles à comprendre | Claires ; les erreurs ne déforment pas le sens | Claires et authentiques même s'il reste des traces d'une autre langue |
| Débit de l'expression | Parfois avec silences qui perturbent la fluidité de l'expression | Assez fluide ; les hésitations semblent naturelles | Fluide : les hésitations sont celles d'un échange naturel | Fluide : les hésitations sont celles d'un échange naturel |
| Intonation de l'expression | Monotone et parfois influencée par une autre langue ou la récitation d'un texte<br><br>Peut gêner la compréhension | Parfois variée, ou peu monotone | Variée de façon naturelle<br><br>Donne envie à l'auditeur d'écouter | Vivace et animée<br><br>Renforce l'attention de l'auditeur |

### Critère B1 : message (extrait littéraire)

Ce critère sera appliqué sur tout le contenu de votre présentation. Dans le tableau ci-dessous, notez bien les éléments essentiels recherchés par l'examinateur, et la progression d'un niveau à l'autre.

| Sous-critères | 1–2 points | 3–4 points | 5–6 points |
|---|---|---|---|
| Compréhension de l'extrait | Superficielle<br><br>Présentation plutôt axée sur l'œuvre en général | Bonne<br><br>Présentation généralement axée sur l'extrait | Présentation détaillée de l'extrait |
| Utilisation et analyse de l'extrait | Superficielle (se limite à résumer l'extrait) | Une certaine analyse : quelques aspects de l'extrait sont développés | Une analyse efficace, organisée, cohérente<br><br>De nombreux aspects de l'extrait sont abordés et développés |
| Observations et réflexions sur l'extrait | Observations et réflexions générales, simplistes, sans références à l'extrait | Quelques observations et réflexions sur les thèmes sont développées ; quelques références à l'extrait | Plusieurs observations et réflexions sur les thèmes sont développées ; références efficaces à l'extrait |
| Opinions personnelles sur l'extrait | Les rares opinions personnelles sont générales, simplistes, sans liens directs avec l'extrait | Quelques opinions ou réactions personnelles en lien avec l'extrait sont développées | Des opinions et réactions clairement personnelles sont clairement développées en lien avec l'extrait |

## Préparation de l'extrait

Vous avez 20 minutes pour préparer l'extrait. Il est donc important de bien utiliser votre temps.

### Prendre des notes

Pratiquez la prise de notes pendant les deux années du cours.

Vous devrez organiser vos idées en un maximum de **dix** points puce (comme aide-mémoire, si vous oubliez quelque chose pendant la présentation). N'oubliez pas que ces points puce doivent être courts : quelques mots seulement ; pas de phrases complètes.

Dans cette section, nous allons étudier l'extrait 1 de *La Vérité* où nous allons souligner les principaux aspects du texte et prendre des notes.

> **Assessment tip**
>
> - You must be thoroughly familiar with the details of your literary texts. These include the name of the author and the title of the book or collection.
>
> - Remember that you must focus on the extract. However, the rest of the book or collection might help you understand and explain some aspects of the extract.
>
> - Make direct references to the extract: highlight on the extract itself relevant passages you want to quote; use different colours to help you organize your ideas.
>
> - Make sure you have personal opinions on the points you raise about the extract. You may be able to develop them further in the follow-up discussion.
>
> - If appropriate, consider cultural references to the French-speaking country in which the story takes place.

> **ATL Compétences de recherche et de pensée**
>
> Faites d'abord votre propre analyse du texte. Utilisez les questions qui vous sont proposées, page 151.
>
> Maintenant comparez ce que vous avez souligné dans le texte et vos notes avec ce qui vous est proposé.

> **Réfléchissez**
>
> - Avez-vous identifié beaucoup d'éléments du texte ?
> - Comment pouvez-vous améliorer vos notes ?

Liza me saisit la main, m'attire hors de la pièce où la famille, réunie quelques jours avant Noël, discute des prochaines festivités.

– Viens, maman, il faut que je te parle. Viens !

Je la suis, perplexe. Elle claque la porte derrière nous, m'entraîne vers l'obscur boyau du couloir.
5  Là, elle m'immobilise, dos au mur, lâche ma main.

– Attends-moi, ne bouge pas … j'allume !

Elle court jusqu'à l'interrupteur situé près de la seconde porte, close elle aussi.

– J'allume, répète-t-elle d'une voix décidée.

Au plafond, une lumière au néon – crue, inflexible – éclabousse les murs et m'inonde des pieds à
10  la tête.

– Tu me diras la vérité ?

– De quoi parles-tu, Liza ?

– Promets de me dire toute la vérité.

Captive de cette froide lumière, plongée dans la droiture de son regard, tout m'incite à répondre :
15  – C'est promis.

– Toute la vérité, promis ?

– Promis.

Où donc m'entraîne-t-elle ? L'instant est grave. Le serment solennel. Je ne reculerai pas.

Liza s'agrippe à mes deux poignets. Elle ne me quitte plus du regard.
20  – Maman, est-ce qu'il existe, le Père Noël ?

Abrupte, inattendue, la question me démonte. Liza m'encercle la taille de ses bras.

Rejetant le buste en arrière, elle me livre tout son visage ouvert, confiant.

– Ce n'est pas difficile, tu me réponds : oui ou non.

J'hésite. Elle martèle la question une deuxième, une troisième, une quatrième fois. J'hésite encore.
25  Ai-je le droit de détruire ce rêve, de démanteler le plaisir de la famille qui a établi tout un rituel autour du fabuleux personnage, de démolir les espoirs de Tim, son petit frère ?

– Réponds, maman : est-ce qu'il existe, le Père Noël ?

Tiraillée entre le désir de répliquer sans équivoque à son brûlant appel, et celui de sauvegarder une plaisante et chaleureuse légende, je me penche et l'attire dans mes bras.

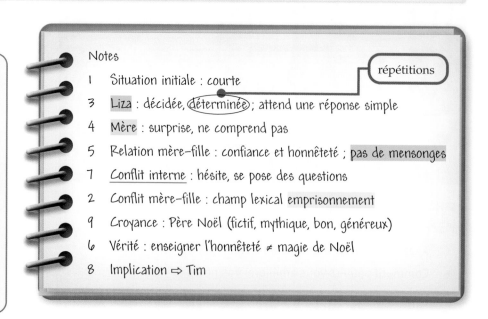

>> **Assessment tip**

- Use different colours to highlight important passages in the text.

- List key words which you might need (here, adjectives describing Liza).

- In your notes, it can help to use symbols such as ⇨, =, ≠, etc.

- Make sure that your notes are in the correct order. You might want to number them when you have finished, to make sure the order is logical.

Notes

1   Situation initiale : courte ———— répétitions

3   Liza : décidée, déterminée ; attend une réponse simple

4   Mère : surprise, ne comprend pas

5   Relation mère–fille : confiance et honnêteté ; pas de mensonges

7   Conflit interne : hésite, se pose des questions

2   Conflit mère–fille : champ lexical emprisonnement

9   Croyance : Père Noël (fictif, mythique, bon, généreux)

6   Vérité : enseigner l'honnêteté ≠ magie de Noël

8   Implication ⇨ Tim

## Faire la présentation

**Vocabulaire et expressions pour vous aider à structurer votre présentation**

**Introduction (30 secondes maximum, soit une ou deux phrases) :**

- Cet extrait est tiré de la nouvelle/de la pièce/du roman/du recueil de nouvelles/de poèmes (nom de l'œuvre), de (nom de l'auteur).

- Il s'agit de …/Il est question de …

- Le thème principal (de l'œuvre/de l'extrait) est …

- L'action se situe …/L'histoire se passe …/L'action se déroule …/Cette scène a lieu …

- Cet extrait se situe …
  - au début/vers la fin
  - après que …/avant que … (+ subjonctif)/quand …

- Dans cet extrait …
  - on apprend que …/on voit que …/on découvre …
  - les personnages … (décrire ce qu'ils font)
  - les personnages se trouvent … (dire où ils sont)

**Exemple extrait 1**

> Cet extrait se situe au tout début de la nouvelle d'Andrée Chedid, *La Vérité*. Dans cet extrait Liza, une petite fille de 6 ou 7 ans, veut savoir si le Père Noël existe, ce qui présente un énorme dilemme à sa mère.

**Développement des idées :**

- On apprend que …/On voit que …/On se rend compte que …/On découvre …

- Comme on voit à la ligne (XX), …

- L'auteur décrit …/évoque …

- L'auteur veut nous dire que …/L'auteur cherche à …/Le but de l'auteur est de …

- L'auteur, le narrateur, le protagoniste, le personnage, le héros, l'héroïne

- Il compare … à …

- Le personnage s'exclame/s'interroge/se contredit …

- Le thème principal est …

**Donner son opinion :**

- À mon avis, …/D'après moi, …/Selon moi, …/Quant à moi, …

- Je crois que …/Il me semble que …/j'ai l'impression que …

- Cette attitude/réaction/action … me surprend/me choque/me touche/m'émeut

- J'ai découvert que …

- Si je compare avec mon pays, …

**Conclusion :**

- Pour conclure, …/Pour résumer, …

- Cet extrait annonce le dénouement de l'histoire

- Cet extrait est essentiel car …

>> **Assessment tip**

- Ensure you know the vocabulary and structures related to the literary works and the themes.

- Do not ignore basic vocabulary and structures. If you don't master these, knowing more advanced structures won't help: forcing a couple of subjunctives won't make up for not knowing the conjugation of common verbs!

- Practise correct pronunciation and intonation. These are key for clear communication.

**Extrait 1 : plan détaillé**

**Attention !** Pendant l'examen, vous n'avez pas le droit d'écrire des notes aussi détaillées. Ce qui suit est là pour vous montrer les détails de ce qu'on peut dire sur cet extrait en utilisant les notes et les passages soulignés dans le texte.

<u>Introduction</u>

1. Situation de l'extrait : titre de la nouvelle, nom de l'auteure, début de la nouvelle

2. Qui ? Où ? Quand ? L'auteure et sa fille Liza (peut-être 6 ou 7 ans), chez elles, quelques jours avant Noël.

<u>Description des personnages principaux</u>

3. Liza

   a. 6–7 ans : elle croit encore au Père Noël

   b. À un âge où on commence à se poser des questions

   c. A besoin d'une réponse

   d. Fait entièrement confiance à sa mère. Elle sait que sa mère lui dira la vérité : « visage ouvert, confiant » (l. 22)

   e. Attend une réponse simple : « oui ou non » (l. 23)

   f. Déterminée : elle a pris sa mère en otage (« lui saisit la main », « l'enferme dans le couloir », « l'encercle de ses bras ») et l'interroge (« lumière froide comme interrogée par la police ») Peut-être l'impression de la mère ?

      Nombreuses répétitions : de la question, « martèle » (l. 24)

4. La mère/l'auteure

   a. Surprise, ne comprend pas : « perplexe » (l. 4)

   b. Se sent prise au piège ; elle ne peut pas s'échapper : « dos au mur » (l. 5)

   c. Se rend compte de l'importance de ce qui se passe : « L'instant est grave. Le serment solennel » (l. 18)

   d. Ne peut pas mentir : question de responsabilité

   e. Conflit interne : « la question me démonte » (l. 21), « j'hésite » (l. 24), « tiraillée » (l. 28), se pose des questions essentielles autour du rôle du Père Noël dans la culture

      i. fin du rêve pour l'enfant ?

      ii. que va penser la famille ?

      iii. implications pour le petit frère ?

5. Thèmes

   a. Traditions :

      i. Père Noël, personnage mythique qui apporte du rêve aux enfants

      ii. Est-il plus important pour les parents ?

   b. Valeurs :

      Est-il moral de mentir aux enfants ? Y a-t-il de bons mensonges ?

**6.** Conclusion

    **a.** Que décidera la mère ? On suppose déjà qu'elle dira la vérité parce qu'elle dit « Je ne reculerai pas » (l. 18)

    **b.** Avait-elle raison ?

    **c.** Auriez-vous fait la même chose ?

**Action**

Ce plan détaillé inclut trop d'idées pour répondre en un maximum de quatre minutes. Mais il y a une deuxième partie à cet oral. Vous aurez alors l'occasion de développer certaines des idées de la présentation et d'entrer dans les détails.

- Sélectionnez les éléments qui vous intéressent particulièrement et que vous voudrez développer dans la deuxième partie.
- Enregistrez votre présentation : assurez-vous de parler entre trois et quatre minutes.
- Si vous parlez plus de quatre minutes, changez vos sélections et recommencez.

Une fois que vous êtes satisfait(e), suivez la même approche pour étudier les extraits 2 et 3 :

- Étudiez chaque extrait en utilisant les questions qui vous sont proposées.
- Soulignez les passages du texte que vous voulez développer.
- Écrivez vos notes (maximum de dix points puce).
- Enregistrez votre présentation.
- Écoutez-la ou faites-la écouter à un(e) camarade pour avoir ses commentaires.
- Appliquez les critères d'évaluation.

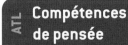

**Compétences de pensée**

Maintenant, appliquez la même approche aux œuvres que vous étudiez en classe de Français B.

**Assessment tip**

In your individual oral, your teacher will select the extracts. These will be significant passages of the works you have studied, with which you can engage and offer a personal interpretation. You should be able to identify these passages by asking yourself why they are significant.

Try to practise with a classmate for objective feedback.

Once you have selected these passages, follow the same approach as for *La Vérité*.

## Partie 2 : discussion sur la présentation

Dans cette partie, votre professeur va engager une discussion sur l'extrait littéraire que vous avez présenté. Cette partie dure de quatre à cinq minutes.

Votre professeur vous posera des questions ouvertes et peut vous demander :

- de clarifier ou de développer certains aspects que vous avez mentionnés dans votre présentation
- d'interpréter ou d'évaluer certaines idées de l'extrait ou de l'œuvre
- de comparer avec votre propre expérience culturelle
- de montrer votre compréhension de la société francophone où se déroule l'œuvre littéraire.

L'objectif de cette partie de l'examen est de montrer que vous êtes capable d'avoir une conversation authentique en français.

### Comment cette discussion sera-t-elle évaluée ?

La discussion sur la présentation sera évaluée avec le critère A (voir page 154), le critère B2 et le critère C.

**Attention !** Les critères qui vous sont proposés dans ce chapitre ont été décomposés en sous-critères pour vous aider à vous focaliser sur chaque aspect que vous devez apprendre à maîtriser. Vous trouverez les critères originaux dans le *Guide de Langue B*.

### Critère B2 : message (conversation)

Dans le tableau ci-dessous, notez bien les éléments essentiels recherchés par l'examinateur, et la progression d'un niveau à l'autre.

| Sous-critères | 1–2 points | 3–4 points | 5–6 points |
|---|---|---|---|
| Pertinence des réponses | Quelques réponses logiques, mais simples | Réponses cohérentes bien que parfois brèves | Réponses toujours pertinentes et cohérentes, parfois même perspicaces |
| Justifications des réponses | Réponses pas, ou peu, étayées par des exemples ou développées par des idées supplémentaires | Réponses parfois étayées par des exemples ou développées par des idées supplémentaires | Réponses élaborées et étayées par des exemples ou développées par des idées supplémentaires |
| Cohérence des opinions et arguments avancés | L'enseignant maintient la cohérence globale de la conversation | Opinions et arguments logiques, mais les arguments peuvent manquer de force ou de conviction pour être convaincants | Opinions et arguments convaincants, souvent nuancés par des détails supplémentaires, ou la reconnaissance d'autres opinions |
| Tentatives d'impliquer l'enseignant dans la conversation | Pas ou peu évidentes. C'est l'enseignant qui dirige toute la conversation en posant des questions | Parfois évidentes. L'élève réagit par une prise de position qui fait réagir l'enseignant | Évidentes, appropriées et naturelles. L'élève réagit par des prises de position et des informations qui stimulent l'échange avec l'enseignant |
| Étendue de la conversation | Limitée et simple. Peu de variété dans les idées présentées | Adéquate, avec une variété d'idées, d'opinions ou d'arguments avancés | Variété d'idées, d'opinions et d'arguments, souvent développés à l'initiative de l'élève |

### Critère C : compétences interactives (communication)

Dans le tableau ci-dessous, notez bien les éléments essentiels recherchés par l'examinateur, et la progression d'un niveau à l'autre.

| Sous-critères | 1–2 points | 3–4 points | 5–6 points |
|---|---|---|---|
| Compréhension des questions et interventions | Plusieurs questions doivent être répétées. Absences de réponses, ou réponses qui ne sont pas cohérentes | Très peu de reformulations sont nécessaires. Réponses globalement cohérentes | Aucune répétition n'est nécessaire. Réponses toujours cohérentes et qui montrent parfois des nuances dans la compréhension |
| Spontanéité des réponses aux questions et interventions | Conversation ponctuée par des silences, ou des hésitations excessives qui perturbent l'évolution de la conversation | Réponses immédiates, bien que parfois hésitantes, mais qui ne perturbent pas l'évolution de la conversation | Réponses naturelles, qui parfois peuvent couper court les questions ou interventions de l'enseignant, par anticipation cohérente. Les contributions spontanées soutiennent l'évolution naturelle de la conversation |
| Persévérance de l'élève | Évolution inégale de la conversation, maintenue pour la plupart par l'enseignant qui doit poser de nombreuses questions. L'élève s'arrête parfois | Évolution assez équilibrée de la conversation, parfois soutenue par l'initiative de l'élève. L'élève tente de répondre aux questions plus exigeantes | Évolution naturelle et bien équilibrée de la conversation, maintenue par l'initiative de l'élève, sans efforts évidents, même face aux questions plus exigeantes |
| Apport personnel de l'élève à la conversation | Réponses pas ou peu développées par des informations supplémentaires. On dépend des initiatives de l'enseignant | Réponses parfois développées à l'initiative de l'élève, par des informations supplémentaires | Réponses élaborées, développées par des informations supplémentaires, librement offertes à l'initiative de l'élève |

## Comment puis-je me préparer (critère B2) ?

Une discussion d'un maximum de cinq minutes consistera, en moyenne, d'une demi-douzaine de questions ou interventions de la part de votre professeur. Souvenez-vous que c'est vous qui passez l'examen, alors exprimez-vous le plus possible.

- Le terrain ne sera pas inconnu : cette discussion portera sur l'extrait que vous avez préparé et présenté.

- Au cours de votre présentation, vous avez la possibilité de suggérer quelques pistes à explorer, par exemple en mentionnant des thèmes sur l'extrait qui vous intéressent le plus.

- Emmenez votre professeur vers les aspects que vous avez préparés mais que vous n'avez pas eu le temps de présenter.

- Développez vos idées à un niveau avancé. Si vous avez bien préparé et réfléchi aux œuvres que vous avez étudiées, la discussion sera facile. Considérez :

  – des interprétations sous des angles différents des propos de l'auteur

  – des liens avec vos propres opinions, valeurs ou expériences culturelles

  – des points de vue controversés pour encourager le professeur à vous questionner davantage et ainsi montrer que vous pouvez discuter

  – les thèmes au programme : faites des liens avec d'autres aspects ou perspectives liés aux thèmes

  – la sensibilité internationale : comparez les différentes opinions dans des cultures différentes et notamment avec celle d'une société francophone

  – la Théorie de la Connaissance.

- Faites des liens avec le reste de l'œuvre.

### Action

Reprenez l'extrait 1 de *La Vérité*.

- Quels aspects souhaiteriez-vous développer ou discuter ?

  – La relation entre la mère et sa fille ?

  – La relation entre la fillette et son petit frère ?

  – Les conséquences de dire à Liza que le Père Noël n'existe pas ?

  – L'importance de Noël dans la culture française/francophone ?

  – Autre chose ?

- Quels liens pouvez-vous faire avec les thèmes étudiés en classe ?

  – Identités (Croyances et valeurs)

  – Expériences (Coutumes et traditions)

  – Organisation sociale (Relations sociales)

- En quoi cette histoire fait-elle partie de la culture francophone ? Quelle serait la perspective d'autres cultures ?

  – L'auteure est franco-libanaise, est-ce surprenant ?

  – Quelle est la place de Noël aujourd'hui dans une société francophone que vous connaissez ?

  – Quelle est la place/le rôle du Père Noël dans une société francophone que vous connaissez ?

  – Votre expérience personnelle est-elle différente ?

- Quelles questions d'ordre éthique (Théorie de la Connaissance) sont soulevées dans cette nouvelle ?
- Comment décider s'il faut dire la vérité ou non ?
- Faire croire à un enfant que le Père Noël existe, est-ce un joli mensonge ? Certains mensonges sont-ils acceptables ?

## Comment puis-je améliorer mes compétences interactives (critère C) ?

### Répondez aux questions de votre professeur

Pour cela vous devrez :

- écouter avec soin ce que dit le professeur
- éviter de répéter ce que vous avez déjà dit
- ne pas vous limiter à des réponses comme 'oui' ou 'non' : justifiez toujours vos réponses
- toujours donner des réponses aussi complètes que possible :
  - n'hésitez pas à développer les idées
  - donnez des exemples concrets pris dans le passage, dans l'œuvre, dans le cours, dans une société francophone ou dans votre expérience personnelle
- ne pas vous lancer dans un long monologue : il faut que votre performance soit vraiment interactive et donc, que votre professeur puisse intervenir, donner ses opinions et vous poser des questions
- prendre des initiatives : incluez votre professeur dans la conversation (en faisant référence à ce qu'il/elle a dit, en lui demandant son avis)
- vous rappeler que les questions de votre professeur ne sont pas des pièges : son rôle est de vous aider et de vous mettre en valeur ; le but des questions difficiles est de vous faire approfondir les idées pour que vous obteniez une meilleure note.

### Échangez avec votre professeur

Vous êtes bien sûr dans une situation d'examen mais essayez d'avoir un véritable échange avec votre professeur en montrant que vous êtes impliqué(e). Par exemple :

- Vous pouvez faire une remarque sur la question que votre professeur vous a posée : « C'est une question très intéressante », « Justement, à ce propos », « C'est exactement ce que je pense. »
- Si vous n'êtes pas sûr(e) de ce que votre professeur a voulu dire, demandez-lui de préciser : « Je ne comprends pas très bien ce que vous voulez dire par … », « Voulez-vous dire que … ? »
- Vous n'avez pas besoin d'être d'accord (le rôle du professeur est de vous faire discuter ; une de ses stratégies peut être de faire des affirmations surprenantes ou controversées) : « Je suis désolé(e) mais je ne crois pas que ça soit juste », « En fait, je ne suis pas d'accord avec vous », « Je ne partage pas votre avis. »

Et surtout, adressez-vous à votre professeur : regardez-le/la. Non seulement l'échange sera plus facile et plus naturel mais cela vous aidera aussi à comprendre ce qu'il/elle dit.

Soyez enthousiaste et souriez !

## Partie 3 : conversation générale

### En quoi consiste la conversation générale ?

Dans cette partie, votre professeur va engager une discussion sur les thèmes étudiés au cours du programme de Français B. Dans cette partie vous aborderez des aspects qui n'auront pas été discutés dans l'extrait littéraire. Par exemple, si vous avez parlé de la tradition de Noël et du Père Noël à propos de *La Vérité*, votre professeur ne choisira pas le thème Expériences ('Coutumes et traditions' est un des sous-thèmes).

Votre professeur choisira toujours un thème que vous avez déjà préparé ensemble, au cours du programme. Vous pouvez donc vous préparer.

Au cours de la conversation, votre professeur vous posera des questions ouvertes et peut vous demander :

- de clarifier ou développer certains aspects que vous aurez mentionnés
- d'interpréter ou d'évaluer certaines idées se formant au cours de la conversation
- de comparer avec votre propre expérience culturelle
- de montrer votre compréhension et appréciation d'une ou de plusieurs sociétés francophones.

L'objectif de cette partie de l'examen est de montrer que vous êtes capable d'avoir une conversation naturelle en français.

### Comment cette conversation sera-t-elle évaluée ?

Les critères A, B2 et C s'appliquent aux parties 2 et 3. Tous les conseils donnés à la page 154 pour le critère A et à la page 160 pour les critères B2 et C s'appliquent donc ici aussi.

### Comment puis-je me préparer ?

Une discussion d'un maximum de six minutes consistera, en moyenne, d'une demi-douzaine de questions ou interventions de la part de votre professeur. N'oubliez pas que c'est vous qui passez l'examen, alors exprimez-vous toujours le plus possible. Rappelez-vous que :

- comme pour la partie 2, le terrain ne sera pas inconnu
- vous pouvez suggérer quelques pistes à explorer, par exemple en mentionnant certains aspects qui vous intéressent surtout
- vous devez développer vos idées à un niveau avancé ; si vous avez bien préparé et réfléchi aux thèmes que vous avez étudiés, la discussion sera facile. Considérez :
  - les textes et discussions que vous avez eus en classe
  - les recherches que vous avez effectuées sur les thèmes
  - votre expérience personnelle
  - la sensibilité internationale : comparez les différentes opinions dans des cultures différentes et surtout dans des sociétés francophones que vous connaissez bien
  - la Théorie de la Connaissance, CAS, et vos recherches pour votre Mémoire.

## Compétences de recherche

Préparez chacun des thèmes et options que vous avez étudiés en classe.

Vous aurez étudié ces options en lisant et écoutant des textes, en discutant en classe, en faisant des recherches personnelles ou en groupe.

Pendant les deux années, construisez un vocabulaire précis approprié à chacun des thèmes et chacune des options étudiées.

## Étude des thèmes

Les thèmes au programme et les options ou sujets recommandés optionnels sont indiqués dans le tableau suivant.

| Thème | Sujets recommandés optionnels |
|---|---|
| Identités | Styles de vie, Santé et bien-être, Convictions et valeurs, Sous-cultures, Langue et identité |
| Expériences | Activités de loisirs, Vacances et voyages, Récits de vie, Rites de passage, Coutumes et traditions, Migration |
| Ingéniosité humaine | Divertissements, Expressions artistiques, Communications et médias, Technologie, Innovation scientifique |
| Organisation sociale | Relations sociales, Communauté, Engagement social, Éducation, Monde du travail, Ordre public |
| Partage de la planète | Environnement, Droits de l'homme, Paix et conflits, Égalité, Mondialisation, Éthique, Environnements urbains et ruraux |

À la suite, nous vous proposons des exemples de questions pour chaque thème ainsi que des pistes que vous pouvez explorer au niveau de vos expériences personnelles, votre sensibilité internationale, votre compréhension conceptuelle et la Théorie de la Connaissance. Ces pistes vous permettront d'approfondir votre réflexion lors de votre préparation à l'examen.

### Identités

**Exemples de questions :**

- Avez-vous l'impression que vivre en/au [pays francophone] serait très différent ou plutôt similaire à vivre dans votre pays ?

- Quel est le plus grave danger pour la santé des jeunes aujourd'hui ?

- À votre avis, pourquoi manifester en public est-il si fréquent dans certaines sociétés francophones ?

- Que comprenez-vous par l'expression 'sous-cultures' ? Comment peut-on expliquer ce phénomène identitaire ?

- On dit que « une langue différente est une vision de la vie différente ». Êtes-vous d'accord ?

### Pour aller plus loin

- **Expériences personnelles :** Quels sont les aspects les plus importants de votre identité personnelle ? Sont-ils inchangeables ? Avez-vous un exemple d'un aspect fondamental de votre personnalité que vous avez réussi à changer ? Comment étiez-vous **avant** et **après** ce changement ? Avez-vous rencontré des problèmes à cause de votre identité personnelle ? (Vous pouvez penser, par exemple, à vos habitudes de travail.)

- **Sensibilité internationale :** Certaines personnes peuvent avoir plusieurs identités simultanément : un(e) Québécois(e) est également Canadien(ne) ; un(e) Breton(ne) est aussi Français(e) ; on peut être Diola, Sénégalais(e) et Africain(e), etc. Avoir une identité authentiquement internationale, est-ce psychologiquement cohérent, selon vous ? « Le nationalisme n'est pas la même chose que le racisme. » Qu'en pensez-vous ?

- **Compréhension conceptuelle et TdlC :** « Je pense, donc je suis » pensait Descartes au 17e siècle. Pensez-vous que votre personnalité est formée par ce que vous pensez ? Ou bien, votre personnalité est-elle formée par les contacts que vous avez avec le monde extérieur ? Votre identité correspond-elle à celle de votre passeport ?

**Expériences**

**Exemples de questions :**

- Trouvez-vous que la société moderne est trop tournée vers les loisirs ?
- Qu'est-ce que c'est un 'bon touriste' pour vous ?
- Est-il important de savoir d'où on vient ?
- Quels sont les rites de passage les plus importants pour vous ?
- Y a-t-il des coutumes typiques de [pays francophone] qui vous semblent étranges ?
- Pensez-vous que les immigrants doivent adopter les coutumes de leur pays d'accueil ou protéger leur propre culture ?

## Pour aller plus loin

- **Expériences personnelles :** Que faites-vous dans le cadre de vos activités de CAS ? Qu'est-ce que vous avez fait pour la recherche de votre Mémoire ? Qu'est-ce que le programme du Diplôme du Baccalauréat international vous a apporté sur le plan de vos expériences personnelles ? Comment évaluez-vous cette expérience ?

- **Sensibilité internationale :** De quelles façons vos études du Diplôme du Baccalauréat international vous ont-elles sensibilisé(e) et poussé(e) à devenir meilleur(e) citoyen(ne) du monde ? Comment évaluez-vous l'importance et l'utilité d'une telle citoyenneté ?

- **Compréhension conceptuelle et TdlC :** Y a-t-il des avantages ou des inconvénients dans cette façon de devenir citoyen(ne) du monde ? Comment peut-on mettre en pratique plus de valeurs universelles ? Comment peut-on combattre l'érosion de valeurs culturelles traditionnelles ?

**Ingéniosité humaine**

**Exemples de questions :**

- On a pensé que la télévision serait la mort du cinéma et aujourd'hui qu'Internet tuera la télévision. Qu'en pensez-vous ?
- Que pensez-vous des arts de la rue ? Devraient-ils être interdits ou encouragés ?
- Pourriez-vous vivre sans Internet ?
- Devrait-on mettre une limite à la technologie ?
- Qu'est-ce qu'il faudrait inventer pour améliorer la vie sur Terre ?

## Pour aller plus loin

- **Expériences personnelles :** Parmi les sous-thèmes que vous avez étudiés en classe, lequel vous intéresse le plus sur le plan personnel ? Faites-vous quelque chose dans le cadre de votre programme de Créativité qui vous permet de vous exprimer dans ce domaine ? Présentez un exemple de ce que vous avez fait de créatif.

- **Sensibilité internationale :** Il y a des personnes qui croient que la seule expression vraiment artistique, communicative ou inventive est toujours inspirée par des valeurs universelles. Les productions musicales, artistiques, techniques et les innovations scientifiques ne dépendent pas d'un contexte culturel spécifique, mais sont importantes pour tous, n'importe où et n'importe quand. Qu'en pensez-vous ? Trouvez des exemples.

- **Compréhension conceptuelle et TdlC :** Les produits de l'ingéniosité humaine (qu'ils soient artistiques, scientifiques, techniques ou autres) peuvent nous aider à mieux comprendre le monde qui nous entoure et les gens qui l'habitent. Trouvez des exemples.

  Que pensez-vous de la proposition « L'art pour l'art » ? Le but de la recherche scientifique doit-il se limiter à étendre les connaissances humaines ? Quelles sont les conséquences éventuelles d'avoir toujours plus de technique tout simplement parce que cela nous est possible ?

## Organisation sociale

### Exemples de questions :

- Certains considèrent qu'un(e) ami(e) virtuel(le) c'est la même chose qu'un(e) ami(e) en chair et en os. Qu'en pensez-vous ?

- Est-ce important d'appartenir à une communauté ? Comment est-ce que votre appartenance à une communauté se manifeste ?

- Qui devrait être responsable d'aider et de soutenir les personnes en difficulté ? Le gouvernement ? Tous les citoyens ? Pourquoi, à votre avis ?

- À votre avis, l'école doit-elle préparer des citoyens, des travailleurs ou avoir un autre but ?

- Le chômage est-il inévitable ?

- Peut-on manifester contre tout ? Y a-t-il des limites ?

## Pour aller plus loin

- **Expériences personnelles :** Aimez-vous être seul(e) ? Pourriez-vous vivre longtemps sans contacts sociaux, enfermé(e) dans votre chambre, ou même isolé(e) sur une île ? Vous engagez-vous dans votre milieu social ? Si oui, comment et pourquoi ? S'agit-il d'une action de service social, dans le cadre de votre programme de CAS ?

- **Sensibilité internationale :** Avez-vous des contacts et des échanges avec des Francophones ? Si oui, quel est le contexte et en quoi consistent vos échanges ? Si non, pourquoi pas ?

- **Compréhension conceptuelle et TdlC :** « L'homme est un animal social, par sa nature. » Êtes-vous d'accord ? Considérez l'importance de nos relations sociales dans notre vie, l'importance de la solitude et l'indépendance de la société humaine qui nous entoure.

## Partage de la planète

### Exemples de questions :

- Comment réagiriez-vous si on construisait un parc éolien près de chez vous ?

- On parle des droits de l'homme. Pourquoi ne parle-t-on pas des droits de l'homme et de la femme ?

- Un pays a-t-il le droit d'intervenir dans un autre pays qui menace la sécurité internationale ?

- Certaines personnes luttent contre la mondialisation. À votre avis, pourquoi ?

- Faut-il légaliser l'euthanasie ?

- Au milieu du 20$^e$ siècle les personnes ont quitté la campagne pour s'installer en ville. Aujourd'hui, la tendance s'est inversée dans beaucoup de pays développés. À votre avis, pourquoi ?

## Pour aller plus loin

- **Expériences personnelles :** Face aux grandes questions mondiales d'aujourd'hui, qu'est-ce qui vous préoccupe le plus : les problèmes politiques, économiques, sociaux ou environnementaux, par exemple ? Faites-vous quelque chose pour protéger et mieux partager notre planète ?

- **Sensibilité internationale :** Quel est le rôle des institutions internationales pour trouver des solutions aux problèmes de notre planète ? Êtes-vous optimiste ou plutôt pessimiste, quant à la solidarité internationale ?

- **Compréhension conceptuelle et TdlC :** Pour mener une vie indépendante, nous sommes tous responsables de notre propre comportement. Jusqu'à quel point, d'après vous, doit-on essayer d'influencer le comportement des autres ? Que feriez-vous face à des différends d'opinion, des disputes, des agressions, etc. ?

### Action

Créez des questions générales à partir des thèmes que vous avez étudiés pendant les deux années. Utilisez tout le matériel disponible : textes écrits, textes audios, discussions en classe, recherche personnelle, travail de groupe, etc.

## Analyse d'échantillons d'oraux au niveau supérieur

Maintenant vous allez pouvoir évaluer des enregistrements de candidats. Les échantillons A, B et C portent sur les trois extraits de la nouvelle *La Vérité* que vous avez maintenant étudiée.

Pour chaque candidate, écoutez l'enregistrement que vous trouverez sur www.oxfordsecondary.com/ib-prepared-support (nous vous conseillons d'écouter les trois parties séparément pour commencer).

- Écoutez la première partie.
  - Comparez la première partie avec ce que vous auriez dit ou préparé.
  - Appliquez les critères pour attribuer une note au critère B1.
  - Comparez avec les notes et les commentaires de l'examinateur.
- Écoutez la deuxième partie.
  - Qu'auriez-vous répondu aux questions de l'enseignante ?
  - Attribuez une note aux critères B2 et C.
- Écoutez la troisième partie.
  - Qu'auriez-vous répondu aux questions de l'enseignante ?
  - Attribuez une note aux critères B2 et C.
- Comparez avec les notes et les commentaires de l'examinateur.
- Attribuez une note au critère A et comparez avec les notes et les commentaires de l'examinateur.

L'échantillon D porte sur un extrait de *L'Exil et le Royaume* d'Albert Camus et vous offre une perspective différente.

**Remarque :** les commentaires de l'examinateur incluent des citations des candidats. Le but de ces citations est d'expliquer les commentaires. Ce ne sont pas des modèles à suivre.

Pour les temps exacts des citations des candidats, voir : www.oxfordsecondary.com/ib-prepared-support

## Échantillon A : *La Vérité* – extrait 1

(Partie 1 : environ 4′00″ ; Partie 2 : environ 4′50″ ; Partie 3 : environ 5′40″)

### Critère A : langue

| Sous-critères | 1–3 points | 4–6 points | 7–9 points | 10–12 points |
|---|---|---|---|---|
| Vocabulaire et expressions | L'élève utilise un vocabulaire varié et idiomatique surtout dans la première partie : « Liza est vulnérable » ; « indication qu'elle mûrit ». Le vocabulaire est exact mais relativement peu varié dans les deuxième et troisième parties. | | | |
| Structures grammaticales | Des phrases complexes et variées sont bien utilisées : « La manière dont elle parle montre à quel point elle est déterminée » ; « Je pense que si mon enfant commençait à poser des questions, je lui donnerais des réponses honnêtes mais peut-être appropriées à son âge » ; « c'est la raison pour laquelle beaucoup de gens ne font pas confiance à l'énergie nucléaire ». | | | |
| Occurrence et importance des fautes de grammaire | Il y a quelques maladresses mais elles ne gênent pas la communication : « C'est le faire rêver » ; « Elle déclare que la question **se** démonte ». Certaines erreurs sont immédiatement corrigées : « Aussi je pense que beaucoup des élèves, d'élèves s'intéressent … » et ceci est acceptable. Il y a plus d'erreurs dans la dernière partie de l'examen avec des phrases mal construites et hésitantes (« les gens sont de droit de faire ce qu'ils veulent », parfois difficiles à comprendre : par exemple, « Elle est moins chère après [?] charbon et fiable ». | | | |
| Prononciation et énonciation | Certains mots ne sont pas prononcés clairement et on se demande si ce sont des fautes grammaticales : « Les traditions qui jouent un rôle important ressemblent à qui jouons » . On remarque une forte influence de l'anglais : « mythes ». Vers la fin de l'examen, certains mots ou passages sont difficiles à comprendre. | | | |
| Débit de l'expression | Le débit est assez fluide et assez naturel. L'élève hésite un peu pour commencer et aussi vers la fin de l'oral où la langue devient, par moments, beaucoup plus hésitante et laborieuse. | | | |
| Intonation de l'expression | L'intonation gêne parfois la compréhension. On remarque particulièrement certaines syllabes qui sont stressées de façon inappropriée et la voix qui monte en fin de phrases de manière intempestive et répétée. | | | |
| Commentaire général | **La maîtrise de la langue est partiellement efficace.** Quand on écoute avec soin, on se rend compte que la langue est plutôt bonne et variée mais la prononciation et l'intonation gênent parfois la compréhension et ne permet pas de percevoir la qualité de la langue, ce qui est vraiment dommage. On sent que l'élève fatigue et qu'elle rencontre de plus en plus de difficultés dans la dernière partie. On est à la limite entre 6 et 7. | | | |

### Critère B1 : message (extrait littéraire)

| Sous-critères | 1–2 points | 3–4 points | 5–6 points |
|---|---|---|---|
| Compréhension de l'extrait | L'élève démontre une bonne compréhension de l'extrait. L'extrait est bien situé au tout début de la présentation. Malheureusement, celle-ci est assez désorganisée et manque de cohérence. | | |
| Utilisation et analyse de l'extrait | Quelques références sont faites à l'extrait (lignes 24 et 27) mais beaucoup de commentaires sont d'ordre général et ne sont pas justifiés par les mots du texte. Il aurait été plus facile de commencer par analyser l'extrait pour avoir plus d'informations concrètes. | | |
| Observations et réflexions sur l'extrait | Ceci représente la partie la plus importante de la présentation : le rôle du Père Noël, les traditions. Cependant, ces observations ne sont pas assez ancrées sur l'extrait. | | |
| Opinions personnelles sur l'extrait | L'élève décrit ses impressions sur Liza (« J'ai l'impression qu'elle a beaucoup de confiance en sa mère » et sur l'importance de cet extrait à la fin. | | |
| Commentaire général | **La présentation est généralement adaptée à l'extrait littéraire et convaincante.** Le premier sujet mentionné est l'importance du Père Noël comme si c'était le thème principal de l'extrait. L'élève aurait fait une bien meilleure présentation si celle-ci avait été mieux structurée. | | |

## Critère B2 : message (conversation)

| Sous-critères | 1–2 points | 3–4 points | 5–6 points |
|---|---|---|---|
| Pertinence des réponses | Les réponses sont pertinentes et cohérentes avec quelques approfondissements : dire la vérité dépend de la situation ; qu'est-ce qu'une tradition ; ce que pensent les psychologues ; les effets de la science. Les réponses de la troisième partie sont assez générales. Par exemple : « les gens qui ont de mauvaises expériences avec le vaccin et qui ne veulent pas le répéter » ; il aurait été bon de décrire, d'expliquer en quoi consistent ces mauvaises expériences. L'exception est quand l'élève ne peut pas donner d'exemple de tradition discriminatoire. | | |
| Justifications des réponses | Les réponses sont toujours en partie élaborées et parfois étayées par des exemples et développées par des idées supplémentaires : « Dans le cas de la question de Liza … » ; « Je pense que si mon enfant commençait à poser des questions, je lui donnerais des réponses honnêtes mais peut-être appropriées à son âge » ; exemple de l'énergie nucléaire ; informations concrètes sur la vaccination en France. | | |
| Cohérence des opinions et arguments avancés | Des opinions diverses sont présentées. « Cependant » est utilisé plusieurs fois montrant ainsi différentes perspectives. Il y a peu d'opinions personnelles dans la deuxième partie. L'enseignante demande « Pour toi, personnellement, quelle est la définition d'une tradition ? », mais la réponse est une définition générale et l'opinion personnelle pas vraiment justifiée. L'élève est capable de montrer des opinions personnelles dans la troisième partie : « Personnellement je crois fermement que le vaccin est essentiel pour la santé publique » mais ne les justifie pas. Elle tend à dire qu'elle comprend les opinions adverses qu'elle essaie de justifier (« Je comprends que certaines personnes peuvent ne pas avoir accès à l'information » mais sans développer. | | |
| Tentatives d'impliquer l'enseignant dans la conversation | Dans l'ensemble, les opinions de l'élève sont assez prévisibles. L'enseignante dirige toute la conversation en posant des questions et rebondit aux propos de l'élève. L'élève n'a pas anticipé la question de l'enseignante sur les exemples de traditions discriminatoires. | | |
| Étendue de la conversation | Une variété d'idées et d'opinions sont développées, parfois suggérées par l'élève (la mention du vaccin dans la troisième partie mène naturellement à une discussion sur ce sujet). | | |
| Commentaire général | **Les réponses de la candidate sont généralement adaptées aux questions.**<br><br>On reste un peu trop à la surface des thèmes discutés, aussi bien le texte littéraire que les questions de sciences et de santé publique. | | |

## Critère C : compétences interactives (communication)

| Sous-critères | 1–2 points | 3–4 points | 5–6 points |
|---|---|---|---|
| Compréhension des questions et interventions | L'élève comprend toutes les questions qui sont parfois assez développées et complexes. | | |
| Spontanéité des réponses aux questions et interventions | Les réponses sont spontanées, bien que parfois hésitantes comme l'explication d'une tradition. On est souvent dans un format question–réponse : par exemple, « Donc, tu fais confiance à la science. » « Oui, je fais confiance à la science ». Pourtant, ces hésitations ne perturbent pas l'évolution globale de la conversation. | | |
| Persévérance de l'élève | L'évolution de la conversation est assez bien équilibrée. Pourtant elle est peu dirigée à l'initiative de l'élève. | | |
| Apport personnel de l'élève à la conversation | Les réponses sont élaborées et étayées par des exemples, et parfois développées par quelques idées supplémentaires, ce qui permet d'avoir un échange cohérent. | | |
| Commentaire général | **La compréhension est systématiquement bonne et l'interaction est généralement soutenue.**<br><br>Les échanges sont cohérents, plutôt naturels, marqués par une parfaite compréhension de questions et des commentaires de l'enseignante, même les plus complexes. Au niveau supérieur, on aurait souhaité une plus grande implication et réaction personnelle de l'élève et que l'interaction soit maintenue jusqu'au bout pour pouvoir atteindre la bande supérieure. | | |

### Échantillon B : *La Vérité* – extrait 2

(Partie 1 : environ 4′00″ ; Partie 2 : environ 5′00″ ; Partie 3 : environ 6′00″)

#### Critère A : langue

| Sous-critères | 1–3 points | 4–6 points | 7–9 points | 10–12 points |
|---|---|---|---|---|
| Vocabulaire et expressions | | | Le vocabulaire est varié et idiomatique tout au long de l'oral : « l'incarnation de Noël » ; « solennité » ; « brutalité » ; « au fur et à mesure qu'on grandit » ; « il va sans dire ». Il manque parfois de précision et de nuance pour atteindre la bande supérieure. | |
| Structures grammaticales | | | Diverses structures grammaticales de base et plus complexes sont utilisées efficacement : « il faut que vous fassiez toujours des recherches même si c'est seulement en se mettant au courant des derniers [sic] découvertes scientifiques ». D'autres ne le sont pas même si cela ne gêne pas la communication : « bien que Liza est prête ». | |
| Occurrence et importance des fautes de grammaire | | | Il y a quelques maladresses mais elles ne gênent pas la communication : « En fait, je **l'ai** pensé et je ne pense pas que cette situation **a arrivé à moi** » ; « Je suis un **bonne** communicateur ». Certaines erreurs sont immédiatement corrigées et ceci est acceptable : « universaux, universels ». | |
| Prononciation et énonciation | | On remarque une influence assez importante de l'anglais. L'énonciation n'est pas toujours claire, souvent quand la phrase est complexe : « je ne pense pas que la perte de l'enfance **doit être pris avec amertume** » ; « les idées des uns aident les idées des autres ». | | |
| Débit de l'expression | | | Le débit est fluide et plutôt naturel. Il y a parfois quelques hésitations dans les phrases plus complexes « parce qu'elle doit apprendre de le gérer par elle-même ». | |
| Intonation de l'expression | L'intonation tend à être monocorde tout au long de l'examen. | | | |
| Commentaire général | **La maîtrise de la langue est efficace et généralement correcte.** Quand on écoute avec soin, on se rend compte que la langue est plutôt bonne et variée mais la prononciation est parfois très marquée. | | | |

#### Critère B1 : message (extrait littéraire)

| Sous-critères | 1–2 points | 3–4 points | 5–6 points |
|---|---|---|---|
| Compréhension de l'extrait | | | La présentation est entièrement axée sur l'extrait, qui est très bien compris. De nombreux aspects sont abordés en détail avec des références concrètes au texte. |
| Utilisation et analyse de l'extrait | | | La présentation est clairement organisée avec une situation courte au début et une structure claire qui permet d'aborder plusieurs aspects : la réaction de Liza, les sentiments de la mère, l'importance de la vérité, les sentiments de la famille, plus généralement le thème Identités, le rôle de la croyance dans le Père Noël. |
| Observations et réflexions sur l'extrait | | | Il y a plusieurs références au texte : « et je cite … » ; « à la ligne … » ; « à la fin de l'extrait ». Ces références sont expliquées : « en d'autres mots » « en utilisant ce mot court et sec » ; « ce qui suggère que … ». La conclusion résume bien l'importance de l'extrait : « avec beaucoup de sensibilité à un moment délicat, celui où la petite fille va grandir et va apprendre une vérité difficile ». |
| Opinions personnelles sur l'extrait | | L'élève explique le thème Identités : « Selon moi … » ; « C'est une nouvelle très intéressante à mon avis ». | |
| Commentaire général | **La présentation est constamment adaptée à l'extrait littéraire et convaincante.** Toute l'analyse porte sur l'extrait et seulement sur l'extrait. Il est étudié en détail et de nombreux aspects sont abordés tout en ouvrant sur des aspects généraux. L'élève exprime clairement sa réaction personnelle à cet extrait. | | |

## Critère B2 : message (conversation)

| Sous-critères | 1–2 points | 3–4 points | 5–6 points |
|---|---|---|---|
| Pertinence des réponses | La plupart des réponses aux questions sont pertinentes. Seule la réponse au besoin de solitude de Liza n'est pas claire. | | |
| Justifications des réponses | Les réponses sont toujours élaborées avec des exemples et des explications détaillées. La réponse à la première question de la partie 3 est particulièrement élaborée. | | |
| Cohérence des opinions et arguments avancés | Les opinions et arguments sont présentés de façon cohérente et personnelle. « Je suppose qu'il y a de vrais avantages » ; « Alors, d'ailleurs, c'est lorsque la communauté des scientifiques partage des trouvailles qu'on arrive à faire des progrès ». | | |
| | L'élève présente des arguments bien développés pour justifier ses opinions : « La technologie elle-même n'est pas mauvaise fondamentalement mais c'est la manière dont elle est utilisée qui crée des catastrophes … ». | | |
| Tentatives d'impliquer l'enseignant dans la conversation | La cohérence des réponses permet à l'enseignante de faire avancer la discussion car tout ce qui est dit est clair et développé. L'élève tente même d'impliquer l'enseignante : « comme vous avez dit ». | | |
| Étendue de la conversation | Différentes perspectives sont abordées à l'initiative de l'élève : la bombe atomique, l'expérimentation animale. | | |
| Commentaire général | **Les réponses sont systématiquement adaptées aux questions et montrent un certain développement.** | | |

## Critère C : compétences interactives (communication)

| Sous-critères | 1–2 points | 3–4 points | 5–6 points |
|---|---|---|---|
| Compréhension des questions et interventions | L'élève comprend toutes les questions même quand elle est surprise par la question de l'enseignante sur son expérience personnelle . Ceci la décontenance mais elle demande une clarification et elle comprend sans problème la répétition de la même question. | | |
| Spontanéité des réponses aux questions et interventions | Certaines réponses reprennent mot à mot la question de l'enseignante ce qui montre un certain manque de spontanéité : « À mon avis je ne pense pas que c'est nécessaire de perdre son innocence et ses illusions pour grandir ». Mais la plupart sont spontanées : « Hum ! Je pense que premièrement … ». | | |
| Persévérance de l'élève | L'élève demande que la question soit répétée car elle a été surprise par la question. On comprend par sa réponse que la situation ne s'applique pas à sa situation personnelle. L'échange est tout à fait naturel malgré des questions exigeantes. | | |
| Apport personnel de l'élève à la conversation | Les réponses sont élaborées et développées naturellement, ce qui permet à l'enseignante de rebondir. | | |
| Commentaire général | **La compréhension est systématiquement bonne et l'interaction est systématiquement soutenue.** | | |

# Échantillon C : *La Vérité* – extrait 3

(Partie 1 : environ 4′00″ ; Partie 2 : environ 5′20″ ; Partie 3 : environ 5′30″)

## Critère A : langue

| Sous-critères | 1–3 points | 4–6 points | 7–9 points | 10–12 points |
|---|---|---|---|---|
| Vocabulaire et expressions | L'élève utilise un vocabulaire précis et varié : « Elle est bouleversée » ; « en l'occurrence » ; « ceci dit » ; « nous sommes tout [sic] dans le même bateau » ; « En revanche ». Il y a quelques petites erreurs : « réal » pour « réel » ; « motto » pour « devise » ; « scale » pour « échelle » ; « cailleux de sangüine » pour « caillots sanguins ». | | | |
| Structures grammaticales | L'élève utilise des structures complexes et variées : « La mère craint que la magie de la tradition ait été enlevée trop tôt à Liza » ; « bien qu'elle sache que son action était nécessaire » ; « si j'étais à sa place, je pense que j'aurais pris … » ; « les répercussions des mensonges auraient un impact plus grand … » ; « je peux comprendre qu'on ait le droit ». | | | |
| Occurrence et importance des fautes de grammaire | Il y a peu de fautes mais quelques erreurs de genres (« une dilemme »), de prépositions (« Liza ment à protéger son frère » ou d'accords (« **les** arguments antivaccins pro**vient** … »). | | | |
| Prononciation et énonciation | On perçoit l'influence de l'anglais mais cela ne gène pas la compréhension : « des méde**cins** dit naturels » ; prononciation anglaise de mots terminant en '-tion' ou '-sion' (« action », « impression », etc.). | | | |
| Débit de l'expression | Le débit est bon en général mais il y a quelques hésitations dans certaines phrases longues et complexes : « elle marque une étape de développement où il laisse derrière une partie de son enfance ». | | | |

| Sous-critères | 1–3 points | 4–6 points | 7–9 points | 10–12 points |
|---|---|---|---|---|
| Intonation de l'expression | L'élève démontre une intonation variée surtout en réponse aux questions : « Oui, c'est important … ». | | | |
| Commentaire général | **La maîtrise de la langue est efficace et généralement correcte.** Il n'y a que de rares erreurs et la prononciation est un peu marquée. Malgré le nombre de maladresses on pourra passer à la bande supérieure car l'élève est clairement à l'aise. | | | |

## Critère B1 : message (extrait littéraire)

| Sous-critères | 1–2 points | 3–4 points | 5–6 points |
|---|---|---|---|
| Compréhension de l'extrait | L'élève démontre une excellente compréhension de l'extrait. La présentation est entièrement axée sur l'extrait. De nombreux aspects sont abordés en détail avec des références concrètes au texte. | | |
| Utilisation et analyse de l'extrait | L'extrait est situé et résumé de façon succincte au tout début. La présentation est structurée avec des connecteurs logiques (« Cependant », « D'autre part », « Malgré », etc.). Il y a de nombreuses références au texte avec des explications et des liens avec les différents thèmes abordés. | | |
| Observations et réflexions sur l'extrait | Il y a de nombreuses réflexions (« Nous, les lecteurs, voyons cela … ») et des explications : « ce qu'on appelle grandir, c'est à dire perdre ses illusions » ; « Cela établit une dynamique intéressante » ; « c'est évident que la vérité n'a pas eu un impact ». Des liens sont établis avec différents thèmes ou avec la culture française. | | |
| Opinions personnelles sur l'extrait | « Si j'étais à sa place » ; « Personnellement, je ne suis pas d'accord » ; « Le Père Noël est un élément essentiel quand je pense à Noël ». | | |
| Commentaire général | **La présentation est constamment adaptée à l'extrait littéraire et convaincante.**<br><br>L'élève fait une présentation claire et approfondie, bien structurée, s'appuyant entièrement sur l'extrait. | | |

## Critère B2 : message (conversation)

| Sous-critères | 1–2 points | 3–4 points | 5–6 points |
|---|---|---|---|
| Pertinence des réponses | Les réponses de l'élève sont toujours pertinentes et parfois perspicaces : « Le Père Noël est un symbole de la joie … » ; « Ça pourrait devenir un débat sur les droits de l'homme ». | | |
| Justifications des réponses | Les réponses sont élaborées (« c'est pourquoi … ») et étayées par des exemples : « J'ai lu un article ». | | |
| Cohérence des opinions et arguments avancés | Les opinions sont bien argumentées et développées : « Selon moi, oui et non … Dans ce contexte, oui … Ceci dit, cependant dans l'autre circonstance … » ; « Il y a un nombre de raisons pour ça … Par exemple, … Pour d'autres, … ». | | |
| Tentatives d'impliquer l'enseignant dans la conversation | L'élève va plus loin que ce qu'attend l'enseignante. Par exemple, elle donne des avis différents de psychologues (« Pour de nombreux psychologues » ; « Mais d'autre part beaucoup de psychologues ») et son opinion personnelle. Quand elle parle des traditions, l'enseignante réagit : « Justement, les traditions ». | | |
| Étendue de la conversation | L'élève aborde de nombreux aspects dans la troisième partie : statistiques, médecines naturelles, la théorie du complot, les droits de l'homme, etc. | | |
| Commentaire général | **Les réponses de la candidate sont systématiquement adaptées aux questions et montrent un certain développement.**<br><br>Toutes les réponses sont développées sous plusieurs angles et en profondeur. | | |

## Critère C : compétences interactives (communication)

| Sous-critères | 1–2 points | 3–4 points | 5–6 points |
|---|---|---|---|
| Compréhension des questions et interventions | Toutes les questions, même les plus complexes sont comprises et les réponses toujours cohérentes. | | |
| Spontanéité des réponses aux questions et interventions | L'élève répond toujours spontanément et de façon naturelle. Elle est clairement impliquée dans l'échange. | | |
| Persévérance de l'élève | La conversation évolue de façon naturelle. L'enseignante peut rebondir aux propos de l'élève sans avoir à approfondir des aspects peu clairs. | | |
| Apport personnel de l'élève à la conversation | Les réponses sont élaborées et développées. Des informations sont offertes librement par l'élève : « Pour moi, je crois … ». Voir les commentaires au critère B2. | | |
| Commentaire général | **La compréhension est systématiquement bonne et l'interaction est systématiquement soutenue.** | | |

## Échantillon D : *Les Muets*

Cet échantillon porte sur le texte suivant, extrait de la nouvelle *Les Muets* du recueil intitulé *L'Exil et le Royaume* d'Albert Camus. Quelques notes vous sont données pour vous aider à comprendre le texte. (**Remarque :** le jour de l'examen votre texte ne sera pas accompagné de notes.)

Avant d'écouter l'oral, lisez le texte, comprenez-le et analysez-le comme pour les extraits de *La Vérité*. Ensuite, procédez comme pour les autres échantillons.

(Partie 1 : environ 4′00″ ; Partie 2 : environ 5′20″ ; Partie 3 : environ 5′30″)

Il semblait pourtant un peu embarrassé en franchissant la porte. Son bonjour fut moins sonore que d'habitude ; personne en tout cas n'y répondit. Le bruit des marteaux hésita, se désaccorda un peu, et reprit de plus belle.

5  M. Lassalle fit quelques pas indécis, puis il avança vers le petit Valery, qui travaillait avec eux depuis un an seulement. Près de la scie mécanique, à quelques pas d'Yvars, il plaçait un fond sur une bordelaise[1] et le patron le regardait faire. Valery continuait à travailler, sans rien dire. « Alors, fils, dit

10  M. Lassalle, ça va ? » Le jeune homme devint tout d'un coup plus maladroit dans ses gestes. Il jeta un regard à Esposito qui, près de lui, entassait sur ses bras énormes une pile de douelles[2] pour les porter à Yvars. Esposito le regardait aussi, tout en continuant son travail, et Valery repiqua le nez

15  dans sa bordelaise sans rien répondre au patron. Lassalle, un peu interdit, resta un court moment planté devant le jeune homme, puis il haussa les épaules et se retourna vers Marcou. Celui-ci, à califourchon sur son banc, finissait d'affûter, à petits coups lents et précis, le tranchant d'un

20  fond[3]. « Bonjour, Marcou », dit Lassalle, d'un ton plus sec. Marcou ne répondit pas, attentif seulement à ne tirer de son bois que de très légers copeaux. « Qu'est-ce qui vous prend, dit Lassalle d'une voix forte et en se tournant cette fois vers les autres ouvriers. On n'a pas été d'accord, c'est entendu.

25  Mais ça n'empêche pas qu'on doive travailler ensemble. Alors, à quoi ça sert ? » Marcou se leva, souleva son fond, vérifia du plat de la main le tranchant circulaire, plissa ses yeux langoureux avec un air de grande satisfaction et, toujours silencieux, se dirigea vers un autre ouvrier qui

30  assemblait une bordelaise. Dans tout l'atelier, on n'entendait que le bruit des marteaux et de la scie mécanique. « Bon, dit Lassalle, quand ça vous aura passé, vous me le ferez dire par Ballester. » À pas tranquilles, il sortit de l'atelier.

[1] Une bordelaise est un tonneau d'environ 225 litres. Le texte se passe dans une tonnellerie.

[2] Une douelle est une pièce en bois de chêne qui forme avec d'autres la paroi des tonneaux.

[3] Un fond de tonneau

## Critère A : langue

| Sous-critères | 1–3 points | 4–6 points | 7–9 points | 10–12 points |
|---|---|---|---|---|
| Vocabulaire et expressions | Le vocabulaire est assez varié et idiomatique, adapté aux sujets traités (« grève », « reprise du travail », « délégué syndical », « principe qui stipule »), mais manque parfois de précision quand le patron est décrit comme « méchant ». | | | |
| Structures grammaticales | Les structures restent relativement simples mais généralement correctes avec quelques erreurs basiques : « Puis Mr Lasalle avance vers le petit Valéry qui est une [sic] des plus jeunes ouvriers de l'atelier, et il dit sympathiquement » ; « j'ai le [sic] respect pour ceux qui peuvent parler ». Les connecteurs logiques sont assez limités. | | | |
| Occurrence et importance des fautes de grammaire | Les structures sont parfois approximatives et maladroites : « Marcou est le délégué syndical donc il devrait être réponsable à communiquer avec le patron et avec les ouvriers avec le syndicat ». Des erreurs basiques sont commises comme « qu'on n'a pas voir » , « il ne montre pas le respect pour son patron » et « les travails ». | | | |
| Prononciation et énonciation | Certains sons ne sont pas très clairs : « Camus » , « Les muets » , « fils » ; « Valéry [?] pour chercher son avis ». On sent l'influence de l'anglais mais cela ne gêne généralement pas la compréhension. | | | |
| Débit de l'expression | L'élève hésite parfois et perd le fil de ses idées : « Ils sont muets en effet du, en effet de, d'elles ne peuvent pas faire faire faire s'entendre du patron et Ballester ». | | | |
| Intonation de l'expression | L'intonation ne gêne pas la communication. | | | |
| Commentaire général | **La maîtrise de la langue est efficace et généralement correcte.**<br><br>Une langue généralement correcte mais qui reste relativement simple. On est dans la partie basse de ce critère. | | | |

## Critère B1 : message (extrait littéraire)

| Sous-critères | 1–2 points | 3–4 points | 5–6 points |
|---|---|---|---|
| Compréhension de l'extrait | Après une trop longue introduction qui parle de la nouvelle en général, le reste de la présentation est axée essentiellement sur l'extrait qui est généralement compris. | | |
| Utilisation et analyse de l'extrait | La présentation suit l'extrait et certains aspects sont analysés, essentiellement les passages où M. Lassalle s'adresse aux ouvriers et leur silence. L'introduction est cependant bien trop longue et la présentation de 5'52" dépasse de beaucoup la durée maximum de quatre minutes. **Tout ce qui est dit au-delà des quatre minutes ne sera pas pris en considération pour l'évaluation.** | | |
| Observations et réflexions sur l'extrait | Certains passages sont cités mais les citations ne sont pas expliquées. Par exemple, on ne nous explique pas pourquoi M. Lassalle était embarrassé. On fait seulement référence aux descriptions antérieures. De même, la description de la réaction du petit Valéry n'est pas expliquée . Le silence des ouvriers est mentionné à plusieurs reprises mais n'est pas expliqué ou analysé en profondeur bien que ce soit au cœur de l'extrait et de la nouvelle. | | |
| Opinions personnelles sur l'extrait | L'élève donne quelques opinions personnelles liées à l'extrait : « l'auteur fait les lecteurs se sentent un peu mal pour le patron » ; « c'est plus intéressant et intrigant ». | | |
| Commentaire général | **La présentation est généralement adaptée à l'extrait littéraire.**<br><br>L'élève utilise l'extrait avec quelques observations justes et constructives mais une meilleure organisation des idées aurait permis de mieux les développer et qu'elles soient plus variées et approfondies. Il manque, par exemple, une explication du silence, ce que cherchent les ouvriers en étant silencieux, les divers sentiments de M. Lassalle et un lien avec le thème des relations sociales. | | |

## Critère B2 : message (conversation)

| Sous-critères | 1–2 points | 3–4 points | 5–6 points |
|---|---|---|---|
| Pertinence des réponses | Les réponses sont cohérentes et pertinentes. | | |
| Justifications des réponses | Les réponses sont toujours justifiées : « Je le dis parce que … » ; « Je trouve qu'il dit tout haut ce que ses collègues pensent tout bas ». Elles auraient pu être un peu plus détaillées dans la troisième partie. Nous sommes ici entre 4 et 5 points. | | |
| Cohérence des opinions et arguments avancés | Dans la deuxième partie, les réponses sont cohérentes et offrent quelques détails. Dans la troisième partie, elles présentent un côté puis l'autre. Chaque réponse consiste de deux points de vue opposés : « Je comprends que … mais en même temps je pense que … ». | | |
| Tentatives d'impliquer l'enseignant dans la conversation | Il y a très peu de tentatives sauf une réaction personnelle à la dernière question. L'élève rejette même la tentative de l'enseignante de clore la présentation. L'élève suit un modèle similaire pour répondre aux questions de la troisième partie : deux points de vue opposés. | | |
| Étendue de la conversation | La variété des thèmes de discussion vient de l'enseignante et n'est normalement pas suggérée par les réponses de l'élève, qui n'offre pas beaucoup de variété dans ses réponses (troisième partie). | | |
| Commentaire général | **Les réponses de la candidate sont adaptées aux questions et certaines sont développées.**<br><br>Les réponses de la troisième partie manquent de profondeur pour arriver à la bande 5–6. | | |

## Critère C : compétences interactives (communication)

| Sous-critères | 1–2 points | 3–4 points | 5–6 points |
|---|---|---|---|
| Compréhension des questions et interventions | L'élève comprend toutes les questions. Aucune répétition n'est nécessaire mais celles-ci sont simples et articulées lentement. | | |
| Spontanéité des réponses aux questions et interventions | Les réponses manquent de spontanéité. Dans la deuxième partie, chacune reprend systématiquement la question de l'enseignant. Dans la troisième partie, elles présentent un côté puis l'autre. Chaque réponse consiste de deux points de vue opposés : « Je comprends que … mais en même temps je pense que … » ou « Il est un fait que … mais je pense que ». La réponse à la dernière question est spontanée et personnelle : « Je pense que non, parce que personnellement, à mon avis … ». | | |
| Persévérance de l'élève | La conversation évolue de façon équilibrée mais assez peu naturelle. L'enseignante pose les questions et l'élève répond clairement mais sans s'engager, surtout dans la troisième partie. | | |
| Apport personnel de l'élève à la conversation | Les réponses sont parfois développées par quelques informations supplémentaires : « Cette action me fait penser d'une sorte de communion ». Dans la troisième partie les réponses sont des généralités sur les différents thèmes sans apport personnel, à part la dernière question. | | |
| Commentaire général | **La compréhension est bonne et l'interaction est soutenue.**<br><br>L'élève comprend tout mais les questions sont simples et prévisibles. Peut-être l'enseignante prend-elle en considération des difficultés que l'élève rencontrerait si elle la poussait plus. La troisième partie est celle qui pose le plus de problèmes car l'élève s'implique peu personnellement dans ses réponses. La deuxième partie obtiendrait 5–6 points mais la troisième obtiendrait 3–4 points. | | |

## Reflections on chapter 8

Ask yourself the following questions:

- Do you have a good understanding of the examination format for the oral component?
- Have you understood the different criteria and what the examiner will be looking for?
- Do you have a better idea of what you can do to improve your speaking skills?
- What advice do you still need to implement to succeed better in the oral examination?
- How can you practise this part of the examination?

# ÉPREUVES 1 ET 2 (NIVEAU MOYEN)

## Épreuve 1 – Expression écrite

**1 heure 15 minutes**

**Le nombre maximum de points pour cette épreuve d'examen est de 30 points.**

### Instructions destinées aux candidats

- Réalisez **une** tâche.
- Utilisez, en fonction des propositions, le type de texte le plus approprié.
- Écrivez entre 250 et 400 mots.

**1.** Vous avez appris que votre ville a l'intention de créer plus de pistes cyclables et vous pensez que c'est une bonne idée. Rédigez un texte dans lequel vous décrivez l'initiative et expliquez les avantages.

| Blog | Journal intime | Lettre |

**2.** Vous avez été bénévole lors d'un festival dans un pays francophone. Rédigez un texte destiné aux organisateurs dans lequel vous racontez votre expérience et suggérez des améliorations pour les années à venir.

| Courriel | Critique | Rapport |

**3.** Vous avez lu un article dans un magazine dans lequel on décrit une machine qui peut lire dans les pensées des gens. Rédigez un texte dans lequel vous donnez votre opinion sur cette machine et expliquez son impact sur la société.

| Discours | Lettre | Proposition |

# Épreuve 2 – Compréhension orale

**45 minutes**

**Le nombre maximum de points pour cette épreuve d'examen est de 25 points.**

## Instructions destinées aux candidats

- Répondez à **toutes** les questions.
- Rédigez vos réponses dans les cases prévues à cet effet ou sur les lignes.
- Les réponses peuvent être rédigées à tout moment pendant l'examen.
- Les textes audio seront au nombre de trois. Toutes les réponses doivent s'appuyer sur les textes audio correspondants.
- Quatre minutes de lecture seront accordées au début de chaque texte audio.
- Chaque texte audio sera lu deux fois. Une pause de deux minutes sera observée entre les lectures de chaque texte audio.

## Texte A

**Vous allez entendre un podcast dans lequel Dominique Lecuyer, conseiller en communication, vous donne des conseils de présentation pour un entretien de candidature.**

Choisissez la bonne réponse.

1. Ce podcast va être utile, si vous voulez … [1]

   A. présenter votre CV à un employeur.
   B. vous faire remarquer dans un entretien de façon efficace.
   C. communiquer très clairement des informations importantes.

2. Votre *Curriculum Vitae* (CV) doit être présenté … [1]

   A. dans un document écrit.
   B. oralement pendant une interview.
   C. sous forme de résumé détaillé de vos études.

3. Une présentation personnelle efficace se concentre sur des aspects importants, comme … [1]

   A. votre désir de faire avancer votre carrière.
   B. votre parcours scolaire.
   C. votre expérience comparée à ce que vous cherchez.

4. En faisant référence à une expérience concrète, vous pouvez … [1]

   A. éviter de donner de fausses impressions.
   B. suggérer des pistes de discussion.
   C. insister sur le point le plus fort de votre candidature.

5. Le plus important dans un entretien est de … [1]

   A. vous préparer en répétant votre présentation.
   B. vous différencier des autres candidats.
   C. valoriser votre personnalité.

## Texte B

Vous allez entendre une conversation entre deux amis qui discutent le programme d'une Fête de la Francophonie.

Ousmane Sembène, le griot du grand écran

Pour chaque affirmation, cochez [✓] une option. [4]

| Qui pense quoi ? | Léo | Océane | Les deux |
|---|---|---|---|
| **6.** La Fête sera culturellement très enrichissante. | | | |
| **7.** La musique du groupe New York All Stars devrait être bonne. | | | |
| **8.** La musique haïtienne est très vive. | | | |
| **9.** C'est bien que certains pays francophones paient pour organiser de telles fêtes. | | | |

Remplissez les blancs suivants avec quatre mots maximum pour chaque réponse.

---

## FÊTE DE LA FRANCOPHONIE
### Programme : Cinéma classique

**Films d'Ousmane Sembène :**

*Xala* (1975 : 123 minutes)
**Langues : version originale, avec [–10–].**

Reconnaissance internationale : Festival international de Karlovy Vary 1976.

*Emitaï* (1971 : 103 minutes)
**Langues : version originale en français.**

Reconnaissance internationale : Festival international de Moscou 1971 ; Festival international de Berlin 1972.

*La* [–1–] *de* ... (1966 : 65 minutes)
**Langues : version originale en français.**

Reconnaissance internationale : [–12–] Jean-Vigo ; Tanit d'Or du festival de Carthage, Tunisie.

**À noter :**

TOUTES LES SÉANCES CINÉMA AURONT LIEU DANS LES SALLES DE [–13–].

Nouveautés : *chaque soir à partir de 20h00.*

Films du cinéma classique : *chaque après-midi à partir de* [–14–].

---

**10.** [–10–] .............................................................. [1]

**11.** [–11–] .............................................................. [1]

**12.** [–12–] .............................................................. [1]

**13.** [–13–] .............................................................. [1]

**14.** [–14–] .............................................................. [1]

## Texte C

Vous allez entendre un reportage sur le potentiel humain pour chacun de nous de vivre jusqu'à 1000 ans.

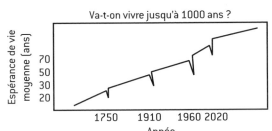

**15.** Choisissez les **cinq** affirmations vraies. [5]

    **A.** De nos jours, la durée moyenne de vie est de 82 ans.

    **B.** L'espérance de vie croît de façon irrégulière.

    **C.** L'être humain qui mourra à 1000 ans est déjà né.

    **D.** Au 21$^e$ siècle, on pourra avoir une vie ultra-longue.

    **E.** Les technologies nouvelles permettent aux nonagénaires de vivre encore très longtemps.

    **F.** Les scientifiques disposent déjà de techniques qui nous garantissent une longue vie.

    **G.** On supprime parties endommagées de l'ADN* pour éliminer les anomalies.

    **H.** On manipule l'ADN avant la naissance d'un bébé.

    **I.** Un cœur malade peut récupérer par un transfert de cellules.

    **J.** Les gens se demandent s'ils veulent vivre jusqu'à 1000 ans.

*L'ADN = l'Acide Désoxyribonucléique, qui contient toute l'information génétique de nos cellules

Répondez aux questions suivantes.

**16.** Que pense la première étudiante interviewée de la perspective de vivre jusqu'à 100 ans ? [1]

.................................................................................

**17.** Donnez **deux** sentiments favorisés par la perspective d'une très longue vie, selon les deux étudiantes interviewées. [2]

.................................................................................

.................................................................................

**18.** Tous les jeunes interviewés veulent mourir avant quel âge ? [1]

.................................................................................

**19.** Citez **une** conséquence de ne plus avoir de but dans la vie, selon la philosophe. [1]

.................................................................................

**20.** Selon les statistiques actuelles, l'espérance de vie augmente à quel rythme ? [1]

.................................................................................

## Épreuve 2 – Compréhension écrite

### Texte A

# Pause ton écran. Profites-en.

# Le 23 mai, on « PAUSE » nos écrans en famille !

## MOMENTS SANS ÉCRAN

Le dimanche 23 mai, PAUSE invite les familles du Québec à vivre une expérience de déconnexion. Après plus d'un an de pandémie dans un quotidien hyperconnecté, prendre une pause des écrans est certainement une bonne idée pour ralentir un peu et passer de bons moments ensemble.

5 **En quoi consiste le 24h de PAUSE – Édition famille ?**

C'est simple : les familles s'engagent à ne pas utiliser d'écrans (télé, ordinateur, tablette, cellulaire) à des fins de loisirs pendant 24 heures. Un beau défi pour les enfants … et les parents !

En s'inscrivant, les familles officialisent leur engagement, peuvent recevoir des courriels contenant des trucs et astuces, puis courent la chance de gagner des prix, dont un séjour vacances en famille pour
10 quatre personnes.

**Pourquoi participer aux 24h de PAUSE – Édition famille ?**

Une journée de déconnexion permet aux familles d'appuyer sur pause pour (re)découvrir les activités sans écran, à faire ensemble, comme bouger, cuisiner, dessiner, bricoler, lire, jouer à des jeux (hors ligne !) ou tout simplement relaxer. Le 24h de PAUSE n'est pas une compétition ! À chaque famille de se débrancher en
15 occupant son temps de la façon qui lui convient le mieux.

**L'après-24h : une occasion de mieux se reconnecter**

Après une pause de 24 heures, les familles ont l'occasion de se reconnecter autrement, [−5−] en tentant d'utiliser les écrans de façon plus consciente [−6−] par réflexe, en donnant la priorité aux activités en ligne qui font du bien et qui rassemblent, et [−7−] en se déconnectant régulièrement [−8−] planifier des activités
20 zéro techno en famille.

**Le 23 mai, on PAUSE nos écrans !**

## Texte B

### Consommer local : pourquoi tout le monde s'y met ?

**On mange local, on s'habille local, on voyage local. Si le made in France a la cote, le made in « à côté de chez nous » l'a encore plus. Et l'engouement n'est pas près de retomber. Mais concrètement, c'est quoi le « consommer local » ?**

[–9–]

5    Il n'y a pas de définition officielle. En général, on estime qu'un bien est local quand il est produit dans un périmètre de 150 ou 200 km autour de chez soi. Selon une étude réalisée en 2019, pour 75 % des Français, local signifie avant tout régional.

Bien sûr, vous consommerez plus facilement des fruits ou des légumes qui ont poussé dans votre région qu'un smartphone fabriqué dans la commune d'à-côté !

10   [–10–]

Vêtements, cosmétiques, meubles et même énergie … Le local tisse sa toile dans toutes les directions. En 2019, les Français étaient 93 % à privilégier les produits locaux pour l'alimentaire, 61 % pour les produits de beauté ou d'hygiène ou encore 40 % pour l'habillement.

Aucun doute, nos habitudes changent. L'origine du produit devient un critère de choix. À tel point que,
15   depuis quelques années, l'industrie textile française revit et que des champs de coton fleurissent même dans le sud de la France !

Même nos envies de voyages évoluent. Ainsi, 37 % des passagers aériens français ont changé leurs habitudes pour des raisons environnementales. Voyager local, c'est chic.

[–11–]

20   Le « consommer local » est bien plus qu'une tendance passagère, c'est le reflet d'une époque. Une recherche de sens.

Dans le détail, 44 % des Français consommeraient local avant tout pour agir pour l'environnement. Les autres raisons invoquées sont le soutien de l'économie et de l'emploi local, la recherche de produits de meilleure qualité ou encore la création de lien social.

25   Et les avantages du « consommer local » sont réels. Un exemple parmi tant d'autres : si les Français remplaçaient 10 % des produits importés par des produits locaux, on sait que 150 000 nouveaux emplois seraient créés. Ça motive !

## Texte C

# « La ville de tous les possibles »

Vue aérienne de Kinshasa avec le fleuve Congo en arrière-plan

« Kinshasa[1], c'est un peu comme New York, c'est la ville de tous les possibles », lance Yves Kabongo, le regard pétillant et affichant un large sourire, laissant apparaître des dents du bonheur. Ce
5  jour-là, il est installé sur cette même terrasse du centre-ville, chemise de marque et montre étincelante au poignet : chaque détail de son apparence témoignant avec insolence de sa réussite. À 47 ans, il fait partie de cette génération de « repats »
10  congolais, rentrés au pays pour y investir, après de longues années passées à l'étranger. Né à Kinshasa dans une famille de 12 enfants, il émigre au Canada avec ses parents à l'âge de 18 ans. Il intègre un an plus tard l'École des hautes études commerciales
15  (HEC) de Montréal, grâce à une bourse de la Banque nationale du Canada, qui l'embauche directement après l'obtention de son diplôme. Sa carrière s'envole, il est débauché par Bombardier, le géant canadien de l'aéronautique, s'achète une maison, mène une vie
20  « plus que confortable ».

Puis, un jour, il décide de tout plaquer pour retourner en RDC. C'était en 2004. Le pays se relève à peine de deux guerres successives qui ont fait plus de 5 millions de morts selon les estimations.
25  L'instabilité politique est à son comble : trois ans plus tôt, le président Laurent-Désiré Kabila est assassiné par son garde du corps à Kinshasa, remplacé par son fils, Joseph, alors âgé de 29 ans. Les investisseurs congolais comme étrangers fuient le pays, mais Yves Kabongo flaire l'opportunité : 30 « C'est du chaos que naît l'ordre », articule-t-il avec assurance, en allumant un cigare.

« Quand on revient à Kinshasa après des années passées à l'étranger, il faut savoir se réadapter, il faut être patient », poursuit-il. Avec l'aide de 35 son parrain, employé à la MIBA, l'une des plus grandes sociétés minières du pays, il lance un fonds d'investissement, fait faillite trois fois. Les tracasseries du quotidien l'exaspèrent : le retard systématique des employés, les bouchons 40 interminables, les coupures d'eau et d'électricité à répétition. Celles-ci deviendront finalement une source d'inspiration pour son tout dernier projet d'investissement : une centrale hydroélectrique sur le fleuve Congo à 2,7 milliards de dollars 45 (2,45 milliards de francs suisses) pour approvisionner le secteur minier. « S'il n'y avait pas de coupures d'électricité, je n'aurais jamais eu l'idée de construire cette centrale », explique-t-il.

---

[1]Kinshasa : capitale de la République démocratique du Congo (RDC)

# Épreuve 2 – Compréhension écrite

**1 heure**

**Le nombre maximum de points pour cette épreuve d'examen est de 40 points.**

## Instructions destinées aux candidats

- Répondez à **toutes** les questions.
- Rédigez vos réponses dans les cases prévues à cet effet ou sur les lignes.
- Chaque question vaut **un** point, sauf indication contraire.
- Toutes les réponses doivent s'appuyer sur les textes correspondants dans le livret de textes.

## Texte A – *Le 23 mai, on « PAUSE » nos écrans en famille !*

**1.** Choisissez les **quatre** affirmations vraies (lignes 1–10). [4]

- **A.** Pendant la pandémie, nous nous sommes connectés tous les jours.
- **B.** La vie est plus calme si on n'utilise pas d'écrans.
- **C.** On passe toujours de bons moments sur Internet.
- **D.** « PAUSE » propose de ne pas du tout utiliser les écrans pendant une journée entière.
- **E.** Pendant les 24h de pause, on peut pratiquer des loisirs ensemble sur des écrans.
- **F.** Les familles qui s'inscrivent recevront des conseils.
- **G.** Cette activité peut coûter cher.
- **H.** Les familles peuvent gagner des vacances ensemble.

En vous basant sur les lignes 11–15, trouvez les mots ou expressions qui signifient :

**2.** s'arrêter ................................................. [1]

**3.** se reposer ................................................. [1]

**4.** se déconnecter ................................................. [1]

Ajoutez les mots qui manquent dans les lignes 16–20 en les choisissant dans la liste proposée ci-dessous.

| AFIN | CEPENDANT | COMME | PLUTÔT QUE |
| AVANT | C'EST-À-DIRE | FINALEMENT | POUR |

**5.** ................................................. [1]

**6.** ................................................. [1]

**7.** ................................................. [1]

**8.** ................................................. [1]

## Texte B – *Consommer local : pourquoi tout le monde s'y met ?*

Choisissez un titre approprié de la liste pour remplir chaque blanc dans le texte.

9. [–9–]  ☐ [1]

10. [–10–]  ☐ [1]

11. [–11–]  ☐ [1]

**A.** Comment nos habitudes de consommation changent

**B.** Local, ça veut dire quoi ?

**C.** Un produit local, c'est produit localement !

**D.** Environnement, écologie : ces raisons qui nous poussent à consommer local

**E.** Notre consommation : une évolution encore plus importante à l'avenir

**F.** Consommons local pour créer de nouveaux emplois

En vous basant sur les lignes 1–3, trouvez les mots ou expressions qui signifient :

**12.** est très apprécié

......................................................................................... [1]

**13.** enthousiasme

......................................................................................... [1]

Choisissez la réponse correcte.

**14.** Pour les Français les produits locaux …  [1]

    **A.** se trouvent toujours très près de chez eux.

    **B.** se trouvent à 150 ou 200 km de chez eux.

    **C.** sont très nombreux.

    **D.** peuvent être produits relativement loin.

☐

**15.** Les lignes 8 et 9 signifient …  [1]

    **A.** qu'il est très facile de consommer des fruits et des légumes.

    **B.** que les fruits et les légumes poussent dans toutes les régions.

    **C.** qu'il existe plus de producteurs de fruits et légumes que de fabriquants de smartphones.

    **D.** qu'il peut y avoir des usines de smartphones près de chez nous.

☐

Choisissez la fin appropriée de la liste pour terminer chaque phrase
(lignes 11–18).

**16.** Les produits locaux …  ☐  [1]

**17.** Les produits locaux les plus populaires …  ☐  [1]

**18.** Une des conséquences du changement est une
préférence pour …  ☐  [1]

**19.** Pour leurs vacances, les Français préfèrent …  ☐  [1]

    **A.** les voyages chics.
    **B.** des produits français.
    **C.** sont privilégiés.
    **D.** les vêtements en coton à fleurs.
    **E.** ne plus aller aussi loin.
    **F.** se trouvent dans tous les domaines.
    **G.** incluent des ateliers de tissage.
    **H.** sont en rapport avec la nourriture.

Trouvez les mots qui complètent les phrases suivantes. Utilisez les
mots tels qu'ils apparaissent dans les lignes 20–27.

**20.** Le fait de consommer local est représentatif de ce qui se passe
à notre …  [1]

    .................................................................................................

**21.** La principale préoccupation pour beaucoup de Français,
c'est …  [1]

    .................................................................................................

**22.** L'économie et la qualité des produits font aussi partie des
motivations …  [1]

    .................................................................................................

**23.** Une plus grande consommation de produits locaux permettrait la
création de nombreux …  [1]

    .................................................................................................

## Texte C – « *La ville de tous les possibles* »

En vous basant sur les lignes 1–8, répondez aux questions suivantes.

**24.** D'après Yves Kabongo à quoi ressemble Kinshasa ?

............................................................................................................ [1]

**25.** Donnez **un** détail qui montre qu'il a réussi dans la vie.

............................................................................................................ [1]

Les affirmations suivantes sont soit vraies, soit fausses (lignes 9–20). Cochez [✓] la bonne réponse et justifiez votre réponse par des mots du texte. Les deux parties de la réponse sont requises pour l'obtention d'un point.

**26.** Un « repat » vit depuis longtemps à l'étranger. [1]

Vrai ☐   Faux ☐

**Justification**

............................................................................................................

**27.** Les études d'Yves Kabongo ont été payées par ses parents. [1]

Vrai ☐   Faux ☐

**Justification**

............................................................................................................

**28.** Son premier emploi a été dans une banque. [1]

Vrai ☐   Faux ☐

**Justification**

............................................................................................................

**29.** Dans l'aéronautique, il gagnait un très bon salaire. [1]

Vrai ☐   Faux ☐

**Justification**

............................................................................................................

Texte C – « *La ville de tous les possibles* »

Que signifient les mots suivants du texte ? Reliez chaque mot ou expression du texte avec son équivalent.

**30.** plaquer (ligne 21) ☐ [1]

**31.** se relève (ligne 22) ☐ [1]

**32.** à son comble (ligne 25) ☐ [1]

**33.** flaire (ligne 30) ☐ [1]

**34.** lance (ligne 37) ☐ [1]

**35.** à répétition (ligne 42) ☐ [1]

    **A.** abandonner
    **B.** à considérer
    **C.** commence
    **D.** entrevoit
    **E.** garder
    **F.** maximale
    **G.** réaliser
    **H.** recommence
    **I.** régulières
    **J.** retourne à la vie
    **K.** réussit
    **L.** souffre

À qui ou à quoi se réfère le mot souligné ? Répondez en utilisant les mots tels qu'ils apparaissent dans le texte.

**36.** <u>Celles-ci</u> deviendront finalement une source d'inspiration (ligne 42) [1]

.......................................................................................................

**37.** Quelle phrase résume le mieux la fin de ce texte ? [1]
    **A.** Il a plein de projets d'investissement.
    **B.** Il a gagné beaucoup d'argent grâce à une
        centrale électrique. ☐
    **C.** Les coupures d'électricité lui ont donné l'idée
        de construire la centrale.
    **D.** C'est grâce au fleuve Congo qu'il y a des mines.

# ÉPREUVES 1 ET 2 (NIVEAU SUPÉRIEUR)

## Épreuve 1 – Expression écrite

**1 heure 30 minutes**

**Le nombre maximum de points pour cette épreuve d'examen est de 30 points.**

### Instructions destinées aux candidats

- Réalisez **une** tâche.
- Utilisez, en fonction des propositions, le type de texte le plus approprié.
- Écrivez entre 450 et 600 mots.

1. Votre école a décidé de célébrer une fête nationale le mois prochain. Certains élèves pensent que c'est une perte de temps. En tant que membre du comité d'organisation de cette fête, écrivez un texte dans lequel vous décrivez ce qui se passera, soulignez son importance et encouragez les élèves à participer.

| Critique | Lettre | Tract |
|---|---|---|

2. Vous êtes bénévole dans une communauté de réfugiés qui font face à des problèmes d'adaptation et qui ont besoin d'aide. Écrivez un texte dans lequel vous racontez votre expérience auprès de ces réfugiés, proposez des solutions à leurs problèmes et persuadez vos camarades de participer à l'entraide.

| Courriel | Critique | Discours |
|---|---|---|

3. Vous avez visité pour la première fois un musée de votre ville qui vous a surpris. Écrivez un texte dans lequel vous racontez votre journée, évoquez les sentiments que cette visite a éveillés en vous et évaluez l'importance de ce type de musée.

| Instructions | Journal intime | Rapport |
|---|---|---|

# Épreuve 2 – Compréhension orale

**1 heure**

**Le nombre maximum de points pour cette épreuve d'examen est de 25 points.**

## Instructions destinées aux candidats

- Répondez à **toutes** les questions.
- Rédigez vos réponses dans les cases prévues à cet effet ou sur les lignes.
- Les réponses peuvent être rédigées à tout moment pendant l'examen.
- Les textes audio seront au nombre de trois. Toutes les réponses doivent s'appuyer sur les textes audio correspondants.
- Quatre minutes de lecture seront accordées au début de chaque texte audio.
- Chaque texte audio sera lu deux fois. Une pause de deux minutes sera observée entre les lectures de chaque texte audio.

## Texte A

Vous allez entendre un reportage sur le potentiel humain pour chacun de nous de vivre jusqu'à 1000 ans.

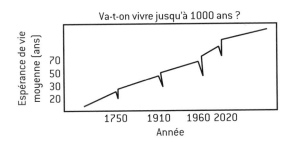

Va-t-on vivre jusqu'à 1000 ans ?

Complétez les phrases suivantes avec un maximum de **quatre** mots par phrase.

1. La prévision actuelle d'une vie humaine est une moyenne de [–1–] ans.

   [–1–] .................................................................................... [1]

2. Au 21ᵉ siècle, on pourra vivre très longtemps, grâce à des [–2–].

   [–2–] .................................................................................... [1]

3. Cultiver des [–3–] d'un malade et les réinjecter pour restaurer une organe abîmée est une technique qui existe de nos jours.

   [–3–] .................................................................................... [1]

4. Pour les jeunes qu'on interviewe, la vie des centenaires est déjà [–4–].

   [–4–] .................................................................................... [1]

5. En conclusion, on se demande si vivre 1000 ans enlèverait [–5–] dans une vie sans but, et ainsi ennuyeuse.

   [–5–] .................................................................................... [1]

## Texte B

Vous allez entendre une partie d'un débat sur une proposition de changement important à la constitution de la République française.

Les intervenants au débat sont :

**François Maillot**, politologue et spécialiste du droit constitutionnel

**Catherine Leclerc**, avocate et femme politique, responsable de l'Environnement

**Julien Desforges**, maître de conférences universitaires en droit public

**Anne Rieu**, juriste à Greenpeace France

Pour chaque affirmation, cochez [✓] **une** option. Qui dit quoi ?  [5]

|  | François Maillot | Catherine Leclerc | Julien Desforges | Anne Rieu | Tout le panel |
|---|---|---|---|---|---|
| **6.** Cette proposition s'adresse à la politique fondamentale de la République. |  |  |  |  |  |
| **7.** Le manque de définition des types de changements environnementaux laisse la voie libre aux contentieux légaux. |  |  |  |  |  |
| **8.** La question principale à poser est la question des changements climatiques. |  |  |  |  |  |
| **9.** Il faut impérativement s'adresser aux défis écologiques dans la décennie 2020–2030. |  |  |  |  |  |
| **10.** La révision de la Constitution par elle-même n'est pas assez pour faire démarrer des actions efficaces. |  |  |  |  |  |

Choisissez la bonne réponse.

**11.** La proposition qu'on discute est … [1]

    **A.** d'introduire un nouvel article dans la constitution de la République française.

    **B.** de modifier le premier article de la constitution de la République française.

    **C.** de résoudre les problèmes causés par les dérèglements climatiques.

**12.** Selon Catherine Leclerc la proposition est … [1]

    **A.** d'une valeur symbolique.

    **B.** un jeu de mots.

    **C.** trop ambiguë.

**13.** Catherine ajoute que la bonne politique à suivre est … [1]

    **A.** celle proposée par Julien Desforges.

    **B.** d'obliger les hommes politiques à penser plus à la valeur pratique de leurs propositions.

    **C.** bien définie par l'article actuel de la Constitution.

**14.** Anne Rieu accuse certains préfets de départements français de causer des dommages à la cause de l'environnement, par … [1]

    **A.** leur manque de compréhension de la Constitution.

    **B.** des refus de faire appliquer une politique écologique.

    **C.** les feux verts accordés à certains projets polluants.

**15.** François annonce qu'après la pause publicitaire, on va … [1]

    **A.** continuer avec ce débat.

    **B.** passer à autre chose.

    **C.** examiner de plus près la nature des problèmes de l'environnement.

## Texte C

**Vous allez entendre un documentaire radiophonique de Radio-Canada sur la crise politique en Belgique.**

Répondez aux questions suivantes.

**16.** Les différends qui menacent la survie de la Belgique sont de quelle nature ? [1]

.............................................................................................................

**17.** La Belgique se situe à la frontière entre deux civilisations. Lesquelles ? [1]

........................................................................................................

**18.** Quelles sont les langues officielles de la Belgique ? [1]

........................................................................................................

**19.** En quoi la situation en Belgique ressemble-t-elle à la situation au Canada ? [1]

........................................................................................................

**20.** Avant la séparation de la Belgique des Pays-Bas, la plupart des Bruxellois s'exprimaient en quelle langue ? [1]

........................................................................................................

**21.** Choisissez les **cinq** affirmations vraies. [5]

    **A.** Pour des raisons économiques, la Belgique est divisée en plusieurs zones.

    **B.** La Ville de Bruxelles se trouve géographiquement en Flandre.

    **C.** La capitale de la Belgique est officiellement trilingue. ☐

    **D.** De 1950 à aujourd'hui, l'écart dans le développement économique des régions belges devient de plus en plus important. ☐

    **E.** Les partis politiques flamands ne veulent pas toujours subventionner la région wallonne. ☐

    **F.** Les nouvelles réformes ont résolu la querelle linguistique entre les Belges. ☐

    **G.** Le rôle et les pouvoirs du gouvernement central sont importants pour les Wallons. ☐

    **H.** On prévoit des confrontations violentes qui feront éclater l'état belge.

    **I.** Les conflits belges sont très similaires aux conflits historiques en Yugoslavie et en Irlande.

    **J.** Les contestations de pouvoir se concentrent sur le statut de la capitale.